PROCESSO MARÍTIMO

Matusalém Gonçalves Pimenta

PROCESSO MARÍTIMO

formalidades e tramitação

2ª edição revista e ampliada

Manole

EDITOR GESTOR: Walter Luiz Coutinho
EDITORA RESPONSÁVEL: Sônia Midori Fujiyoshi
PRODUÇÃO EDITORIAL: Mariana Castelo, Luiza Bonfim, Rodrigo Botelho
EDITORA DE ARTE: Deborah Sayuri Takaishi
CAPA: Ricardo Yoshiaki Nitta Rodrigues
IMAGEM DA CAPA: Jaderson Passos – óleo sobre tela gentilmente cedido pelo artista
PROJETO GRÁFICO: Departamento Editorial da Editora Manole

Dados Internacionais de Catalogação na Publicação (CIP)
(Câmara Brasileira do Livro, SP, Brasil)

Pimenta, Matusalém Gonçalves
Processo marítimo: formalidades e tramitação / Matusalém Gonçalves Pimenta. – 2. ed. – Barueri, SP: Manole, 2013.

Bibliografia.
ISBN 978-85-204-3537-3

1. Direito marítimo 2. Direito marítimo – Brasil 3. Portos – Leis e legislação – Brasil I. Título.

12-12323 CDU–347.79(81)
–34:387(81)

Índices para catálogo sistemático:
1. Brasil: Direito marítimo 347.79(81)
2. Brasil: Direito portuário 34:387(81)

2ª edição – 2013

Editora Manole Ltda.
Av. Ceci, 672 – Tamboré
06460-120 – Barueri – SP – Brasil
Tel.: (11) 4196-6000 – Fax: (11) 4196-6021
www.manole.com.br
juridico@manole.com.br

Impresso no Brasil
Printed in Brazil

Sobre o autor

Bacharel e pós-graduado em Ciências Náuticas pelo Centro de Instrução Almirante Graça Aranha – Ciaga/RJ. Bacharel em Letras (Português-Grego e Literaturas Correlatas) pela Universidade do Estado do Rio de Janeiro – UERJ. Bacharel em Direito pela Universidade Gama Filho – UGF/RJ. Advogado maritimista. Titular do Escritório Matusalém Pimenta Advogados Associados. Presidente da Rio Pilots Empresa de Praticagem do Rio de Janeiro. Sócio-administrador da Pilot Boat Transportes Marítimos Ltda. Pós-graduado em Direito Processual Civil pela Universidade Cândido Mendes do Rio de Janeiro – Ucam/RJ. Pós-graduado em Direito Notarial e Registral pelo Instituto de Estudos dos Escrivães, Notários e Registradores – Inoreg (em pareceria com a Faculdade Metropolitana de Maringá – Unifamma/PR). Professor convidado de Responsabilidade Civil no Instituto Internacional de Ciências Sociais de São Paulo – IICS/SP. Professor convidado de Direito Marítimo no Ciaga/RJ. Professor de Direito Marítimo e Responsabilidade Civil na Universidade do Grande Rio – Unigranrio. Professor do curso de pós-graduação em Direito Marítimo e Portuário na Universidade Católica de Santos – Unisantos. Professor de pós-graduação em Direito Marítimo e Portuário na UERJ e em Direito Marítimo, Portuário e do Petróleo na Faculdade Mauricio de Nassau – Uninassau/PE. Palestrante em congressos e universidades. Membro da Associação Brasileira de Direito Marítimo – ABDM. Prático dos Portos do Estado do Rio de Janeiro desde 1986. Agraciado com a medalha "Amigo da Marinha" (2009). Membro da Banca Examinadora do Concurso Nacional de Praticagem nos dois últimos certames, 2008/2009 e 2011/2012. Autor de várias obras e artigos na área do direito marítimo e da responsabilidade civil.

À Carmen Pimenta, amada e constante ajudadora;
aos meus filhos, Rebeca e Lucas, pérolas preciosas
que enchem de alegria a minha aljava, e a Deus,
Dono de toda sabedoria, por sua graça capacitadora.

"Nenhum dever é mais urgente
do que o de demonstrar gratidão."
Ambrósio

Aos amigos de saber inconteste, pelas sugestões necessárias
e eficazes para trazer à existência este trabalho jurídico:

Antonio Eduardo Ramires Santoro
Eliane Maria Octaviano Martins
Luiz Augusto Correia
Marcelo David Gonçalves
Nelson Cavalcante e Silva Filho
Rui da Fonseca Elia

"Na sua aflição, clamaram ao Senhor,
e Ele os tirou da tribulação em que se encontravam.
Reduziu a tempestade a uma brisa e serenou as ondas.
As ondas sossegaram, e eles se alegraram,
e Deus os guiou ao porto desejado."

(Salmo 107: 28-30)

Abreviaturas

ABNT – Associação Brasileira de Normas Técnicas
AGU – Advocacia-Geral da União
CC – Código Civil
CCom – Código Comercial
CF – Constituição Federal
CIR – Caderneta de Inscrição e Registro (pessoal marítimo)
CJTM – Comissão de Jurisprudência do Tribunal Marítimo
Comcontram – Comando do Controle Naval do Tráfego Marítimo
CP – Código Penal
CPC – Código de Processo Civil
CPP – Código de Processo Penal
ECA – Estatuto da Criança e do Adolescente
ED – Embargos de Declaração
EN – Embargos de Nulidade
IAFN – Inquérito Administrativo sobre Acidentes e Fatos da Navegação
Lesta – Lei de Segurança do Tráfego Aquaviário
LOTM – Lei Orgânica do Tribunal Marítimo
MP – Ministério Público
NPCP - Normas e Procedimentos da Capitania dos Portos
OAB – Ordem dos Advogados do Brasil

OM – Organização Militar
PEM – Procuradoria Especial da Marinha
RCPN – Registro Civil de Pessoas Naturais
RITM – Regimento Interno do Tribunal Marítimo
RLesta – Regulamentação à Lei de Segurança do Tráfego Aquaviário
RYA – Regras de York e Antuérpia
STJ – Superior Tribunal de Justiça
T. – Turma
TCU – Tribunal de Contas da União
TM – Tribunal Marítimo

Sumário

Apresentação

Com imensa alegria, recebi o honroso convite para apresentar a obra *Processo Marítimo: formalidades e tramitação*, de autoria de Matusalém Gonçalves Pimenta. O autor, de notável formação acadêmica e atuação profissional, consagrou-se como respeitado jurista desde a edição da obra *Responsabilidade civil do prático*, pioneira e referencial na doutrina maritimista brasileira.

Com a mesma proficiência e clareza, peculiares ao seu método de escrita e já evidenciadas em sua obra anterior, analisa, na presente obra, os procedimentos administrativos e destaca aspectos práticos atinentes aos processos marítimos sobre fatos e acidentes da navegação com trâmite no Tribunal Marítimo.

De forma didática, o autor oferece conceitos e interpreta a normativa vigente, abordando, de forma objetiva, temas imprescindíveis à perfeita compreensão processualística. Destacam-se, ainda, pontuais comentários a julgados da pretória Corte do Mar e questionamentos precisos acerca do rito processual e da juridicidade de algumas decisões do Tribunal Marítimo, bem como da exegese dogmática da norma que se faz viger.

Nos primeiros capítulos, são tratados temas indissociavelmente ligados à história, composição, jurisdição, organização e competência do Tribunal

Marítimo e da Procuradoria Especial da Marinha, temas estes de extrema relevância para o contexto processual.

Especial destaque merece o Capítulo 4 – "Acidentes e fatos da navegação", que não só tipifica os incidentes e avarias marítimas, mas conceitua, exemplifica e ainda propõe sistematização doutrinária dos acidentes e fatos da navegação, questionando a efetividade da legislação vigente.

Em capítulo subsequente, os procedimentos e as fases do inquérito marítimo são dissecados e esmiuçados com grande percuciência. Já o Capítulo 6 – "Do processo marítimo" destaca as fases, os procedimentos e os recursos processuais, contendo, ademais, importantes orientações procedimentais aos profissionais militantes.

Indubitavelmente, trata-se de obra indispensável aos que atuam ou pretendem atuar na área marítima, preenchendo inexplicável lacuna da doutrina brasileira. Saudamos e parabenizamos o autor por, uma vez mais, brindar a comunidade maritimista com mais esta valiosa contribuição.

ELIANE M. OCTAVIANO MARTINS
Professora do curso de mestrado em Direito e Coordenadora
do curso de pós-graduação em Direito Marítimo e Portuário
da Universidade Católica de Santos – Unisantos.
Doutora pela Universidade de São Paulo – USP
e Mestre pela Universidade Estadual Paulista – Unesp.

Prefácio à segunda edição

Brinda-nos o Dr. Matusalém Gonçalves Pimenta com a segunda edição revisada e ampliada deste texto único na doutrina jurídica brasileira. Muito oportuna nesse momento em que o Congresso Nacional se reúne para elaborar um novo Código Comercial, voltando o direito marítimo a ocupar posição de destaque nos debates acadêmicos. Como colocado pelo Professor Doutor Marcelo David Gonçalves, ao prefaciar a primeira edição, trata-se de obra que preenche grande lacuna na área do direito marítimo e é indispensável aos que atuam no meio.

O livro levanta o manto que cobre um dos temas mais esquecidos pelos doutrinadores do direito marítimo: o processo perante o Tribunal Marítimo. A matéria exige de quem a estuda conhecimento multidisciplinar, posto que verte a um só tempo das fontes do direito marítimo e de navegação, do direito administrativo, processual civil e penal, internacional público e privado e constitucional, além de disciplinas de cunho técnico da navegação. No entanto, o autor a trata com tamanha naturalidade e clareza que a torna fácil.

Nos seis primeiros capítulos, o livro esmiúça a Lei n. 2.180/54, Lei Orgânica do Tribunal Marítimo – LOTM, trazendo à comunidade jurídica brasileira o lume necessário para demonstrar o que é, como é composto e como é o procedimento nesse Tribunal, cuja especialidade de seus juízes e especificidade das matérias ali julgadas o fazem único.

No sétimo capítulo, acrescentado nesta segunda edição, há a opinião abalizada do autor relativamente à falta de previsão de efeito suspensivo aos recursos na Lei de Segurança do Tráfego Aquaviário e sobre a necessidade de sobrestamento no Tribunal Marítimo dos processos que julgam o fato da navegação tipificado no art. 15, *f*, da LOTM, enquanto não houver decisão definitiva no juízo criminal. Há também sua análise acerca da constitucionalidade dos arts. 50 e 52 e dos institutos da prescrição e da decadência na LOTM.

Ainda no último capítulo, o autor destaca a importância que tem o Tribunal Marítimo no ordenamento jurídico brasileiro, desfiando a natureza jurídica de seus acórdãos. Nesse ponto, traça com mão de mestre e corrige com muita elegância um erro encontrado em outro autor, demonstrando com apuro técnico que as decisões finais do Tribunal Marítimo têm a natureza jurídica de coisa julgada administrativa, e não, como queria o outro, de simples parecer técnico.

Conforme consta do art. 1º de sua Lei Orgânica, destacado no primeiro capítulo do livro, o Tribunal Marítimo é um órgão autônomo do Poder Executivo, auxiliar do Poder Judiciário. É composto por sete juízes de origens diferentes na sua formação, mas equalizados na sua alta especialização. Suas decisões são tomadas de forma colegiada no plenário do Tribunal em sessões regulares abertas ao público, assegurado às partes o devido processo legal, garantindo-lhes o pleno exercício do contraditório e da ampla defesa por meio do procedimento e dos recursos constantes da Lei. Seus acórdãos, portanto, diferem claramente dos pareceres dados pelos peritos judiciais, esses sim pareceres técnicos a serem apreciados no conjunto probatório de um processo.

Assemelham-se os acórdãos do Tribunal Marítimo aos acórdãos dos tribunais de contas, cujo teor, esgotados os recursos, fazem coisa julgada administrativa, conforme acertadamente se pronuncia o autor; e, como qualquer decisão administrativa, podem ser revistos pelo Poder Judiciário, mas não subsistirão somente se cabalmente contrariados pela prova judicial que comprove a ilegalidade do ato administrativo, vícios de caráter formal ou quando atentarem contra os postulados constitucionais da ampla defesa e do devido processo legal, consoante pacífica jurisprudência dos Tribunais Superiores.

Por fim, o livro é encerrado, em eloquente demonstração do profundo conhecimento que tem o autor tanto do direito quanto da navegação, com uma análise do acidente do navio de passageiros Costa Concordia, que naufragou na costa italiana, em 13 de janeiro de 2012 e, no momento do lançamento desta segunda edição, ainda ocupa com notícias a mídia mundial.

Oportuna é a análise desse acidente da navegação, uma vez que expertos de todas as partes do mundo estão debruçados sobre ele, tentando achar respostas para a mesma série de questões ordinariamente levantadas em todos os processos julgados em nosso Tribunal Marítimo e nos tribunais semelhantes sediados em outros países. Esse tipo de análise de alto nível resulta sempre em mudança de paradigmas e criação de novos protocolos, no sentido de tornar mais segura a navegação. Esse é também o escopo principal do Tribunal Marítimo: mais importante que punir é formar um arcabouço de experiências e com elas influenciar a navegação de modo a torná-la mais segura.

Ao Dr. Matusalém Gonçalves Pimenta, que conheci estudando seus manuais antes de ter o prazer de conhecê-lo pessoalmente, devo agradecer a deferência pelo convite para prefaciar esta edição de um livro tão importante para o Direito. Parabenizo pelo conjunto de obras dedicadas ao direito marítimo e externo meu sentimento de admiração.

NELSON CAVALCANTE E SILVA FILHO
Juiz do Tribunal Marítimo Especializado em Direito Marítimo.
Especialista em Direito Marítimo, em Direito Processual Civil
e em Direito do Trabalho.
Professor de Processo Marítimo.

Prefácio da primeira edição

Confesso que a primeira coisa que me passou à cabeça, após a agradabilíssima leitura desta pioneira obra foi: por que, há quinze anos, à época em que estudava para o concurso público de provas e títulos, objetivando o cargo de Juiz Civil do Tribunal Marítimo Especialista em Direito Internacional Público, não havia um livro como este?

Se assim fosse, certamente, o dedicado e talentoso trabalho do autor seria minha principal fonte de estudo e evitaria penosa pesquisa em bibliografia esparsa, invariavelmente atrasada, geralmente em língua estrangeira e, na maioria das vezes, desprovida de conhecimento "prático" nas sinuosas "ondas" do direito marítimo.

O Tribunal Marítimo, órgão autônomo da Administração Direta da União, auxiliar do Poder Judiciário e vinculado ao Ministério da Defesa apenas na questão orçamentária e no provimento de pessoal e material, possui natureza *sui generis*. É um tribunal especial e único e, diante de suas peculiaridades e da importância de suas atribuições, julgando causas que, muitas vezes, envolvem valores milionários, desperta intenso interesse dos profissionais do Direito, como também de todos os atores da navegação comercial, de turismo, esporte e recreio.

Com jurisdição em todo o território nacional e até no exterior, para os navios de bandeira brasileira, o Tribunal Marítimo é competente para julgar os fatos e acidentes da navegação marítima, fluvial e lacustre, aplicando aos responsáveis as penalidades cabíveis. Funciona, ainda, como um cartório para fins de registro da propriedade marítima, dos armadores brasileiros e dos ônus reais sobre as embarcações. Como a navegação aquaviária responde por cerca de 96% do comércio internacional brasileiro, há uma atração de interesses nos acórdãos proferidos pela Corte Marítima.

Embora o Tribunal Marítimo esteja próximo de comemorar seus oitenta anos de fundação, até então não mereceu uma obra que o descortinasse, que demonstrasse sua relevância, competência, jurisdição, natureza, origem, seus inquéritos, rito processual, recursos e penas. Felizmente, posso finalmente usar o verbo no passado! E o que é melhor, todas essas informações nos são repassadas por um profundo conhecedor da matéria.

Quando discorre, por exemplo, sobre os fatos e acidentes da navegação, vem à tona o bacharel e pós-graduado em Ciências Náuticas; no momento em que disserta sobre as necessárias atualizações na Lei Orgânica do Tribunal Marítimo, emerge o bacharel em Direito e advogado maritimista; com a experiência de 24 anos como Prático dos Portos do Rio de Janeiro, explica com proficiência o procedimento administrativo; e, em toda a obra, observa-se a didática do professor e a perfeita escrita do bacharel em Letras.

Como se não bastasse, Matusalém Pimenta foi além: apontou, com elegância e apurada técnica jurídica, soluções para o aperfeiçoamento do processo no Tribunal Marítimo e apresentou uma crítica inteligente e construtiva sobre a necessidade de adaptação da Lei n. 2.180/54 aos corolários constitucionais.

Dessa forma, agora temos uma obra inédita e que contempla com maestria e apurado conhecimento o universo do Tribunal Marítimo, preenchendo grande lacuna na área do direito marítimo e proporcionando àqueles que atuam no meio fonte indispensável de conhecimento.

MARCELO DAVID GONÇALVES
Juiz do Tribunal Marítimo Especializado
em Direito Internacional Público.
Professor de Direito Internacional e Constitucional
na Universidade Cândido Mendes do Rio de Janeiro – Ucam
e na Universidade Federal do Estado do Rio de Janeiro – Unirio.
Doutor em Direito pela Universidad Del
Museo Social Argentino – UMSA.

Introdução

Talvez não tenhamos feito o melhor, mas procuramos alcançá-lo.
Não somos o que podemos ser. Não somos o que devemos ser.
Mas, graças a Deus, não somos o que éramos.

Martin Luther King Jr.

Desejou o autor, em harmonia com a doutrina maritimista brasileira, apresentar a tramitação e as formalidades especiais do processo marítimo, que se desenvolve perante tribunal próprio, tendo como diploma processual a Lei n. 2.180/54, aplicando-se subsidiariamente o direito processual vigente.

Aos profissionais que desejarem atuar nesse especializado e pouco conhecido ramo do direito recomenda-se, por meio dos raros cursos de pós-graduação oferecidos no Brasil, o aperfeiçoamento necessário no conhecimento do direito material e processual marítimo.

Os fatos e acidentes da navegação, por ser matéria de especialidade extremada, merecem julgamento sob a pena de juízes igualmente especializados, na forma de colegiado, com a necessária *expertise* eclética, envolvendo o direito marítimo, comercial, internacional e as ciências náuticas.

O Brasil mantém, há quase oitenta anos, o seu Tribunal Marítimo, com sede na cidade do Rio de Janeiro, fazendo jurisprudência especializada, no julgamento dos fatos e acidentes da navegação na esfera de sua jurisdição. Os acórdãos da Corte Marítima brasileira gozam de respeito e estima das autoridades nacionais e estrangeiras.

Como desafio, foram apresentadas algumas propostas de atualização da lei processual marítima, vez que esta teve alguns poucos dispositivos, no aviso deste autor, não recepcionados pela Constituição Federal de 1988. A Lei tampouco acompanhou as mudanças promovidas nas legislações processuais, civil e penal, ainda que tenha com elas identidade ontológica.

A presente obra tem, também, o condão de lançar luz no caminho daqueles que desejam militar nessa especializada área e, como que abrindo as cortinas do Tribunal do Mar, mostrar os "trilhos" do processo marítimo. Ou melhor, já que se está em sede das ciências náuticas, mais correto seria mostrar a "derrota", pela qual navega o M/V Processo Marítimo até seu último porto de destino, qual seja o acórdão.

Faz-se imperioso gizar que se trata de trabalho científico, na esfera das ciências jurídicas. Foi elaborado pelo método dialético, especialmente por meio de pesquisas de campo, no âmbito do Tribunal Marítimo e da Procuradoria Especial da Marinha, focos desta obra.

A princípio, foram usadas fontes outras, como publicações em periódicos, internet, documentos e, principalmente, casos concretos apresentados pela jurisprudência específica, fazendo-se análise pelo método comparativo. Ao depois, a pesquisa de campo e as fontes mencionadas foram aglutinadas ao rigor da melhor doutrina maritimista, fazendo-se referência às penas de escol.

No Capítulo 1, abordam-se os aspectos históricos do Tribunal Marítimo, indicando sua origem, os fatos que despertaram a necessidade de sua criação e o seu desenvolvimento até atingir o atual formato jurídico. Fechando o bloco, à luz da Lei n. 2.180/54, dão-se informações de sua composição, competência e jurisdição.

O Capítulo 2 trata da Procuradoria Especial da Marinha que, tal qual o Ministério Público, atua perante a Corte Marítima, ora como *dominus littis*, ora como *custos legis*. Passando-se por sua origem histórica, discutem-se, com fulcro na Lei n. 7.642/87, sua competência e atual composição.

O Capítulo 3 dá conta do procedimento administrativo que tramita no campo de jurisdição da Autoridade Marítima, quando do descumprimento de normas específicas, dês que o resultado da infração não gere acidente ou fato da navegação.

O Capítulo 4 conceitua os diversos tipos de acidentes e fatos da navegação, oferecendo proposta de sistematização, na tentativa de preencher o vazio legal e doutrinário a respeito.

No Capítulo 5, trata-se do inquérito marítimo, peça obrigatória na ocorrência de acidente ou fato da navegação. Procurou-se apresentar as formalidades desse procedimento administrativo e sua importância como um dos meios de prova para o ulterior julgamento no Tribunal Marítimo.

No Capítulo 6, faz-se uma análise aprofundada das diversas fases que compõem o processo marítimo, tratando-se, ao final, dos recursos admitidos e das penalidades aplicadas, sendo este capítulo o desafio e o cerne desta obra.

Reservou-se o Capítulo 7 para tratar de questões polêmicas. É desejo do autor que elas sejam analisadas e repensadas por Suas Excelências, ilustres julgadores, que compõem o competente Colegiado do Mar.

Parafraseando Martin Luther King Jr., em epígrafe, talvez não se tenha feito o melhor, mas este foi o objetivo perseguido, na tentativa de demonstrar amor pela pedagogia do ensino, bem como desejo de busca constante pela retidão de caráter e honestidade intelectual.

Esse tipo de honestidade levou o autor a *toucher les entrailles de la question* (tocar no ponto nevrálgico da questão),[1] fato que pode vir a provocar dissensões e ferir sensibilidades. Razão por que, desde já, averba-se o merecido respeito ao pensamento divergente, na esperança de que esta obra sirva de incentivo ao debate jurídico construtivo.

Matusalém Gonçalves Pimenta

1 Tradução livre do autor

CAPÍTULO 1

Corte Marítima Brasileira

No mundo há três tipos de homens:
os vivos, os mortos e os que navegam.
Só aos homens do mar deve ser dada a capacidade
para julgar as decisões tomadas no cenário marítimo.

Victor Hugo

1 Delineamento histórico

O Brasil, como é cediço, abriu os seus portos às nações amigas em 1808, por ordem do Príncipe Regente D. João VI. Entretanto, embora tenha experimentado grande crescimento no tráfego marítimo, passou todo o século XIX sem que fosse sentida a necessidade de criar um tribunal marítimo (TM).

A criação da Corte Marítima Brasileira ocorreu em virtude de um fato constrangedor para as autoridades brasileiras, na ocasião de um incidente diplomático no ano de 1930. No dia 24 de outubro daquele ano, deixava o porto do Rio de Janeiro o paquete alemão Baden.[1] Quando o navio cruzava a boca da barra, tendo o Pão de Açúcar à sua direita e a Fortaleza de Santa Cruz à sua esquerda, foi avisado por esta, por meio de sinalização específica, que deveria parar. O comandante do Baden, ignorando ou não compreendendo a ordem, prosseguiu viagem. O Forte do Vigia, atual Fortaleza Duque de Caxias situada na Ponta do Leme, avisado pelas autoridades brasileiras, abriu fogo contra o paquete alemão, fazendo 21 vítimas fatais, além de vários feridos. Um dos principais jornais da época, o

1 Disponível em www.mar.mil.br/tm/historia.html; acessado em 13.07.2009.

Correio da Manhã, publicou no dia 25 de outubro de 1930, portanto, na manhã seguinte ao trágico acidente, matéria com detalhes impressionantes, sob o título "Desobediência fatal":[2]

> Não attendendo aos avisos de pólvora secca das nossas fortalezas, um navio allemão foi attingido por uma granada. Mais de duas dezenas de mortos e innumeros feridos.
>
> Infelizmente, o dia de hontem, tão cheio de motivos de jubilo para a população da Capital, tão justamente entregue às expansões que os acontecimentos sobejamente explicavam, terminou de modo trágico, precisamente para os que nada tinham a ver com os nossos movimentos internos e que aqui passavam portadores de grandes esperanças que acalentavam os corações dos que emigram, em busca de melhores dias, de outras plagas, onde a fortuna lhes seja mais propicia.
>
> Entre os innumeros navios que se achavam hontem ancorados no nosso porto, contava-se o "Baden", de Hamburgo, chegado da Europa e com destino à Argentina, para cuja capital levava avultado contingente de passageiros, incluindo muitos de terceira classe, embarcados principalmente na Hespanha, como emigrantes.
>
> Hontem por volta de cinco horas da tarde, o capitão Rollin, commandante do "Baden", resolveu proseguir viagem para o sul, sem, entretanto, se munir da licença especial que o actual momento exige para a livre prática na bahia, quer entrando quer saindo do Rio. Assim, ao passar pelas fortalezas localizadas ainda dentro da bahia, foi avisado pela de Santa Cruz, com um tiro de pólvora secca, de que não podia sair.
>
> O capitão Rollin não deu nenhuma importância à advertência e proseguiu o rumo para o mar alto. A mesma fortaleza deu o segundo tiro e, não sendo obedecida, disparou ainda pela terceira vez, sempre com pólvora innócua. O commandante do "Baden", porém, como se estivesse inteiramente alheio aos avisos que Santa Cruz lhe fazia, continuou criminosamente a rota.
>
> **Um tiro mathemático e fatal**
>
> Não se importando com os tiros de pólvora secca, disparados pela fortaleza de Santa Cruz e outras, o "Baden" continuou navegando para fora de

2 "Desobediência fatal". *Correio da Manhã*, p.2

barra. O Commandante da artilharia de costa, porém, ordenou ao Forte do Vigia, localizado no Leme, que atirasse sobre o navio, o que foi feito de modo verdadeiramente lamentável. Obedecendo a todas as regras de balística, o artilheiro do Forte do Vigia mandou sobre o "Baden" uma poderosa granada, que explodiu justamente sobre o tombadilho de ré, occasionando uma verdadeira hecatombe.

Só então, attingido de modo cruel, resolveu o commandante Rollin obedecer à ordem, parando o barco e depois voltando ao ancoradouro. Percebeu-se logo que algo de grave havia sucedido a bordo, visto como fora hasteada a bandeira allemã à meia verga, como signal de luto, de morte.

Os effeitos formidáveis do petardo

Rumando para dentro da Guanabara, com o pavilhão em funeral, determinou este facto que fosse enviado, de bordo do couraçado brasileiro "Minas Geraes", uma "vedetta" ao "Baden" conduzindo um official e um médico, o doutor Jayme Victor de Sá, que foi o facultativo que prestou os primeiros socorros. Às 6 e 40 minutos, encostou o "Baden" à amurada próxima à praça Mauá.

Foram logo solicitados os socorros da Assistência Municipal, bem como das ambulâncias da Assistência Policial e da Casa de Saúde Dr. Pedro Ernesto. Eram talvez vinte os carros de socorros que se dirigiram para attender os feridos. Estivemos também a bordo, quando eram pensados os attingidos pelos estilhaços da granada, de um poder destruidor excessivo. Os attingidos conversavam, reunidos, no tombadilho da pôpa, após o jantar, e admiravam as bellezas sem par da nossa cidade, uma visão cosmorâmica que talvez nunca mais vislumbrassem, como realmente aconteceu aos mortalmente sacrificados. Subitamente a explosão horrível, justamente por cima de suas cabeças. [...]

Era um quadro compungente e triste. Viam-se corpos esphacelados, pernas e braços separados do tronco, uma cabeça esmigalhada e seccionada do pescoço, olhos vazados, intestinos ao ar livre, ouviam-se gritos, lamentos, soluços, como num friso torturante, num quadro horrível de Goya, estranhamente animado pelos gritos de dor e pelo soffrimento.

Não se pode descrever o quadro que succintamente nos relataram alguns dos que não estavam no local, naquelle instante trágico. O que mais commoveu, porém, foi a scena de uma infeliz mulher que tinha nos braços a sua filhinha de anno e meio. Mãe e filha foram rudemente attingidas. A mulher faleceu antes, mas não soltou dos braços a creança, de modo que, caindo de costas, em decúbito dorsal, manteve a filha sobre o seio, como se a amamentasse. Manoel Diez Suarez era o pae da mulher, Josepha Solar, de vinte e três annos e avô da infeliz creançinha Maria Marina, de dezoito mezes. Chorava copiosamente o pobre homem, agarrado aos corpos da filha e da netinha, convulsivamente a soluçar.

Os mortos

É esta a lista dos que succumbiram a bordo do "Baden":

Pilar Tusibia, Encarnacion Barreira, José Fernandes, Hermínio de Tal, Remídio Cortina, José Fernandes (n.2), Isabel Fernandes, Faustino Barreira Menendez, Thereza Rodriguez Perez, Musses Miesto, Maria de los Remédios, Josepha Solar, Maria Marina Solar, Carlos Vicente, Severino Diaz, Celidonio Carsipio, Engrácia Iglezias Arjoelos, Angela Lopez e três outros corpos cuja mutilação não permitiu que fossem identificados.

O acidente causou um estremecimento nas relações diplomáticas entre o Brasil, a Alemanha e a Espanha, já que também havia passageiros espanhóis entre os feridos. Os governos desses países pressionaram o Brasil para que as investigações fossem feitas com rigor e rapidez, a fim de se apurar os responsáveis pela tragédia.

O Ministro das Relações Exteriores do Brasil, Mello Franco, teve de responder a um protesto veemente do Chefe de Estado alemão, que exigia providências, para concluir o inquérito administrativo. Para vergonha brasileira, o inquérito foi a única peça produzida pelo governo, pois não havia um tribunal especializado para fazer o julgamento apropriado.

Assim, o caso foi julgado pelo TM da Alemanha, em janeiro de 1931, na cidade de Hamburgo, esclarecendo-se alguns pontos importantes. O comandante do Baden foi questionado pelo Tribunal se havia visto os sinais GRK emanados pela Fortaleza brasileira, com o significado "não é permitido prosseguir". O Capitão Rolin, comandante do Baden, respondeu que sim, mas que não havia entendido o significado do sinal, vez que este se fazia em código nacional, induzindo-o a julgar que se tratava de aviso para embarcações nacionais brasileiras. Acrescentou que, se a Fortaleza de Santa Cruz tivesse a necessidade de se comunicar com o Baden, deveria fazê-lo pelo Código Internacional de Sinais.

O TM alemão, após o julgamento do caso, divulgou o seu acórdão, apontando os seguintes responsáveis:

a) como maior responsável pelo acidente, o Comando da Fortaleza da Santa Cruz, por não ter usado o Código Internacional de Sinais, o que, por si só, poderia ter evitado o desastre;
b) a guarnição do Forte do Vigia que, antes de abrir fogo contra um navio de passageiros, deveria tomar as seguintes providências cautelares: tentar advertir o navio via rádio e proceder a disparos de advertência a uma distância de 200 metros da embarcação;
c) ainda, o Capitão Rolin foi responsabilizado por não ter parado sua embarcação, quando visualizou sinalização que não compreendia, emanada de uma Fortaleza.

Algumas dúvidas permanecem na obscuridade e, talvez, nunca sejam esclarecidas. O comandante do Baden atribuiu o bombardeamento de seu navio a uma falsa acusação de que ele teria embarcado secretamente um político brasileiro, deposto pela Revolução de 1930.

Assim, o assunto foi tratado no Brasil apenas por um inquérito administrativo. Já o TM da Alemanha julgou o caso com a devida *expertise*, considerando negligente a conduta do comandante do navio, e condenou as fortalezas brasileiras por imprudência e negligência, pelo fato de terem aberto fogo contra um navio mercante, violando o direito de passagem inocente em tempo de paz, sem as devidas medidas cautelares que o caso exigia. Diante dos fatos, o Brasil sentiu-se inferiorizado por não possuir em seu território um TM que pudesse julgar casos que tais, com a devida propriedade.

Com essas considerações em mente, o governo brasileiro fez nascer o Decreto n. 20.829/31, criando a Diretoria de Marinha Mercante e os Tribunais Marítimos Administrativos: "Art. 5º Os Tribunais Marítimos Administrativos, que ora ficam criados pelo presente decreto sob a jurisdição do Ministério da Marinha, terão a organização e atribuições determinadas no regulamento a ser expedido para a Diretoria de Marinha Mercante".

Os parágrafos deste mesmo art. 5º definiram que, enquanto o Governo Federal não observasse a conveniência da divisão do território nacional em circunscrições marítimas, cada uma com um tribunal marítimo administrativo, o TM, que seria ativado no então Distrito Federal – a cidade do Rio de Janeiro – funcionaria com jurisdição sobre toda a costa, mares interiores e vias navegáveis nacionais.

A presidência do TM caberia ao Diretor-Geral de Marinha Mercante, tendo como membros o Capitão dos Portos do Distrito Federal; um professor de direito marítimo em instituto oficial de ensino da República ou bacharel em Direito reconhecidamente especializado na matéria; um delegado dos armadores nacionais e um delegado das companhias de seguro nacionais. Todos os membros, exceto o presidente e o Capitão dos Portos, seriam nomeados por decreto, exercendo a função por um prazo de dois anos. O mesmo artigo criava também a função de procurador especial para o Tribunal, devendo ele ser nomeado entre os auditores da Marinha para atuar como representante do Ministério Público.

O Decreto n. 22.900/33 deu vida autônoma aos tribunais marítimos a serem ativados, retirando-os da subordinação à Diretoria de Marinha Mercante e colocando-os sob a jurisdição direta do ministro da Marinha. Segundo o decreto, o ministro da Marinha expediria o regulamento para o primeiro TM a ser ativado, o do Distrito Federal.

Finalmente, o Regulamento do TM Administrativo do Distrito Federal nasceu pelo Decreto n. 24.585, de 5 de julho de 1934, data esta considerada a criação da Corte Marítima Brasileira e na qual se comemora seu aniversário. O decreto também modificou a composição dos juízes, retirando de seu quadro o Capitão dos Portos do Distrito Federal e do Estado do Rio de Janeiro.

Ao TM Administrativo competia determinar a natureza e a extensão dos acidentes da navegação ocorridos com embarcações mercantes nacionais, em águas nacionais ou estrangeiras e com embarcações estrangeiras (mercantes ou não) em águas nacionais, examinando suas causas determinantes e as circunstâncias em que se verificaram.

Cabia também ao Tribunal, além da decisão, propor ao Conselho de Marinha Mercante medidas de prevenção aos acidentes marítimos, aperfeiçoando, assim, a legislação e a regulamentação do setor. Competia também à colenda Corte manter o registro geral de propriedade marítima que seria realizado pela secretaria do Tribunal. A partir da data de aprovação do citado regulamento, os proprietários de embarcações mercantes nacionais teriam um prazo de seis meses para registrarem suas propriedades navais. Assim, o TM Administrativo do Distrito Federal foi instalado oficialmente no dia 23 de fevereiro de 1935, em sessão solene, realizada no salão de sessões do Conselho do Almirantado.

Dando conta ao presidente da República sobre o novo TM brasileiro, o ministro da Marinha, Vice-Almirante Henrique Aristides Guilhem, apresentou relatório detalhado, do qual se destaca a seguinte porção:

> O Tribunal Marítimo Administrativo [...] apareceu como consequência lógica do desenvolvimento do nosso tráfego marítimo e fluvial, preenchendo uma lacuna a muito sentida em nosso país, e que se fez notadamente quando, a par de muitos casos anteriores, se deu o fato com o vapor alemão "Baden" à saída do porto do Rio de Janeiro, cujo processo foi feito na Alemanha.

O regulamento que regia o Tribunal logo se mostrou incompleto. Os pontos fundamentais a serem alterados eram: a fixação em lei da competência privativa do Tribunal para pronunciar juízo definitivo sobre a natureza, a extensão e as causas determinantes dos acidentes da navegação, como também a definição legal do que seria acidente de navegação. O relatório do ministro da Marinha, referente ao ano de 1940, informava que um anteprojeto de regulamento não foi aprovado, pela dificuldade de conciliar áreas de competência sem interferir nas esferas de ação de outros órgãos da administração pública. Ainda assim, o Tribunal, em 1940, realizou 116 sessões, 68 julgamentos, além de acórdãos, conhecimento de agravos, recursos e representações.

Em seu relatório anual de 1941, o ministro da Marinha, Almirante Guilhem, exaltou o trabalho do Tribunal, sobretudo no que tangia à esfera profilática:

> A função do Tribunal é prevenir quanto possível o risco da navegação; em seguida definir a natureza, extensão e causas determinantes dos acidentes dessa navegação. Assim, ao contrário do que se verifica na Justiça Ordinária, quanto menor for o número de processos, mais eficiente terá sido a ação do Tribunal pelo preenchimento do seu principal escopo. A diminuição constante do número de processos evidencia a eficiência do Tribunal.

Além da missão principal de um órgão de deliberação de justiça, o Tribunal Marítimo produzia uma doutrina profilática de acidentes da navegação, com fulcro nos casos julgados que subsidiava a legislação de segurança da navegação em águas territoriais brasileiras. Assim, justificava-se o fato de o Tribunal pugnar para que suas decisões fossem acatadas pela justiça comum.

A partir de 1940, a navegação marítima sofria profundamente por estar envolvida em um conflito mundial. Assim, o Tribunal teve um aumento considerável em suas atividades, por conta das agressões dos submarinos do Eixo à Marinha Mercante nacional. A Segunda Guerra Mundial implicou também maior fiscalização do registro de propriedade marítima.

As decisões do Tribunal Marítimo encontram-se consolidadas em seus "Anuários de Jurisprudências", registrando-se como primeiro acórdão o relativo ao processo n. 29/34, sobre o encalhe do "Hiate Vênus". O processo n. 1 só foi julgado no dia 13 de dezembro de 1935 e tratava do naufrágio do "Constantinopla".

O Tribunal Marítimo funcionou sem uma regulamentação à altura de sua importância até a promulgação da Lei n. 2.180/54. Essa Lei especial definiu um único Tribunal Marítimo com jurisdição para todo o território nacional, e sua composição foi fixada de forma definitiva como será demonstrado no decorrer deste trabalho.

2 Composição do colegiado

A Lei n. 2.180, de 5 de fevereiro de 1954, alterou a nomenclatura de Tribunal Marítimo Administrativo para tão somente Tribunal Marítimo. Abandonou a ideia de vários tribunais marítimos administrativos e definiu o então Tribunal Marítimo Administrativo da Capital Federal como único tribunal do gênero em todo o território nacional.

A teor do art. 2º da Lei n. 2.180/54, o Tribunal Marítimo compõe-se de sete juízes, sendo três militares e quatro civis, a saber:

a) presidente: Almirante do corpo da armada;
b) Capitão de Mar e Guerra ou Capitão de Fragata, do corpo da armada;
c) Capitão de Mar e Guerra ou Capitão de Fragata, do corpo de engenheiros e técnicos navais, subespecializado em máquinas ou casco;
d) especialista em armação de navios e navegação comercial;
e) Capitão de longo curso da Marinha Mercante brasileira;
f) bacharel em direito, especializado em direito marítimo;
g) bacharel em direito, especializado em direito internacional público.

Todos os sete juízes são nomeados pelo presidente da República, sendo os militares por sugestão do comandante da Marinha e por indicação do ministro da Defesa, respeitadas as especializações anteriormente citadas e segundo os seguintes critérios:

a) o juiz-presidente tem mandato de dois anos, podendo ser reconduzido por igual período, respeitando-se, entretanto, o limite de idade estabelecido pela Constituição Federal (CF) para o serviço público (setenta anos), nos moldes do seu art. 40, § 1º, II;
b) os demais juízes militares têm mandato de quatro anos, podendo ser reconduzidos por igual período, respeitando-se o limite constitucional já mencionado;
c) os juízes militares, quando nomeados na ativa, são transferidos para a inatividade, como segue:
   - o juiz-presidente, após dois anos de afastamento. Entretanto, poderá ser reintegrado ao corpo da armada, se permanecer no cargo por prazo inferior a este;
   - os demais passarão para a inatividade logo após a nomeação;
d) os juízes civis são nomeados após aprovação em concurso público de provas e títulos e têm mandato vitalício, obviamente, respeitando-se, também, o limite constitucional para o exercício de cargo público;
e) com exceção do juiz-presidente, os juízes serão substituídos em seus impedimentos por juízes suplentes. Estes serão nomeados pelo presidente da República, para o mandato de três anos, podendo ser reconduzidos por igual período. Os juízes suplentes devem guardar, a exceção do concurso público, as mesmas qualificações legais pertinentes aos juízes a quem devam substituir. O juiz substituto só será remunerado quando convocado pelo juiz-presidente e somente enquanto durar o impedimento legal do juiz titular.

Entre os juízes, elege-se, para um mandato de dois anos, um vice-presidente. A eleição acontece em escrutínio secreto, e o cargo só admite a reeleição consecutiva por uma vez. Para a eleição do vice-presidente, necessário se faz a presença de, pelo menos, cinco juízes, incluindo-se o juiz-presidente. Considera-se eleito o que obtiver a maioria simples dos votos. Não sendo alcançada a maioria simples em único escrutínio, far-se-á segunda apuração, logo em seguida, concorrendo, nesta, os dois primeiros colocados. Na hipótese de empate, será empossado o mais antigo. A antiguidade no Tribunal regula-se pelo dia da posse ou pela idade, se as posses tiverem ocorrido em igual data.

Por fim, os juízes do TM gozam da prerrogativa de inamovibilidade e das deferências devidas ao seu cargo, devendo receber o tratamento de "Excelência", no exercício de suas funções, consoante o art. 148 da Lei n. 2.180/54 e o art. 169 do Regulamento Interno do Tribunal.

3 Atribuição dos juízes

São competências do juiz-presidente, conforme esculpido no art. 8º do Regimento Interno do Tribunal (RITM):

a) dirigir os trabalhos do Tribunal, presidir sessões, propor as questões e apurar o vencido;
b) votar somente em caso de empate;
c) distribuir os processos e as consultas pelos juízes e proferir os despachos de expediente;
d) convocar sessões extraordinárias;
e) ordenar a restauração dos autos perdidos;
f) admitir recursos, designando-lhes relator;
g) deferir ou denegar o registro da propriedade marítima e averbação de hipoteca e demais ônus sobre embarcações, bem como o registro de armadores nacionais;
h) representar o Tribunal, dirigir, coordenar e controlar os seus serviços;
i) praticar todos os atos de direção decorrentes da legislação em vigor para os serviços públicos federais;
j) exercer as demais atribuições fixadas neste regimento;
k) propor ao presidente da República, por intermédio do comandante da Marinha, os servidores que devam ocupar os cargos em comissão.

O vice-presidente tem como atribuição substituir o juiz-presidente em suas faltas e seus impedimentos, bem como presidir a Comissão de Jurisprudência e funcionar como juiz-corregedor.

Excetuando-se o juiz-presidente, têm os demais juízes as seguintes atribuições, consoante o estabelecido no art. 10 do RITM:

a) dirigir os processos que lhe forem distribuídos, proferindo neles os despachos interlocutórios;
b) presidir os atos de instrução, funcionando como interrogante;
c) orientar os processos de forma a assegurar-lhes andamento rápido, sem prejuízo da defesa dos interessados e da finalidade do Tribunal;

d) requisitar de qualquer repartição pública, entidade autárquica e paraestatal, sociedade de economia mista e, em geral, de qualquer empresa vinculada à indústria da navegação e serviços complementares ou conexos informações, esclarecimentos, documentos e o mais necessário à instrução dos processos;
e) admitir a defesa, bem como a intervenção, de terceiros interessados ou prejudicados nos processos de que for relator;
f) apresentar ao Tribunal os processos prontos para o julgamento;
g) discutir as questões e julgá-las, atendendo aos fatos e às circunstâncias emergentes dos autos, ainda que não alegados pelas partes e formando livremente, na apreciação da prova, o seu convencimento;
h) justificar o voto por escrito, quando vencido, e servir de Prolator, quando vencedor;
i) relatar as consultas que lhe forem distribuídas;
j) exercer as demais atribuições fixadas neste Regimento;
k) homologar as contas de custas dos processos que relatarem por delegação de competência do juiz-presidente.

4 Corregedoria do Tribunal

Em princípio, a função do juiz-corregedor é exercida pelo juiz vice-presidente. Exceção à regra ocorrerá quando o juiz-presidente delegar excepcionalmente a correição a outro juiz.

A corregedoria tem como objetivo pugnar pela qualidade e celeridade no andamento dos processos, bem como no trabalho executado pela secretaria. Em linhas gerais, deve zelar pelo fiel cumprimento dos princípios constitucionais pertinentes, exarados no art. 37, *caput*, da CF, quais sejam: lealdade, impessoalidade, moralidade, publicidade e eficiência.

5 Secretaria

A secretaria do Tribunal Marítimo funciona à semelhança dos cartórios judiciais. Trata da execução dos serviços processuais, técnicos e administrativos. Cuida, portanto, da distribuição dos processos, do preparo, da expedição de certidões, da juntada de documentos e do registro da propriedade marítima etc.

A secretaria tem à sua frente um Diretor-Geral, necessariamente, bacharel em Direito, por força do comando do art. 32 da Lei Orgânica do Tribunal Marítimo (LOTM), e está assim dividida:

I – Divisão de acidentes e fatos da navegação;
II – Divisão de registro de propriedade marítima;
III – Divisão de jurisprudência e documentação;
IV – Divisão de administração;
V – Serviços auxiliares.

6 Comissão de jurisprudência

Preside a Comissão de Jurisprudência do Tribunal Marítimo (CJTM) o juiz vice-presidente, tendo este a prerrogativa de escolher dois outros membros, entre os demais juízes, para exercer as funções pertinentes por um período de dois anos.

A CJTM é a fiel guardiã do Regulamento Interno do Tribunal Marítimo (RITM). Na hipótese de necessidade de se efetuar emendas ao Regulamento, cabe a CJTM a análise da oportunidade e da legalidade das possíveis alterações. Tendo a Comissão entendido pela necessidade de alteração, preparará o novo texto para as considerações e a aprovação do juiz-presidente.

7 Procurador especial da Marinha

Tal qual um membro do *parquet*, durante as sessões do Tribunal, assenta-se à direita do juiz-presidente um representante da Procuradoria Especial da Marinha (PEM). Tendo em vista que a PEM rege-se por diploma especial diverso da Lei Orgânica do Tribunal Marítimo, esta obra dedica a ela um capítulo a parte, como se vê mais adiante.

8 Patrocínio

O patrocínio das causas julgadas no Tribunal Marítimo é privativo dos advogados, devendo respeitar-se as incompatibilidades e os impedimentos, emoldurados na Lei n. 8.906/94, que dispõe sobre o Estatuto da Advocacia e a Ordem dos Advogados do Brasil (OAB).

Os processos em andamento só poderão ser retirados da secretaria pelos patronos, devidamente constituídos nos autos, quando lhes forem abertas vistas, respeitando-se os prazos assinalados e mediante carga. Já os processos findos poderão ser retirados pelo prazo de dez dias, por qualquer advogado, independentemente de procuração.

Quanto ao exame, à tomada de apontamentos ou à feitura de cópias, independentemente de estarem os processos findos ou em andamento, terão os advogados, ainda que sem procuração, acesso aos autos para tais fins. Exceção será feita quando os processos estiverem sujeitos a sigilo determinado pelo Tribunal.

Na hipótese de litisconsórcio, com pluralidade de advogados ou mais de um representado, com patrocínio diverso, o prazo será contado em dobro para o conjunto dos assistentes, não podendo ser os autos retirados, sendo abertas as vistas na Secretaria.

É defeso aos patronos usar de expressões injuriosas ou descorteses nos escritos que devem ser juntados aos autos (art. 15 e parágrafo único do CPC). Se a hipótese se concretizar, o juiz-relator, por decisão fundamentada, mandará riscar tais expressões e, quando julgar apropriado, comunicará ao juiz-presidente, para as providências cabíveis junto à OAB, na conformidade do art. 23 do RITM.

9 Garantias da ampla defesa e do contraditório

Nenhuma pessoa será julgada no Tribunal Marítimo sem a assistência de um advogado, garantindo-se assim o imperativo constitucional da ampla defesa e do contraditório (art. 5°, LV, da CF).

Se o representado não puder arcar com os honorários advocatícios e com as custas do processo, ser-lhe-á nomeado defensor público e garantida a gratuidade de justiça.

A justiça gratuita será deferida pelo juiz relator, por despacho nos autos, dês que atendidos os pressupostos legais, nos termos da Lei n. 1.060/50, consoante o disposto no art. 20 do RITM.

Portanto, a gratuidade não depende do alvedrio do julgador. Uma vez atendidos os requisitos legais, o juiz deverá conceder a gratuidade, conforme se depreende dos arts. 4°, § 1°, e 5° da Lei n. 1.060/50.

10 Competência

O art. 1° da Lei Orgânica sob análise preconiza que o Tribunal Marítimo tem como atribuições julgar os acidentes e fatos da navegação marítima, fluvial e lacustre, bem como as questões relacionadas com tais atividades especificadas naquela Lei.

Como órgão judicante, aprecia matérias de sua competência, aplicando normas técnicas e jurídicas compatíveis com a solução do conflito. Quando a lei se faz lacunosa, pode recorrer à analogia, aos usos e aos costumes, à equidade, ao direito comparado e aos princípios gerais do direito, sobretudo aqueles pertinentes à atividade marítima e consagrados pela comunidade internacional especializada.

Anjos e Caminha Gomes[3] ensinam que a competência do TM deve ser analisada sob duas vertentes, qual seja a competência exclusiva e a concorrente:

> a) competência administrativa exclusiva – ocorre quando são verificados fatos ligados exclusivamente à navegação, sem qualquer repercussão na esfera do direito administrativo, civil, comercial, criminal, trabalhista, dentre outros ramos do direito. Ainda, assim, o interessado poderá interpor recurso contra a sanção aplicada, perante o juiz federal competente, para reexaminar decisões administrativas do Tribunal Marítimo;
>
> b) competência concorrente – a causa versa, em extensão, sobre os aspectos de natureza civil, comercial, criminal, trabalhista ou outros interesses conexos. Neste caso, o TM fica restrito à matéria de sua competência e atribuição, concorrendo, no mais, com outro órgão do Judiciário.

Portanto, no âmbito administrativo, são competências do Tribunal Marítimo, na força do art. 13 da Lei n. 2.180/54:

> I – julgar os acidentes e fatos da navegação:
>
> *a)* definindo-lhes a natureza e determinando-lhes as causas, circunstâncias e extensão;
>
> *b)* indicando os responsáveis e aplicando-lhes as penas estabelecidas na lei;
>
> *c)* propondo medidas preventivas e de segurança da navegação;
>
> II – manter o registro geral:
>
> *a)* da propriedade naval;
>
> *b)* da hipoteca naval e demais ônus sobre embarcações brasileiras;
>
> *c)* dos armadores de navios brasileiros.

3 *Curso de direito marítimo*, p.111.

Reza o art. 16 da mesma Lei que são também competências do Tribunal Marítimo:

> *a)* determinar a realização de diligências necessárias ou úteis à elucidação de fatos e acidentes da navegação;
> *b)* delegar atribuições de instrução;
> *c)* proibir ou suspender por medida de segurança o tráfego de embarcações, assim como ordenar pelo mesmo motivo o desembarque ou a suspensão de qualquer marítimo;
> *d)* processar e julgar recursos interpostos nos termos desta Lei;
> *e)* dar parecer nas consultas concernentes à Marinha Mercante que lhes forem submetidas pelo Governo;
> *f)* funcionar, quando nomeado pelos interessados, como juízo arbitral nos litígios patrimoniais consequentes a acidentes ou fatos da navegação;
> *g)* propor ao Governo que sejam concedidas recompensas honoríficas ou pecuniárias àqueles que tenham prestado serviços relevantes à Marinha Mercante, ou hajam praticado atos de humanidade nos acidentes e fatos da navegação submetidos a julgamento;
> *h)* sugerir ao Governo quaisquer modificações à legislação da Marinha Mercante, quando aconselhadas pela observação de fatos trazidos à sua apreciação;
> *i)* executar, ou fazer executar, as suas decisões definitivas;
> *j)* dar posse aos seus membros e conceder-lhes licença;
> *k)* elaborar, votar, interpretar e aplicar o seu Regimento;
> *l)* eleger seu vice-presidente.

Torna-se imperioso ressaltar que não são todos os acidentes, tampouco todos os fatos ocorridos a bordo, que serão objeto de julgamento no Tribunal Marítimo, mas tão somente aqueles definidos nos arts. 15 e 16 da Lei especial. Portanto, são acidentes da navegação: naufrágio, encalhe, colisão, abalroação, água aberta, explosão, incêndio, varação, arribada e alijamento, avaria ou defeito no navio ou em suas instalações que ponha em risco a embarcação, as vidas ou fazendas de bordo. Consideram-se fatos da navegação: o mau aparelhamento ou a impropriedade da embarcação para o serviço em que é utilizada e a deficiência da equipagem; a alteração da rota; a má estivação da carga que sujeite a risco a segurança da navegação; a recusa injustificada de socorro à embarcação em perigo e todos os fatos que prejudiquem ou ponham em risco a incolumidade e a segurança da embarcação, das vidas ou das fazendas de bordo, bem como o emprego da embarcação, no todo ou em parte, na prática de atos ilícitos, previstos em lei como crime ou contravenção penal ou que sejam considerados lesivos à Fazenda Nacional.

Assim, se ocorre uma avaria a bordo, e esta não coloca em risco a embarcação, tampouco as vidas ou a carga, nos moldes do art. 14, *b*, da Lei n. 2.180/54, a avaria não é acidente da navegação e, portanto, não será julgada pelo TM. Exemplificando: se um guindasteiro, membro da estiva, ao carregar um contêiner, deixa-o se chocar com a borda falsa do navio, causando pequena mossa, essa avaria não é, absolutamente, avaria de risco, consequentemente, não será guindada ao patamar de acidente da navegação. Portanto, um simples acordo entre as partes – entidade estivadora e armador – será suficiente para a solução do incidente. Se o conflito persistir, pode-se deslumbrar até mesmo uma ação civil indenizatória, mas nunca um julgamento pelo Tribunal Marítimo, vez que o incidente está fora da esfera de sua competência.

11 Jurisdição

Informa o art. 1º da lei institucional do TM que este tem jurisdição em todo o território nacional, sendo órgão autônomo, auxiliar do Poder Judiciário e vinculado ao Ministério da Defesa, por meio do comando da Marinha, no que se refere aos provimentos de pessoal militar e de recursos necessários ao seu funcionamento.

Inicialmente, vale gizar que a expressão "jurisdição", em sua conceituação básica, é atividade restrita ao Estado que declara ou realiza o direito para o caso concreto. Portanto, é atividade que pressupõe órgão jurisdicional jungido ao Poder Judiciário, nos moldes do art. 92 da CF. Assim, não pertencendo ao Poder Judiciário e, sim, ao Poder Executivo, o Tribunal Marítimo não exerce atividade jurisdicional *stricto sensu*, razão por que os acórdãos prolatados por esse egrégio colegiado não possuem o caráter jurisdicional, podendo ser reexaminados pelo Poder Judiciário, conforme o estatuído no inciso XXXV do art. 5º da Carta Magna: "a lei não excluirá da apreciação do poder judiciário lesão ou ameaça a direito".

A própria lei institucional do TM reconhece o direito ao reexame de seus julgados, na dicção de seu art. 18: "as decisões do Tribunal Marítimo quanto à matéria técnica referente aos acidentes e fatos da navegação têm valor probatório e se presumem certas, sendo, porém, suscetíveis de reexame pelo Poder Judiciário". Portanto, quando o TM julga, é o Poder Executivo que exerce o seu direito anômalo de julgar; anomalia esta presente entre os três Poderes, quando estes exercem funções distintas de suas atividades-fins. O mesmo fenômeno ocorre, por exemplo, quando o Legislativo julga por meio de CPI.

Por outro lado, há autores que defendem a diferença entre ato jurisdicional e ato judicial, sendo este privativo do Poder Judiciário, enquanto aquele é função atípica dos demais poderes. Nesse diapasão, o TM decide, fazendo coisa julgada administrativa, sendo seus atos, portanto, jurisdicionais, não se confundindo com os atos judiciais.[4] Para o aprofundamento desse tema, remete-se o leitor ao item 5 do Capítulo 7 desta obra, que trata da validade e da eficácia das decisões tomadas pelo Tribunal Marítimo.

Com as ressalvas mencionadas, é certo dizer que o Tribunal Marítimo tem jurisdição, a teor do art. 10 da Lei n. 2.180/54, sobre:

> *a)* embarcações mercantes de qualquer nacionalidade, em águas brasileiras;
>
> *b)* embarcações mercantes brasileiras em alto mar ou em águas estrangeiras;
>
> *c)* embarcações mercantes estrangeiras em alto mar, no caso de estarem envolvidas em qualquer acidente marítimo ou incidente de navegação, no qual tenha pessoa física brasileira perdido a vida ou sofrido ferimentos graves ou que tenham provocado danos graves a navios ou a instalações brasileiras ou ao meio marinho, de acordo com as normas do direito internacional;
>
> *d)* o pessoal da Marinha Mercante;
>
> *e)* os marítimos estrangeiros, em território ou águas territoriais brasileiras;
>
> *f)* os proprietários, armadores, locatários, carregadores, agentes e consignatários de embarcações brasileiras e seus prepostos;
>
> *g)* agentes ou consignatários no Brasil de empresa estrangeira de navegação;
>
> *h)* empreiteiros ou proprietários de estaleiros, carreiras, diques ou oficinas de construção ou reparação naval e seus prepostos;
>
> *i)* os proprietários, armadores, locatários, carregadores, consignatários e seus prepostos, no Brasil, de embarcações mercantes estrangeiras;

4 PIMENTA, Matusalém Gonçalves. *Responsabilidade civil do prático*, p.93-4.

j) os empreiteiros e proprietários de construções executadas sob, sobre e às margens das águas interiores e do mar territorial brasileiros, sob e sobre a zona econômica exclusiva e a plataforma continental brasileiras e que, por erro ou inadequação de projeto ou execução ou pela não observância de especificações técnicas de materiais, métodos e processos adequados, ou, ainda, por introduzir modificações estruturais não autorizadas nas obras originais, atentem contra a segurança da navegação;

l) toda pessoa jurídica ou física envolvida, por qualquer forma ou motivo, em acidente ou fato da navegação, respeitados os demais instrumentos do direito interno e as normas do direito internacional;

m) ilhas artificiais, instalações, estruturas, bem como embarcações de qualquer nacionalidade empregadas em operações relacionadas com pesquisa científica marinha, prospecção, exploração, produção, armazenamento e beneficiamento dos recursos naturais, nas águas interiores, no mar territorial, na zona econômica exclusiva e na plataforma continental brasileiros, respeitados os acordos bilaterais ou multilaterais firmados pelo país e as normas do direito internacional.

Para efeitos da Lei n. 2.180/54, considera-se embarcação mercante toda construção utilizada como meio de transporte por água e destinada à indústria da navegação, quaisquer que sejam as suas características e o lugar de tráfego, sendo a ela equiparados:

a) os artefatos flutuantes de habitual locomoção em seu emprego;

b) as embarcações utilizadas na praticagem, no transporte não remunerado e nas atividades religiosas, científicas, beneficentes, recreativas e desportivas;

c) as empregadas no serviço público, exceto as da Marinha de Guerra;

d) as da Marinha de Guerra, quando utilizadas total ou parcialmente no transporte remunerado de passageiros ou cargas;

e) as aeronaves durante a flutuação ou em voo, desde que colidam ou atentem de qualquer maneira contra embarcações mercantes;

f) os navios de Estados estrangeiros utilizados para fins comerciais. [art. 11]

CAPÍTULO 2

Procuradoria Especial da Marinha

Les procrureurs et avocats du Roi ne siégeaient pas sur la même estrade que les juges, mais sur le parquet de la salle.[1]

Gaston Stefani

1 Origem histórica

A gênesis da Procuradoria Especial da Marinha (PEM), nosso *parquet* do mar, confunde-se com a história do Tribunal Marítimo (TM). Sua pedra fundamental ideológica foi lançada pelo Decreto n. 20.829/31 que, na criação da Corte Marítima, previu a princípio a existência de um Procurador Especial, representante do Estado, que atuaria junto ao TM do Distrito Federal.

Ao depois, com a promulgação da Lei n. 2.180/54, estatuto que consolidou as atribuições do Tribunal do Mar, houve por bem ao legislador prever nesse Diploma a existência de uma procuradoria, como órgão auxiliar, para atuar junto ao Tribunal. Em abril de 1960, fez-se a reorganização imposta pela Lei n. 3.747, alterando sua nomenclatura para Procuradoria junto ao TM. E, em dezembro do mesmo ano, foi aprovado seu Regimento Interno pelo Decreto n. 49.748.

Finalmente, a Lei n. 7.642/87, com *status* de Lei Orgânica, transmutou a Procuradoria junto ao TM para PEM. Sua organização e suas atribuições passaram a ser estampadas pelo seu Regulamento, aprovado pela Portaria n. 16, de 16 de maio de 1988, exarado pelo então chefe do Estado-Maior da Armada, Almirante de Esquadra Hugo Stoffel.

---

1 Os procuradores e os advogados do rei não se sentavam sobre o mesmo estrado reservado aos juízes, mas sobre o assoalho (*parquet*) da sala (tradução livre do autor).

Pela atual Lei Orgânica, a PEM, com sede na cidade do Rio de Janeiro, está diretamente subordinada ao comando da Marinha, sendo responsável, perante o TM, pela fiel observância da Constituição Federal (CF), das leis e dos atos emanados dos poderes públicos referentes às atividades marítimas, fluviais e lacustres, a teor de seu art. 2°. Portanto, tem como uma de suas atribuições atuar como *custos legis*.

Mais recentemente, a Portaria n. 58, de 22 de outubro de 1992, aprovou o Regimento Interno da PEM, definindo sua organização, suas atribuições, seus deveres funcionais etc. Esses itens serão comentados com a devida profundidade no avançar deste capítulo.

Em razão de sua especialidade, a PEM é órgão pouco conhecido. Até mesmo entre os membros da comunidade marítima há dúvidas sobre suas reais atribuições e sua competência. Em apertada síntese, pode-se dizer que a PEM é o Ministério Público (MP) do Mar. Como os membros do *parquet*, seus procuradores atuam ora como *custos legis* ora como titulares no polo ativo do processo marítimo.

Sua importância, ignorada por grande parte da sociedade, muitas vezes passa despercebida até pelos especialistas. Uma matéria publicada na Revista Marítima Brasileira,[2] da lavra do Contra-Almirante Sérgio Roberto Castro Oliveira Queiroz, sob o título "Changri-la: o barco e seus heróis", ilustra o que se quer demonstrar.

Durante a Segunda Guerra Mundial, no mês de julho de 1943, desapareceu misteriosamente, nas costas brasileiras, próximo à cidade de Arraial do Cabo, o pesqueiro Changri-la, quando, com dez tripulantes, atuava na sua atividade-fim. O acidente foi julgado pelo TM, por meio do processo n. 812/44, sem que os juízes pudessem determinar a causa, vez que não dispunham dos elementos necessários e confiáveis para tal, ainda que houvesse rumores de um possível ataque por parte de submarinos alemães.

Muitos anos se passaram até que o diretor do Museu Histórico e Marítimo de Cabo Frio reunisse uma série de documentos e levantasse, mais uma vez, a hipótese de ter sido o Changri-la alvejado e afundado, agora, mais precisamente, pelo submarino alemão U-199. Esse submarino, em data posterior à perda do Changri-la, foi posto a pique por aeronaves brasileiras e americanas. Do relatório dos sobreviventes alemães, soube-se que o

2 "Serviço de Documentação da Marinha", v.122, p.12.

U-199, durante operação noturna, afundou um barco não identificado que portava uma vela de popa.

A primeira correlação com o Changri-la estabeleceu-se por esse relatório. O costume da época, entre os pescadores da região, era o de usar uma vela de fortuna, com o objetivo de somar forças com o motor, geralmente subdimensionado por questões de economia de combustível. Outra forte evidência de que o pesqueiro brasileiro foi atingido pelos nazistas é o fato de que nenhum outro acidente na época foi relatado ou sabido, não havendo qualquer registro na Capitania local, tampouco qualquer julgamento pelo TM.

Munido dessas documentações e de várias outras evidências, que o espaço não permite transcrever, o diretor do Museu Histórico requereu à PEM que, usando das atribuições que lhe confere a legislação vigente, buscasse o desarquivamento do processo a fim de demonstrar a verdade dos fatos.

Em consonância com os argumentos apresentados pelo diretor e pesquisador, a PEM apresentou recurso inominado, em face do acórdão prolatado no processo n. 812/44 do TM. O recurso visava ao reconhecimento da causa determinante do desaparecimento do Changri-la como sendo o ataque do submarino alemão U-199, sob o comando do Capitão-Tenente Hans Werner Kraus.

Em sua fundamentação, a Procuradoria lembrou que várias embarcações foram alvos de ataques alemães em costas brasileiras e que seria cruel injustiça excluir desse rol o Changri-la. Como fulcro de sua argumentação, estava ainda o Decreto-lei n. 4.830/42, que transferiu a jurisdição das colônias de pesca ao Ministério da Marinha, transformando-as em forças auxiliares das forças navais de vigilância e defesa das águas brasileiras. Obviamente que tal decisão atraiu o desejo bélico dos nazistas em eliminar, também, embarcações de pesca, a fim de evitar possíveis informações de suas posições estratégicas.

Analisando toda a nova documentação probatória e a fundamentação bem articulada da PEM, o recurso foi recebido pelo TM, tendo como relator o Juiz Marcelo David Gonçalves. Acordaram os juízes, por unanimidade, em conhecer do recurso para lhe dar provimento, sendo o acórdão recorrido modificado em 31 de julho de 2001, com o seguinte teor:

> *a)* quanto à natureza e extensão: naufrágio de barco de pesca com perda de embarcação e de dez tripulantes: José da Costa Marques, Deocleciano Pereira da Costa, Otávio Vicente Martins, Ildefonso Alves da Silva, Manoel Gonçalves

Marques, Manoel Francisco dos Santos Júnior, Otávio Alcântara, Zacarias da Costa Marques, Apúlio Vieira de Aguiar e Joaquim Mata de Navarra;

b) quanto à causa determinante: ataque pela artilharia do submarino alemão U-199, durante a Segunda Guerra Mundial;

c) decisão: julgar o acidente de navegação previsto no art. 14, *a*, da Lei n. 2.180/54 – ato de guerra – perpetrado pelo submarino alemão que afundou o pesqueiro Changri-la;

d) medidas de segurança: XXX;

e) proposta de recompensa: propor ao Governo Brasileiro, como prescreve o art. 16, letra g, da Lei n. 2.180/54, que sejam concedidas recompensas honoríficas ao historiador Elísio Gomes Filho, pelo reconhecimento ao seu profícuo trabalho e em memória das vítimas, aos seus familiares diretos: Hércules da Costa Marques, Iva Soares da Costa, Maria de Lourdes Aguiar da Cruz e Etelvina Sobral da Costa.

Assim, a PEM, além de outras atribuições, também promove esse tipo de serviço à sociedade. Nesse caso, com o concurso do TM, puderam os representantes do *parquet* do mar honrar os parentes das vítimas e o ilustre historiador com a verdade.

Os desdobramentos dessa nova decisão do TM são abrangentes. Há uma ação de indenização por danos morais e materiais tramitando no Superior Tribunal de Justiça (STJ), em face da República Federal da Alemanha, proposta por uma sobrinha de Zacarias da Costa Marques, um dos dez vitimados do Changri-la. A 4ª Turma do STJ decidiu por maioria que o governo alemão deve ter a oportunidade de se manifestar sobre a sua imunidade de jurisdição.

Segundo o relator da matéria, Ministro Fernando Gonçalves, mesmo nos casos considerados atos de império, que em princípio não se submetem à jurisdição de outro país soberano, o Estado estrangeiro tem o direito e a prerrogativa de renunciar à sua imunidade, submetendo-se ao processo. O voto do relator foi acompanhado pelos Ministros Aldir Passarinho Júnior e João Otávio de Noronha.

Entretanto, o Ministro Luiz Felipe Salomão, em voto vista divergente, sustentou que a abrangência da imunidade de jurisdição deve ser mitigada, nos casos em que dos ilícitos praticados resultarem ferimento grave ou morte de nacional. A fundamentação do ministro baseou-se na Convenção de Haia, de 1907, que rege o direito internacional humanitário e a proteção aos não combatentes. Em síntese, argumentou o ilustre julgador que o assassinato de cidadão brasileiro civil pelos tripulantes do submarino alemão viola os princípios gerais do direito internacional humanitário e não pode ser encoberto pelo manto da imunidade de jurisdição. A Turma, contudo, decidiu que a tese apresentada pelo Ministro Salomão só será apreciada após a devida manifestação oficial do governo alemão. É esse o atual andamento do processo, enquanto se escreve.

O voto do Ministro Luiz Felipe Salomão engrandece o conjunto daqueles que têm a difícil e árdua, mas ao mesmo tempo nobre, missão de julgar. Seria a concretização de um agradável sonho viver em um mundo onde todos os danos fossem totalmente reparados e onde os direitos humanitários fossem verdadeiramente respeitados. Esse dia ainda chegará. Enquanto isso, o mundo assiste impotente às atrocidades praticadas em Guantânamo, aos testes nucleares da Coreia do Norte, às crianças africanas comendo bolotas de jornal molhadas em caldo de feijão. Para se ficar tão somente na relação Brasil/Alemanha, vale uma correlação do Changri-la com o Baden, objeto de análise do capítulo anterior. Não seria justo que o Brasil ocupasse o polo passivo de uma ação indenizatória, promovida pelos representantes das vítimas do Baden? Não foi esse navio de passageiros bombardeado por Fortaleza brasileira, matando 21 civis e ferindo dezenas deles, em tempo de paz?

Entretanto, não se deve deslembrar do instituto da prescrição que elide ou procura mitigar a insegurança jurídica, na tentativa de promover a paz social. Portanto, remete-se o leitor para o item 4 do Capítulo 7, que trata do referido instituto, recomendando sua leitura em concomitância com as reflexões aqui averbadas.

Deixando de lado as utopias jurídicas, após as digressões sobre a importância e a nobreza do trabalho executado pela PEM, passa-se ao detalhamento de suas atribuições, composição e competência.

2 Competência

A competência da PEM está emoldurada no art. 5º da Lei n. 7.642/87 c/c os arts. 2º e 3º da Portaria n. 16/88, que aprovou seu Regulamento, e com o art. 24 da Portaria n. 58/92, que sancionou o seu Regimento Interno. Assim, são competências da PEM:[3]

3 O conjunto de atribuições apresentado está devidamente purgado das atribuições revogadas tacitamente por força da Lei Complementar n. 73/93, que instituiu a Lei Orgânica da Advocacia-Geral da União (AGU).

a) zelar e pugnar, perante o TM, pelo fiel cumprimento da CF, das leis e dos atos emanados dos poderes públicos, no que diz respeito às atividades marítimas, fluviais e lacustres;
b) atuar, como parte, representando os interesses do Estado, nos processos da competência do TM, promovendo representação (denúncia), intervindo em todas as suas fases e interpondo os recursos legais quando necessários;
c) oficiar em todas as consultas feitas ao TM;
d) requerer, perante o TM, o arquivamento dos inquéritos provenientes de órgãos competentes;
e) oficiar à autoridade competente, solicitando a instauração de inquérito, sempre que chegarem ao seu conhecimento quaisquer acidentes ou fatos da navegação;
f) oficiar nos processos promovidos, mediante representação de interessados, ou por decisão do TM, acompanhando-os em todas as fases, podendo oferecer representação substitutiva e aditar ou endossar a oferecida pelo interessado;
g) oficiar em todos os processos de registro de propriedade marítima, de armador, de hipoteca e demais ônus reais sobre embarcação;
h) promover e manter estágio forense perante o TM;
i) contribuir para a fiscalização das decisões do TM.

Por conseguinte, como mencionado no item anterior, a PEM tem natureza jurídica de *custos legis* e *dominus littis*, tal qual o MP. Se este é composto por vários braços de atuação – MP da União, MP Federal, MP do Trabalho, MP Militar, MP do DF, MP Estadual e até um MP específico para atuar junto ao Tribunal de Contas da União (TCU) –, seria mais técnico, no aviso deste autor, fazer a transposição dos procuradores da PEM para o MP, e não para a AGU, como foi feito em 2002. Não se trata de preciosismo didático, vez que as atribuições do *parquet* do mar não se confundem com as da AGU, sendo, contudo, semelhantes àquelas praticadas pelo MP.

Portanto, respeitando-se a melhor técnica de organização jurídica, deveriam os procuradores especiais da Marinha compor um braço avançado do MP, podendo ter como nomenclatura sugerida MP Marítimo, para atuar, exclusivamente, junto ao TM (Poder Executivo), consoante o que ocorre com o MP, que atua exclusivamente junto ao TCU (Poder Legislativo).

3 Composição e atribuições

A PEM é uma organização militar (OM), subordinada diretamente ao comandante da Marinha (art. 2º da Lei n. 7.642/87). Seu diretor é nomeado pela Autoridade Marítima *stricto senso*, ou seja, pelo próprio comandante da Marinha, para um mandato de tempo indeterminado. O cargo de diretor é exercido por um oficial superior da Marinha ou, quando a necessidade de serviço não o permitir, será nomeado pelo alvedrio do delegante, como cargo de provimento em comissão, pelo critério de confiança, consoante impõe o art. 3º e parágrafo único da Lei 7.642/87. Ao tempo em que se escreve, o cargo de diretor da PEM vem sendo exercido por um Vice-Almirante reformado.

O diretor da PEM é assistido por um procurador-chefe, um conselho econômico e uma secretaria. Quanto à atividade principal, esta é exercida por um escritório de procuradores (AGU). A atividade-meio é realizada por uma Divisão Processual e uma Divisão de Serviços Gerais.

Havia na PEM um escritório de advogados de ofício. A esses advogados competia, entre outras atribuições, prestar assistência aos representados que não dispunham de recursos para constituir patrono, aos revéis, aos ausentes ou foragidos – assim declarados – e aos que o TM considerasse indefesos, a teor do art. 5º, VIII, de sua Lei Orgânica. Entretanto, em 1997, foram os advogados de ofício transferidos para a Defensoria Pública da União. Revogado está, portanto, o inciso do artigo mencionado.

As atribuições de cada um dos que compõem a PEM está bem definida em seu Regulamento Interno, aprovado pela Portaria n. 58/92, não carecendo de maiores comentários.

CAPÍTULO 3

Do Procedimento Administrativo Marítimo

O princípio da ampla defesa não deve ser interpretado restritivamente, quando se trata de processos com litígios e com acusados. Além do mais, deve considerar-se que a tutela jurídica do direito à defesa é dever do Estado, qualquer que seja a função que esteja desempenhando.

José dos Santos Carvalho Filho

Antes de se entrar na análise do processo marítimo que tramita perante o Tribunal Marítimo (TM), núcleo desta obra, reserva-se este capítulo para tratar de processo distinto que transcorre no âmbito da Autoridade Marítima. Ambos são processos administrativos marítimos, contudo, apesar das semelhanças, ocorrem em cenários diferentes, tendo ritos diversos um do outro.

De plano, oferece-se o ponto de distinção. Quando, por um lado, da infração cometida não resultar acidente ou fato da navegação, a Autoridade Marítima será competente para julgar e aplicar as penalidades legais, admitindo-se, contudo, recurso em segunda instância na esfera administrativa. Se, por outro lado, houver quaisquer acidentes ou fatos da navegação decorrentes da infração, haverá necessariamente a instauração de Inquérito Administrativo sobre Acidentes e Fatos da Navegação (IAFN), que instruirá o processo a ser julgado pelo TM, com rito especial, consoante se demonstra mais adiante.

Exemplificando o que se disse no parágrafo anterior, se um navio navega em local com velocidade regulada por normas e procedimentos da Capitania dos Portos (NPCP) e ultrapassa o limite preestabelecido, estará sujeito ao procedimento administrativo, com as possíveis penalidades cabíveis, tão somente pelo fato de ter violado a norma, ainda que da violação não tenha havido qualquer incidente. Entretanto, se do excesso de velocidade ocorrer uma colisão, por exemplo, a competência para o julgamento do incidente desloca-se da Autoridade Marítima para o TM.

O procedimento administrativo marítimo, insculpido no art. 22 da Lei de Segurança do Tráfego Aquaviário (Lesta), tramita no âmbito da Autoridade Marítima e é capitaneado por ela, sendo assegurados os princípios constitucionais do contraditório e da ampla defesa (art. 5°, LV, da CF).

1 Da tramitação do procedimento administrativo

O procedimento administrativo tem o condão de apurar a infração, determinar os responsáveis e aplicar as penalidades cabíveis. Constatada a infração pela Autoridade Marítima competente, esta lavrará o respectivo Auto de Infração. Uma cópia do Auto será encaminhada ao autor material, para, se desejar, apresentar defesa, considerando-se revel aquele que não fizer uso da referida peça de bloqueio.

Na ocasião da defesa, é facultado ao possível infrator fazer-se representar por advogado. Essa faculdade deve ser considerada com cautela, tendo em vista as graves consequências das penalidades aplicáveis, entre elas até mesmo o cancelamento do Certificado de Habilitação. Em vista dos prejuízos irreparáveis, é de bom alvitre o auxílio de profissional especializado. Recomenda-se, ainda, a constituição de advogado maritimista, em razão das peculiaridades desse ramo do Direito e para que o indigitado tenha garantido os seus direitos constitucionais durante todo o procedimento.

As constatações de infração e de seu autor material poderão ser feitas no momento em que for praticada a irregularidade, mediante apuração posterior ou por meio de inquérito administrativo, a teor do art. 9° do Decreto n. 2.596/98 – Regulamentação à Lei de Segurança do Tráfego aquaviário (RLesta).

Considera-se infração às regras do tráfego aquaviário a não observância de qualquer preceito legal determinado na Lesta ou no RLesta, bem como o descumprimento de normas complementares, emitidas pela Autoridade Marítima ou de Ato/Resolução internacional ratificado pelo Brasil.

2 Dos prazos

São os seguintes os prazos legais para o procedimento administrativo:

a) o autor da infração terá o prazo de quinze dias úteis, contados a partir do recebimento do Auto, para apresentar defesa (Lesta, art. 23, § 1º);
b) a autoridade competente disporá de trinta dias para proferir sua decisão, que deverá ser devidamente fundamentada (Lesta, art. 24, *caput*);
c) a decisão anterior desafia recurso, *sem efeito suspensivo*,[1] no prazo de cinco dias úteis, a serem contados da respectiva notificação. A autoridade *ad quem* terá o prazo de trinta dias para reformar ou manter a decisão de 1º grau. Na hipótese de recurso contra a aplicação de multa, deverá ser juntado à peça recursal o comprovante de depósito do respectivo valor (Lesta, art. 24, §§ 1º e 2º);
d) excetuando-se a eventualidade de interposição de recurso, o infrator terá o prazo de quinze dias, a contar da intimação, para o recolhimento da multa.

3 Das penalidades cabíveis

As infrações contra as normas do tráfego aquaviário são passíveis das seguintes penalidades:

a) multa;
b) suspensão do Certificado de Habilitação (até doze meses);
c) cancelamento do Certificado de Habilitação;
d) demolição de obras e benfeitorias.

Após dois anos do início do cumprimento da penalidade de cancelamento do Certificado de Habilitação, poderá o infrator requerer a sua reabilitação, devendo submeter-se a todos os pré-requisitos estabelecidos para a certificação.

Quanto à demolição de obra ou benfeitoria, esta deverá ser suportada pelo infrator, que também deve arcar com as despesas para a recomposição do local a fim de restabelecer as condições anteriores existentes.

A Autoridade Marítima poderá, por meios próprios, demolir e recompor o ambiente ou efetuar a obra, pela contratação de terceiros, às custas do infrator.

São consideradas circunstâncias agravantes:

---

1 Grifou-se a expressão para ulterior crítica no âmbito doutrinário. Remete-se o leitor ao item 1 do Capítulo 7.

a) reincidência;
b) emprego de embarcação na prática de ato ilícito;
c) embriaguez ou uso de outra substância entorpecente ou tóxica;
d) grave ameaça à integridade física de pessoas.

Considera-se reincidência, para efeito de dosimetria da pena, a repetição da prática da mesma infração em um período igual ou inferior a doze meses. Sua aplicação implicará, na hipótese de multa ou suspensão, a multiplicação da pena por dois, três e assim sucessivamente. A regra não será aplicada se o próprio artigo que definir a pena dispuser de forma diversa (RLesta, art. 10, *caput* e parágrafo único).

Haverá responsabilidade isolada e solidária para as infrações às regras do tráfego aquaviário como seguem:

a) no caso de embarcação, o proprietário, o armador ou o preposto;
b) a pessoa física ou jurídica proprietária de jazido ou que realizar pesquisa ou lavra de minerais;
c) o proprietário ou o construtor da obra;
d) o autor material.

Estabelece o art. 7º, § 3º, da RLesta que o autor material da infração poderá ser:

> I – o tripulante;
> II – o proprietário, armador ou preposto da embarcação;
> III – a pessoa física ou jurídica que construir ou alterar as características da embarcação;
> IV – o construtor ou proprietário de obra sob, sobre ou às margens das águas;
> V – o prático;
> VI – o agente de manobra e docagem.

Como dito anteriormente, se da infração resultar acidente ou fato da navegação, a competência para julgar tais incidentes será do TM, cabendo à Autoridade Marítima tão somente a fase preparatória, por meio do IAFN. Por se tratar de matéria consistente e detalhada, dedica-se o Capítulo 5 ao Inquérito Marítimo.

CAPÍTULO 4

Acidentes e Fatos da Navegação

Cuando en derecho marítimo ablamos de causales de exoneración y/o de excepción de responsabilidad del transportista, una de ellas – y quizás la más emblemática – es la denominada perils of the sea.

Ricardo Javier Álvarez

1 Do conceito de acidente da navegação

Na lei especial, não há definição tampouco conceito de acidente da navegação; o legislador apenas se preocupou em listá-los, nos seguintes termos:

> consideram-se acidentes da navegação: naufrágio, encalhe, colisão, abalroação, água aberta, explosão, incêndio, varação, arribada, alijamento e qualquer avaria/defeito no navio ou nas suas instalações que ponha em risco a embarcação, as vidas ou as fazendas de bordo. [art. 14 da Lei Orgânica do Tribunal Marítimo – LOTM]

No silêncio da Lei, necessário se faz apresentar o conceito doutrinário de cada acidente.

1.1 Naufrágio

É o afundamento total ou parcial da embarcação, sem a possibilidade de reflutuação por meios próprios, quando há embarque de água em razão de adernamento, emborcamento ou alagamento, capaz de levar à perda total da embarcação. Essa é uma das possibilidades de se definir o acidente, no âmbito das ciências náuticas. Entretanto, em sede de direito marítimo, o conceito de naufrágio é mais abrangente, incluindo:

a) embarcação afundada, total ou parcialmente, sem possibilidade de reflutuação por meios próprios;
b) embarcação destroçada em razão de abalroamento ou colisão. Não se deve considerar, entretanto, naufrágio o destroçamento causado por encalhe ou varação;
c) quando não há mais notícias da embarcação, nos termos e prazos dos arts. 720 e 753 do Código Comercial (CCom);
d) embarcação abandonada por toda a sua tripulação.[1]

Os naufrágios podem ser culposos ou dolosos. Serão dolosos quando provocados intencionalmente pelo comandante, com ou sem o consentimento do armador. A maquinação entre o armador e o seu preposto, para afundar o navio, tem o objetivo de burlar o seguro e receber indevidamente a indenização, quando o navio, por várias razões, passa a valer menos do que o valor segurado. Essa empreitada criminosa teve o seu lugar no passado, sendo hoje muito difícil de ocorrer. Os avanços tecnológicos que indicam a posição exata do navio a cada instante e o trabalho de excelência das companhias seguradoras são fatores eficazes para elidir na atualidade essa prática horrenda.

Os naufrágios culposos são aqueles em que um navio se perde por culpa *stricto sensu* do comandante, da tripulação ou da malversação náutica de outra embarcação, na hipótese de abalroamento.

O naufrágio que marcou para sempre a história da navegação ocorreu em 1912 com o Titanic. Após a colisão contra um *iceberg*, em sua viagem inaugural, naufragou matando 1.513 pessoas.

1.2 Encalhe

É o contato das obras vivas[2] com o fundo do mar (rio, lagoa etc.) capaz de provocar resistência externa de tal ordem que a embarcação seja in-

---

1 Posição adotada por corrente minoritária, não sendo recepcionada pela jurisprudência brasileira, cf. ANJOS, J. Haroldo dos; CAMINHA GOMES, C. R. *Curso de direito marítimo*, p.85.

2 Obras vivas é a parte do casco do navio que fica submersa.

capaz de se movimentar com seus próprios recursos. Portanto, se o navio toca o fundo com a parte de vante e, momentaneamente, tem dificuldades de se movimentar, mas, logo em seguida, com máquinas atrás, volta a flutuar, não há que se falar em encalhe. Tampouco haverá encalhe quando a reflutuação se der com a maré de enchente, sem que o navio tenha de utilizar recurso externo.

Em sentido contrário está a doutrina de Anjos e Caminha Gomes,[3] que classificam o encalhe quanto à duração em momentâneo e permanente:

> Para que se caracterize o encalhe, é necessário que ele dure alguns instantes. No encalhe momentâneo, o navio pode safar-se com a subida da maré, com alívio da carga, com seus meios próprios (atuando com as máquinas, espiando um ferro e virando a amarra etc.), ou com auxílios externos, como com o uso de rebocadores, de navios de salvamento ou de *beach gear* etc. No encalhe permanente, por maiores recursos que sejam empregados, o navio não consegue salvar-se, perdendo a sua condição jurídica de navio.

Em que pese o saber inconteste desses doutrinadores, no aviso deste autor, para que seja caracterizado o encalhe haverá a necessária utilização de recursos externos para fazer o navio reflutuar. Qual a lógica jurídica desse entendimento? Explica-se: hodiernamente, pelas grandes disputas comerciais, os navios têm trabalhado com margens de segurança sob a quilha cada vez menor. Se um armador deseja fretar seu navio graneleiro, por exemplo, dificilmente conseguirá fazê-lo se não aceitar a cláusula contratual NAABSA (*not always afloat but safety agrounding*), ou seja, deverá aceitar que seu navio toque no fundo de forma segura. O comércio não pode mais abrir mão do uso da maré, aceitando-se, assim, que o navio, durante o carregamento, toque no fundo em marés baixas.

Durante as manobras de atracação e desatracação, devido à acirrada disputa comercial entre os portos, os quais determinam seus calados máximos cada vez mais próximos das profundidades reais, é muito comum que os navios toquem momentaneamente o fundo e, com algum esforço de máquina, terminem a manobra de maneira segura.

Ora, se esses incidentes, absolutamente corriqueiros, fossem classificados como encalhes, haveria, todos os dias, centenas de acidentes da navegação, com suas consequências jurídicas: protesto marítimo e sua ratifica-

3 *Curso de direito marítimo*, p.90.

ção, inquérito nas Capitanias dos Portos e julgamento no Tribunal Marítimo (TM). Condição essa, certamente, indesejável e incompatível com o atual entendimento da comunidade marítima internacional.

Verifica-se que o CCom brasileiro, que ainda se faz viger, no seu art. 767, não considera avaria o fato de o navio repousar sobre baixio ou banco de areia, efetuando ali aligeiramento[4] para prosseguir seu destino.

Ressalte-se que se do faceamento das obras vivas com o fundo resultarem avarias ao navio ou ao meio ambiente, ainda que o navio tenha reflutuado com recursos próprios, o encalhe estará caracterizado por não se enquadrar nas permissões tácitas dos atores marítimos. O trabalhar com lâmina mínima abaixo da quilha objetiva tão somente a otimização das operações realizadas no meio aquaviário, não se fazendo em salvo-conduto para práticas danosas.

Com essas considerações, classifica-se o encalhe quanto ao tempo de duração em:

a) determinado: quando a embarcação, em contato com o fundo, sofrer resistência que impeça sua reflutuação por tempo determinado, até que, com recursos externos, volte a flutuar;
b) indeterminado: quando o navio não conseguir voltar a flutuar, após várias tentativas frustradas de reflutuação com todos os meios externos disponíveis, perde a sua condição jurídica. Prefere-se a classificação de indeterminado à de permanente, como querem alguns autores, já que os avanços tecnológicos são imprevisíveis, sendo assim capazes de reverter tal condição em futuro próximo.

Quanto às consequências na estrutura do navio, podem ser:

a) simples: quando não ocorrerem danos à estrutura física do navio ou forem de pequena monta, por exemplo, mossas no casco, entupimentos de tomadas, entrada de lama ou areia na praça de máquinas e outros que tais;

4 Aligeiramento é a transferência de carga de uma embarcação para outra feita no mar. Diferencia-se o aligeiramento do transbordo, pois neste há retirada da carga de um navio devidamente atracado no porto para a colocação em outro. Já no aligeiramento, a operação de retirada e colocação ocorre no mar (OCTAVIANO MARTINS, Eliane M. *Curso de direito marítimo*, v.2, p.61).

b) com avaria: é o encalhe que ofende a estrutura física da embarcação. Podem ser avariados o leme, o hélice, o eixo e as bolinas ou haver fratura do casco, com consequente água aberta e/ou poluição.

Quando o encalhe é simples, o maior prejuízo do armador/fretador é o tempo perdido em que o navio fica fora de operação com a consequência de lucros cessantes e a impossibilidade de se cumprir compromissos comerciais contratados.

O Exxon Valdez é o grande exemplo de encalhe com avaria. Do seu acidente no Alasca, com fratura do casco, houve prejuízo absurdamente vultoso ao meio ambiente, com gastos que ultrapassaram um bilhão de dólares para a limpeza do mar e da orla marítima.

1.3 Varação

É o ato intencional de pôr o navio em seco para se elidir evento mais danoso. Trata-se de decisão técnica difícil de ser tomada e que requer *expertise* do comandante, a fim de evitar, muitas vezes, a perda total do navio e de sua carga. A varação é espécie do gênero encalhe, o qual pode ser fortuito ou intencional. Quando deliberado, recebe a denominação específica de varação.

Exemplo desse tipo de decisão foi lembrado por Cavalieri Filho[5] em sua consagrada obra:

> Carregado com 45.000 toneladas de carvão mineral, o navio Mineral Star, procedente dos Estados Unidos da América, enfrentou fortes tempestades no mar do Caribe, sofrendo sérias avarias. Ao chegar ao porto de Fortaleza, Ceará, o casco do Mineral Star exibia dois enormes rombos na proa, por onde penetrava a água do mar, além de sérios danos na antepara dos porões 1 e 2, já completamente inundados. E, como não mais tinha condições de navegar por si próprio, foi retirada a classificação do navio e rebocado de popa até o porto de Vitória, no Espírito Santo, onde parte da carga foi transferida para outro cargueiro, e de lá, ainda rebocado, seguiu para o porto do Rio de Janeiro. Ao chegar ao porto de Sepetiba, as autoridades portuárias não permitiram a imediata atracação do Mineral Star por falta de documentação técnica idônea comprovando a segurança do navio, o plano de

5 *Programa de responsabilidade civil*, p.45.

descarga, como, ainda, a cobertura securitária de eventuais danos para o caso de insucesso, sem o que a operação colocaria em risco a própria segurança do porto.

Na noite seguinte à chegada do navio ao porto de Sepetiba, enquanto aguardava autorização para atracar, sobreveio grande temporal na Baía de Angra, que agravou consideravelmente a situação do Mineral Star. Os ventos fortes desprenderam outras placas de aço da proa, causando alagamento da praça de máquinas, de sorte que *o comandante teve que encalhar o navio na Enseada das Palmas, na Ilha Grande, para impedir o seu naufrágio*. Após permanecer nessa situação por algumas semanas, ameaçando poluir a Baía com a carga tóxica, o navio foi colocado em condições de reflutuar e rebocado para o estaleiro próximo, onde sofreu reparos, de modo a permitir sua atracação e descarga. [original não grifado]

A difícil, porém precisa, decisão tomada pelo comandante tem natureza jurídica de varação, vez que foi intencional para evitar o evento mais danoso, no caso, o naufrágio do Mineral Star.

1.4 Colisão

É o choque mecânico de uma embarcação e/ou seus apêndices contra objeto que não seja outra embarcação. Haverá colisão desde que o choque se dê contra corpo insuscetível de navegar, fixo ou flutuante, por exemplo: cais, recife, casco soçobrado, boia, cabo submarino, banhista, mergulhador, plataforma fixa etc.

Importante notar que o conceito engloba tão somente o choque de embarcação com corpos insuscetíveis de navegar. Portanto, uma plataforma autopropulsível ao chocar-se com uma embarcação não se enquadra no conceito de colisão, e sim de abalroação.

Gize-se, ainda, que o choque há de ser eficaz para provocar avarias na embarcação ou no objeto. Assim, não há que se falar em colisão quando o navio, em manobra de atracação, chocar-se com as defensas de um cais em condições e velocidade lateral normais de aproximação. Ainda que haja avaria nas defensas, necessário se faz o trabalho de perícia para se saber se as defensas estavam em condições de suportar o choque natural de embarcações com tonelagens programadas para aquele cais ou terminal. Ou ainda, se essas defensas foram projetadas adequadamente, em respeito às normas da Associação Brasileira de Normas Técnicas (ABNT) ou de associações internacionais similares.

1.5 Abalroação

A doutrina usa menos o termo legal abalroação, preferindo abalroamento. Define-se como o choque mecânico entre embarcações, desde que resulte em danos pessoais ou materiais, sendo condição *sine qua non* para a determinação do acidente. Não havendo dano, não haverá também abalroamento, haja vista a possibilidade de atracação a contrabordo, caso em que o choque entre as embarcações se dá de forma leve, via de regra, protegido por defensas e sem qualquer avaria.

Não há necessidade de que o choque seja violento, sendo, entretanto, imprescindível a existência do dano. Se um navio, em manobra de atracação, toca levemente outro navio atracado ao cais, mas o bastante para fazer cair do mastro um tripulante que lá estava, em faina de pintura, figurado está o abalroamento, não pela força do impacto, mas pelo dano pessoal causado.

Outro cuidado no conceito de abalroamento é a leitura *lato sensu* que se deve fazer do termo embarcação. Assim, se uma plataforma tiver propulsão própria e for atingida por uma embarcação, ainda que aquela esteja parada em *dinamic position* (DP), ou fundeada, haverá abalroamento.

Há de se aplicar também a ficção jurídica que equipara os hidroaviões a embarcações, quando estiverem em manobra na superfície da água. Portanto, se houver o choque de uma embarcação com um hidroavião, enquanto este se preparava para decolar, imprimindo velocidade sobre a água, haverá abalroamento. Entretanto, se o hidroavião, ao fazer aproximação para amerissar, chocar-se com o mastro de uma embarcação, o acidente não terá natureza jurídica de abalroamento, e sim de colisão.

A classificação dos abalroamentos, em geral, baseia-se na causa determinante, sendo a mais aceita internacionalmente a exarada na Convenção de Bruxelas de 1910, que classifica os abalroamentos em fortuitos, culposos ou por culpa concorrente:

a) abalroamento fortuito: aquele que ocorre em razão de caso fortuito ou força maior. A classificação abarca também as hipóteses de dúvida sobre as causas determinantes e o grau de culpabilidade de cada uma das embarcações envolvidas. Alguns autores preferem para essa última hipótese a classificação de abalroamento duvidoso, ou seja, quando a causa determinante é ignorada;[6]

b) abalroamento culposo: quando o acidente ocorre por culpa *lato sensu* (culpa *stricto sensu* ou dolo) do comandante ou de qualquer membro da tripulação, podendo ser também por culpa do armador/afretador por deficiência de equipagem ou má conservação que prejudique principalmente a flutuabilidade e a navegabilidade. Se a causa do acidente for determinada pela fadiga da tripulação, é possível que o fato esteja ligado à deficiência de equipagem, direcionando assim a culpa para o armador/afretador. O abalroamento também poderá ser intencional, engendrando a hipótese de dolo. É causa incomum, quase não existindo na atualidade. Entretanto, é admissível abalroação intencional fora do conceito de dolo, quando a decisão tiver o condão de elidir dano maior. A hipótese encontra-se esculpida no art. 752 do CCom brasileiro: "Todas as perdas resultantes de abalroação pertencem a classe de avarias particulares ou simples; excetua-se o único caso em que o navio, para evitar dano maior de uma abalroação iminente, pica as suas amarras, e abalroa a outro para sua própria salvação";
c) abalroamento por culpa concorrente: também conhecido como abalroamento por culpa comum. Ocorre quando há o choque mecânico entre duas embarcações por culpa de ambas. Diz-se também que, nesse caso, há abalroamento culposo bilateral. Outra possibilidade, não muito comum, é o abalroamento culposo múltiplo envolvendo três ou mais embarcações em decorrência de culpa múltipla.

A relevância dessa constatação está em sede de responsabilidade. A Convenção de Bruxelas de 1910 determina que, em havendo culpa concorrente, a responsabilidade de cada um dos navios será proporcional à gravidade de suas respectivas culpas.

1.6 Água aberta

É a abertura ou fratura nas obras vivas, ou seja, no casco abaixo da linha de flutuação, que permita o ingresso descontrolado de água nos espa-

6 ANJOS, J. Haroldo dos; CAMINHA GOMES, C. R. *Curso de direito marítimo*, p.94.

ços internos do navio. Também se enquadra no conceito de água aberta a entrada de água por válvulas de fundo abertas ou mal vedadas, por defeitos de engaxetamento dos eixos, ou qualquer falha ou avaria que comprometa a estanqueidade da embarcação.

As causas que determinam água aberta são múltiplas, envolvendo: má vedação de válvulas, soldas malfeitas, rebites soltos, falhas no calafeto, aberturas no casco por abalroamento, colisão, encalhes etc.

O acidente de água aberta pode ser fortuito, culposo ou intencional. As primeiras hipóteses estão em consonância com os demais acidentes já observados. A água aberta intencional ou voluntária poderá ocorrer para se evitar dano maior, por exemplo, a abertura de uma válvula para alagar determinado compartimento em situação de incêndio.

1.7 Incêndio

É a destruição total ou parcial do navio ou ainda de sua carga ou parte dela pela ação do fogo em decorrência de combustão dos materiais de bordo, derramamento de combustível inflamável, curto-circuito elétrico, guarda ou manuseio incorreto de material inflamável ou explosivo, entre outras possibilidades.

Classifica-se o incêndio como culposo ou fortuito, conforme já analisado anteriormente. Entretanto, pode-se imaginar, tão somente a título de estudo doutrinário, um incêndio intencional não abrangido pelo dolo. Um navio, com carga de animais vivos em determinado porão, recebe a bordo, durante a viagem, a notícia de que esses animais estão com doença de alto risco de contaminação, não havendo qualquer outra forma de se elidir o perigo de transmissão da doença senão pelo sacrifício desses semoventes pelo fogo.

Essa hipótese, pouco provável e até fantasiosa, tem o condão de alertar para o fato de que todo acidente deve ser bem analisado quando se objetiva a apuração de responsabilidades. Por óbvio que o incêndio voluntário, nesse caso, deverá apontar para a divisão dos prejuízos entre os atores da aventura marítima, vez que o ato intencional do comandante teve o objetivo de preservar a saúde e a integridade física de sua tripulação.

1.8 Explosão

É o abalo violento seguido de detonação (estouro). A explosão pode ser produzida pela inflamação repentina de um gás ou pela expansão súbita de um corpo que passa ao estado gasoso. Tratà-se de combustão brusca que provoca a deflagração de ondas de pressão e calor de grandes intensidades.

A explosão pode provocar destruição total ou parcial do navio. Pode ser, por um lado, isolada em determinado compartimento, de forma a não comprometer a segurança do navio, tendo como consequência tão somente avarias localizadas. Por outro lado, pode ter proporções tais que destrua por completo o navio ou, ainda que parcialmente, pode somar-se às consequências imediatas, como água aberta, incêndio e naufrágio, levando à perda total.

Classifica-se a explosão como fortuita ou culposa nos termos já analisados. Admite-se hipótese remota de explosão voluntária, quando se tratar de sabotagem, terrorismo etc.

1.9 Arribada

É a entrada do navio em porto diferente daqueles programados para a viagem. Ocorre quando o comandante faz entrar sua embarcação em algum porto ou lugar não previsto para aquela travessia. Diz-se que as arribadas podem ser voluntárias ou forçadas.

A arribada será voluntária quando decorrer de ato intencional do comandante para entrar em porto não definido em escala, estando sujeito às sanções previstas no art. 510 do CCom.

Já a arribada forçada é caracterizada pela entrada em porto diferente daqueles previamente programados, por razões alheias à vontade do comandante. Os arts. 740 a 748 do CCom dão conta das arribadas forçadas, subdividindo-as em arribadas justificadas e não justificadas:

a) considera-se justa a arribada forçada, a teor do art. 741 do CCom, desde que esteja lastreada em:
   - falta de víveres ou aguada;
   - acidente com a tripulação, a carga ou o navio, que o impossibilite de continuar a navegar;
   - temor fundado de inimigo ou pirata.

Alerta-se para o fato de que, embora se faça viger, o CCom brasileiro data de 1850, sob a égide de D. Pedro II. Portanto, deve-se entender essa lista como exemplificativa, admitindo-se situações outras por analogia. A melhor hermenêutica deve voltar-se para o art. 8º, II, da Lei de Segurança do Tráfego Aquaviário (Lesta), segundo o qual compete ao comandante pugnar pelos procedimentos necessários para salvaguardar a vida humana, o meio ambiente, a segurança da navegação, a própria embarcação e sua carga. Assim, a entrada em porto não programado para deixar tripulante enfartado, por exemplo, há de ser considerada arribada forçada justificada, ainda que sem previsão no texto do CCom, por estar fulcrada na competência que a Lesta confere ao comandante;

b) não se consideram justas as seguintes causas para a arribada, nos termos do art. 742 do CCom:
   - a falta de víveres ou aguada proveniente de malversação do comandante, com base nos usos e nos costumes da navegação, ou ainda, se houver perda por desleixo ou má estivação. Por último, se a falta de víveres ou de aguada tiver como causa a venda desses bens pelo comandante;
   - a falta de navegabilidade por reparo mal conduzido, levado a termo pela tripulação ou por ela fiscalizado, por aparelhamento do navio deficiente ou má estivação da carga;
   - o temor do inimigo ou pirata sem fundamento plausível.

1.10 Alijamento

É o ato deliberado de se lançar n'água as coisas de bordo, incluindo a carga. Será o prejuízo suportado por todos os envolvidos na aventura marítima (navio, frete e carga), se a decisão tiver o condão de salvar o bem comum, conforme estampado no art. 764, item 2, do CCom.

Os contratos de transporte marítimo tratam do assunto em cláusula específica (*Jettison Clause*), determinando as condições e os limites para o devido enquadramento.

O art. 769 do diploma comercial estabelece uma ordem de prioridade a ser observada no alijamento:

a) o alijamento inicia-se pela carga do convés, se houver;
b) ao depois, serão alijadas as mais pesadas e de menor valor;
c) finalmente, as que estiverem nas cobertas e mais à mão.

O mesmo artigo alerta para a necessidade de se anotar as marcas e os números dos volumes alijados. Obviamente que nem sempre isso será possível, em vista do perigo iminente e da necessidade de medidas urgentes e prioritárias.

Infere-se, também, da competência legal do comandante que este poderá não respeitar a prioridade estabelecida, quando as condições técnicas do navio, ante a situação do perigo, exigirem procedimento diverso.

1.11 Avaria de risco

É qualquer avaria distinta das já elencadas e que, em conjunto com aquelas ou isoladamente, coloque em risco a embarcação, as vidas, as fazendas de bordo ou a segurança da navegação.

Há várias situações que podem ser enquadradas como avaria de risco. Um navio que tenha a sua carga movimentada nos porões durante a viagem por deficiência de carregamento ou peação, de tal ordem que lhe cause uma banda permanente, impedindo sua navegação segura, encontrar-se-á em avaria de risco justificando-se uma possível arribada para a regularização do carregamento ou peação. A má estivação da carga ou a deficiência na peação configuram fatos da navegação, consoante se analisa mais adiante. Entretanto, a banda permanente adquirida terá natureza de avaria.

Considerar-se-á também avaria de risco um *blackout* não solucionado pela equipe de bordo, capaz de deixar o navio sem governo, o que põe em risco a segurança da navegação e do próprio navio. Nessa hipótese, também será justificada uma arribada a reboque para fins de reparo.

Assim, este último item dos acidentes da navegação admite uma pluralidade de possibilidades, dês que a avaria ou defeito ponha em risco a embarcação, as vidas, o meio ambiente, a segurança da navegação ou as fazendas de bordo.

2 Do conceito de fato da navegação

O art. 15 da LOTM considera fatos da navegação os seguintes incidentes, dos quais se dá conceito e se apresentam exemplos e algumas decisões jurisprudenciais.

2.1 O mau aparelhamento ou a impropriedade da embarcação para o serviço em que é utilizada e a deficiência da equipagem

Esse primeiro item desdobra-se em três fatos distintos, a saber:

a) o mau aparelhamento da embarcação. Configura-se fato da navegação quando na embarcação houver falta ou impropriedade de aparelhos, equipamentos, peças sobressalentes, acessórios e materiais, em colidência com o projeto aprovado, com as exigências da boa técnica marinheira ou com as normas da Autoridade Marítima, bem como com convenções ou tratados internacionais;
b) a impropriedade da embarcação para o serviço em que é utilizada. Enquadrar-se-á no conceito de fato da navegação a utilização da embarcação em desacordo com a sua destinação, área de navegação ou atividade estabelecida em seu título de inscrição;
c) a deficiência de equipagem. Será fato da navegação quando o navio se fizer ao mar com número de tripulantes inferior ao mínimo necessário para sua operação com segurança, sobretudo no que se refere ao cartão de lotação emitido pela Autoridade Marítima.

2.2 Alteração da rota

É o desvio da derrota ou o não cumprimento dos portos de escala, por ato deliberado do comandante, desde que não justificado, estando, portanto, em direto confronto com as determinações do armador, de tal ordem que coloque em risco a expedição marítima ou gere prejuízos.

Exemplifica-se esse fato da navegação com o seguinte julgado do TM, do qual se extrai resumo:

> Processo n. 14.023
> Acórdão
> Barcaça BGM-H13, alteração de rota. Ação voluntária do Capitão modificando a programação de carga da empresa, com supressão de porto de escala. Condenação.
>
> De tudo o que consta nos presentes autos se conclui que o fato da navegação, caracterizado como desvio de rota sofrida pela embarcação, teve como causa determinante a ação deliberada do comandante que, descumprindo ordem expressa em contrário da empresa, modificou a programação de carregamento de sal, atracando em Areia Branca sem entrar em Henrique Lage como

estava previsto, alegando que, juntamente com os tripulantes, deveria votar para presidente na eleição de 15 de novembro, mesmo sendo sabedor da justificação eleitoral que faria jus decorrente de um impedimento profissional.

Não devem ser acolhidos os argumentos da defesa já que ficou bem caracterizada e confessada pelo representado a modificação da derrota procedida e que não foi forçada por qualquer fato justificável, sendo nitidamente decorrente de ação voluntária do Capitão que, por ela, deve ser responsabilizado. Na aplicação da pena deve ser considerada a circunstância atenuante relacionada com a razão que motivou o cometimento da falta.

Assim,

Acordam os juízes do Tribunal Marítimo, por unanimidade: a) quanto à natureza e extensão do fato: alteração de rota; b) quanto à causa determinante: ação deliberada do capitão modificando a programação de carga; c) decisão: julgar o fato da navegação previsto na letra *b* do art. 15 da Lei n. 2.180/54, como voluntário e não justificado, condenando o (MCB) XXXXXXXXX à pena de repreensão e pagamento de custas.

P.C.R.

Rio de Janeiro, RJ, em 30 de abril de 1991.

Edson Ferracciú, Vice-Almirante (RRm) Juiz-Presidente.

Carlos Fernando Martins Pamplona, Juiz-Relator.

2.3 Má estivação da carga, que sujeite a risco a segurança da expedição

É a estivação da carga fora dos padrões técnicos, abrangendo todas as modalidades de transporte aquaviário: carga geral, granel líquido ou sólido, contêiner, automóveis (*roll-on-roll-off*) etc.

A má estivação pode ocorrer em virtude de má arrumação nos porões, no convés, no interior de contêiner ou pela inadequação da embalagem para o transporte marítimo e, ainda, em virtude de peação ineficaz.

Para que fique caracterizada como fato da navegação, a má estivagem tem de ser de tal ordem que ponha em risco a estabilidade do navio, a integridade da própria carga mal estivada ou a de outras a ela contiguas, as pessoas de bordo ou a segurança da navegação.

Um navio que tenha sua carga de chapas de aço estivada em seus porões, com peação inadequada e ineficaz, pode sofrer rompimento do casco em virtude do desprendimento das peias. A característica desse tipo de carga pode levar o navio a sofrer avaria dessa ordem. Se a fratura se der nas obras vivas, desdobra-se o fato da navegação em acidente, com a caracterização de água aberta, nos moldes do já analisado em itens anteriores.

2.4 Recusa injustificada de socorro à embarcação em perigo

Essa recusa abarca não só qualquer tipo de embarcação, como também a náufragos.

A recusa de socorro pode enquadrar-se no descumprimento do art. 8º, II, da Lesta:

> Compete ao comandante:
>
> I – cumprir e fazer cumprir a bordo a legislação, as normas e os regulamentos, bem como os atos e as resoluções internacionais ratificadas pelo Brasil;
>
> II – cumprir e fazer cumprir a bordo os procedimentos estabelecidos para a salvaguarda da vida humana, para preservação do meio ambiente e para a segurança da navegação, da própria embarcação e da carga.

A Convenção Internacional sobre Busca e Salvamento Marítimo (SAR, 1979) determina que um navio, avistando ou recebendo via rádio notícia de navio em perigo próximo a sua área de navegação, deve deslocar-se imediatamente para o local e envidar todos os esforços necessários para minimizar os danos, desde que o auxílio seja possível sem colocar em risco a embarcação, a equipagem ou os passageiros.

Não haverá qualquer remuneração para o salvamento de vidas. Entretanto, para os bens salvos, a Convenção estabelece que o valor da remuneração não pode ir além do valor real da coisa salvada.

Para se configurar fato da navegação, a recusa no salvamento deve se provar injustificada. A justificativa deve se limitar ao risco para a embarcação, a equipagem ou os passageiros, como dito anteriormente. Portanto, a alegação de atraso da viagem, por exemplo, com o necessário desvio de rota e tempo dedicado ao salvamento é absolutamente injustificável.

2.5 Todos os fatos que prejudiquem ou ponham em risco a incolumidade e a segurança da embarcação, as vidas e as fazendas de bordo

Esse item abrange uma gama ilimitada de situações, eis que se vale do pronome indefinido "todos". Assim, qualquer acontecimento a bordo que interfira na segurança da embarcação, das vidas ou da carga estará enquadrado nessa categoria.

São comuns os acidentes com o pessoal da tripulação e com prestadores de serviço, como estivadores, mecânicos, engenheiros, práticos etc., quando escorregam em convés em virtude de lâmina de óleo, lama e outros produtos derrapantes. É responsabilidade do comandante manter passagem segura para sua tripulação, bem como para aqueles que prestam serviço a bordo. Na hipótese de se materializar acidente desse tipo, haverá fato da navegação a ser julgado pelo TM.

Outra situação, não muito rara, é a queda na água de tripulantes por diversas razões. Ocorre também a queda do prático, quando em fainas de embarque e desembarque. Eis resumo esclarecedor de acórdão do TM:

> Processo n. 14.197
>
> Assim,
>
> Acordam os juízes do Tribunal Marítimo por unanimidade: a) quanto à natureza e extensão do fato: queda na água e morte por afogamento de tripulante; b) quanto à causa determinante: não apurada; c) decisão: julgar o fato da navegação como de origem indeterminada, mandando arquivar os autos.
>
> P.C.R.
>
> Rio de Janeiro, RJ, em 21 de maio de 1991.
>
> Edson Ferracciú (RRm) Juiz-Presidente.
>
> Carlos Fernando Martins Pamplona, Juiz-Relator.

2.6 Emprego da embarcação, no todo ou em parte, na prática de atos ilícitos, previstos em lei como crime ou contravenção penal, ou que sejam considerados lesivos à Fazenda Nacional

Trata-se de fato da navegação abrangendo tão somente o emprego da embarcação para a prática de atos ilícitos. Vale dizer que o TM tem competência para julgar o fato de se usar a embarcação para tal finalidade, não tendo, porém, competência para julgar os atos ilícitos, estes de competência exclusiva da Justiça Comum, em razão da matéria. Por essa razão, remete-se o leitor ao item 2 do Capítulo 7 para o devido aprofundamento da questão, que se torna polêmica, uma vez que o Tribunal tem decidido de forma diversa daquela apresentada anteriormente.

Por último, após análise dos acidentes e fatos da navegação, destaca-se que alguns autores entendem o risco da borrasca como fato da navegação:

> O risco da borrasca considerado legalmente como fato da navegação é constituído pela agitação violenta das águas, os golpes fortíssimos de vento

> capazes, pelos balanços bruscos que obrigam o navio, a embates que o castigam, de modo a causar danos no casco, abrir veios de água, promover deslizamento da carga ou entrechoques de volumes, ainda que bem estivados.[7]

Na verdade, o mau tempo pode colocar em risco a embarcação, as vidas e a carga, enquadrando-se na letra *e* do art. 15 da Lei n. 2.180/54 como fato da navegação. Entretanto, se o risco (fato da navegação) se materializar em avaria de risco, o mau tempo será causa determinante do respectivo acidente da navegação, a teor do art. 14 da mesma Lei. Nessa hipótese, o TM julgará o acidente, sendo o fato por ele absorvido.

Alerta-se, ainda, para o entendimento de que o mau tempo em si não se caracteriza em fato da navegação. Só será assim identificado se for de tal ordem que coloque em risco a aventura marítima. Assim, para que o mau tempo seja correspondente ao tipo, deve ocorrer de forma imprevisível e inevitável, vez que, com o progresso da ciência e o avanço tecnológico, é possível ao comandante desviar a rota para evitar as tempestades e/ou abrigar-se aguardando a passagem natural destas.

A jurisprudência tem sido bastante rígida nesse aspecto, afastando a hipótese de caso fortuito e força maior em virtude de mau tempo ou tempestade, quando não demonstradas a imprevisibilidade e a inevitabilidade.

3 Das avarias marítimas

O conceito de avaria no direito marítimo, em apertada síntese, congloba os danos, as perdas e as despesas extraordinárias que recaiam sobre o navio ou sua carga durante a aventura marítima.

No Direito brasileiro, o CCom estabelece um conceito mais abrangente:

> Art. 761. Todas as despesas extraordinárias feitas a bem do navio ou da carga, conjunta ou separadamente, ou todos os danos acontecidos àquele ou a esta, desde o embarque até a sua volta e desembarque, são considerados avarias.

Depreende-se do conceito legal que as avarias classificam-se quanto à natureza em:

---

7 GIBERTONI, C. A. Comitre. *Teoria e prática do direito marítimo*, 2.ed., p.229.

a) avaria-dano: refere-se aos prejuízos materiais sofridos em decorrência de perdas e danos impostos ao navio ou à carga, quase sempre em virtude de malversação náutica. São exemplos de avarias-dano: os prejuízos causados por encalhe, colisão, abalroamento, explosão, incêndio etc. (danos ao navio); e os prejuízos que defluem de perda ou deterioração das mercadorias transportadas (danos à carga);
b) avaria-despesa: trata-se de toda e qualquer quantia desembolsada de forma excepcional, não programada, mas absolutamente necessária para manter a integridade do navio, da carga ou de ambos. Se, por exemplo, o comandante, para fugir de mau tempo, na intenção de preservar as vidas, o navio e a carga, arriba em porto abrigado para aguardar a passagem da tempestade, todas as despesas geradas em consequência de seu ato estarão em sede de avaria-despesa.

Entretanto, a classificação quanto à natureza interessa mais à doutrina do que à prática da navegação. As preocupações do comércio marítimo estão voltadas, na realidade, para a classificação das avarias quanto à causa determinante, dividindo-as em avarias grossas e avarias simples. Eis o texto do diploma comercial brasileiro:

> Art. 763. As avarias são de duas espécies: avarias grossas ou comuns, e avarias simples ou particulares. A importância das primeiras é repartida proporcionalmente entre o navio, seu frete e a carga; e a das segundas é suportada, ou só pelo navio, ou só pela coisa que sofreu o dano ou deu causa à despesa.

3.1 Avaria grossa ou comum

A avaria grossa implica a prática volitiva. Há de haver vontade humana para sua realização visando à salvaguarda do interesse comum expresso na aventura marítima. Os danos ou as despesas devem ser extraordinários, frutos da vontade humana, para obter ou tentar obter resultado útil, diante de perigo real e iminente que ameace as vidas, o navio ou a carga.[8]

Portanto, infere-se que, para se caracterizar a avaria grossa e se ter as despesas rateadas proporcionalmente entre os interessados, necessária se faz a presença dos pressupostos convencionais relacionados a seguir:

8 Cf. as Regras de York e Antuérpia (RYA), 2004.

a) extraordinariedade;
b) prática volitiva;
c) defesa do interesse comum;
d) obtenção ou tentativa de obter resultado útil;
e) estado de perigo real e iminente.

Se presentes os pressupostos convencionais, consideram-se exemplos de avarias grossas as despesas derivadas do alijamento de carga, do encalhe intencional (varação), da arribada forçada etc.

Os prejuízos causados em virtude de avaria grossa, como já abordado, são repartidos proporcionalmente entre os interessados na expedição marítima. Matéria especializada é a determinação do valor contribuinte (valor que cabe a cada uma das partes). A determinação desses valores é calculada por um *expert*, denominado Regulador de Avarias.[9]

Na regulação de avarias, aplicam-se as regras adotadas no contrato de transporte marítimo. No Brasil, normalmente para os transportes internacionais, adota-se o estabelecido nas RYA. Já nos contratos para o transporte de cabotagem, a preferência se volta para as regras do CCom. Na hipótese de não haver convenção expressa no contrato, as avarias serão reguladas pelas regras do diploma comercial, a teor de seu art. 762.

3.2 Avaria simples ou particular

Na avaria simples, não há volição no sentido de provocá-la. Ocorrem, quase sempre, em virtude de caso fortuito, força maior, culpa ou dolo do comandante, da tripulação ou daqueles que prestam serviços a bordo. As despesas são suportadas apenas por quem lhes der causa. Exemplifica-se avaria simples: danos à carga e/ou ao navio em decorrência de borrasca, despesas com arribada injustificada, colisão, abalroamento, encalhe, explosão, incêndio etc.

Identifica-se a avaria simples por exclusão, ou seja, não havendo os pressupostos para a caracterização de avaria grossa, esta será avaria simples.

O exemplo clássico da doutrina, inspirado na experiência da navegação, é cristalino para se determinar as diferenças entre avarias grossa e sim-

9 Para aprofundamento do tema, recomenda-se a leitura de LACERDA, J. C. Sampaio de. *Curso de direito comercial marítimo e aeronáutico: direito privado da navegação*, p.254 e segs..

ples: o navio é surpreendido com um grande incêndio na carga de algodão estivada no porão n. 1 que ameaça a segurança da expedição. Em defesa do interesse comum, decide o comandante alagar o porão afetado pelo fogo, já que se fazia impossível combatê-lo de forma diversa. Após o sucesso da operação de extinguir o perigo real e iminente, verifica-se que tanto a carga de algodão quanto a carga de bobinas de papel haviam se deteriorado, pela ação da água empregada no combate ao fogo.

Do exemplo, extrai-se que os danos causados à carga de algodão pela ação do fogo apontam para a classificação de avaria simples. Já os prejuízos à carga de bobinas de papel, provocados pela ação deliberada do comandante, em defesa do bem comum, estarão em sede de avaria grossa, devendo aquela ser suportada pelo navio ou carga, enquanto esta pelos integrantes da expedição marítima (navio, carga e frete). Ainda, na análise da avaria simples, há de se verificar se o fogo foi provocado por culpa do navio ou deficiência intrínseca (vício oculto) da própria carga (combustão espontânea). A relevância de tal análise justifica-se pela necessidade de se definir responsabilidades.

4 Proposta de sistematização doutrinária dos acidentes e fatos da navegação

Ao tratar das avarias, pretende este autor cotejá-las com os fatos e acidentes da navegação, na busca de um método lógico-jurídico que diferencie de forma sistemática os incidentes da navegação, sob jurisdição do TM.

A relevância desse desafio está no fato de que a Lei n. 2.180/54 só estampa duas listas, considerando o que é fato e o que é acidente da navegação (arts. 14 e 15 da LOTM), não fazendo distinção, tampouco conceituando cada incidente. Doutrina e jurisprudência, na mesma esteira, fazem-se silentes.

Do ponto de vista prático, para apuração das responsabilidades, não há qualquer diferença. As penalidades aplicadas pelo TM, para os envolvidos nos fatos e acidentes da navegação, são exatamente as mesmas, em obediência ao comando do art. 121 da LOTM, independentemente de se tratar de um ou de outro incidente.

Entretanto, sob a ótica doutrinária, parece não haver lógica jurídica no arranjo das listas. Por que um incidente é fato e não acidente da navegação ou vice-versa? Esse ilogismo jurídico traz algumas distorções teratológicas, senão vejamos: a "arribada", entrada em porto não programado ou autorizado, é espécie do gênero "alteração da rota", todavia, arribar é acidente enquanto alterar a rota é fato da navegação. E, em uma análise mais aprofundada, percebe-se também que o item *b* do art. 14 está contido no item *e* do art. 15, embora este seja fato e aquele acidente da navegação.

Permite-se uma digressão, para se traçar um paralelo com o direito penal, constatando-se distinção sistemática entre crime e contravenção:

> Art. 1º Considera-se crime a infração penal a que a lei comina pena de reclusão ou detenção, quer isoladamente, quer alternativa ou cumulativamente com a pena de multa; contravenção, a infração penal a que a lei comina, isoladamente, pena de prisão simples ou de multa, ou ambas alternativa ou cumulativamente. [Lei de Introdução ao Código Penal – Decreto-lei n. 3.914/41]

Nota-se que a mão do Estado faz-se pesar mais no crime do que na contravenção, considerando ambos infrações, contudo dando-lhes a conotação de grave e leve, respectivamente.

Voltando à navegação, se não há diferença prática, qual a razão das duas listas em comum? Por que separar acidente de fato da navegação? Por que não uma lista única de incidentes (gênero do qual são espécies fato e acidente) da navegação? Parece que a preocupação é mais conceitual, ligada à tradição marinheira e incorporada pela doutrina. Supõe-se que o legislador recebeu duas listas prontas, tradicionalmente aceitas, e delas não se buscou lógica jurídica.

Nesse diapasão de arrostar, tão só por amor ao debate doutrinário-construtivo, e no esforço de sistematizar a matéria, propõe-se o uso da classificação das avarias quanto à natureza, como paradigma para a distinção entre fato e acidente da navegação. A princípio, conceitua-se para, ao depois, correlacioná-la aos incidentes da navegação.

Ora, o conceito de avaria no direito marítimo é abrangente. Em sentido lato, é todo dano físico ou despesa extraordinária que sofrem navio ou carga, durante a aventura marítima. Já era esse o conceito das leis mais antigas, sobretudo dos Rolos rodianos, que tiveram influência direta nas Ordenanças francesas: "Toda despesa extraordinária que é feita para o navio e mercadoria conjuntamente ou separadamente, e cada dano que ocorrer a eles no seu carregamento e partida até seu retorno e descarga, será reputado avaria" (Ordenanças de Luis XIV, 1681).

Das Ordenanças francesas para todos os povos, em fenômeno natural nas diversas áreas do Direito, tem-se o conceito de avaria exarado no CCom brasileiro: "Art. 761. Todas as despesas extraordinárias feitas a bem do navio ou da carga, conjunta ou separadamente, e todos os danos àquele ou a esta, desde o embarque e partida até a sua volta e desembarque, são reputadas avarias".

No mesmo pensamento, soa a doutrina de Sampaio de Lacerda:[10]

> Para os povos de língua neolatina é generalizada, aliás, a expressão "haver", decorrente do sistema antigo de levantar-se uma conta de "haver" ou "haveria" para certas despesas que se faziam no navio a cargo dos donos de mercadoria. Posteriormente, passou-se a considerar avaria não mais somente essas despesas e sim as gerais da navegação, cobertas pelo frete pago. Assim, entendeu-se por avaria não só todo dano causado ao navio ou à carga, como ainda qualquer despesa que se fizesse em benefício comum do navio e da carga.

Com esses conceitos legais e doutrinários, descreve-se, a seguir, a classificação das avarias quanto à natureza.[11]

4.1 Avaria-dano

É todo prejuízo causado por fator humano ou forças da natureza que se traduza em dano físico ao navio, à carga e às pessoas de bordo, ou ponha em risco a incolumidade e segurança destes.

Incluem-se nesse conceito as perdas, os estragos e as deteriorações da carga, bem como quebras, fraturas, acidentes e defeitos acontecidos ao navio e a seu contingente humano (tripulação e/ou passageiros).

Alerta-se para o fato de que, ao tratar de "danos acontecidos ao navio", norma e doutrina desejam ver aí incluídas as vidas de bordo.

Compreendido esse conceito, agora, pode-se relacioná-lo com os acidentes da navegação, de forma lógica e sistemática, em proposta de alteração do art. 14 da Lei n. 2.180, nos seguintes termos:

---

10 *Curso de direito comercial marítimo e aeronáutico: direito privado da navegação*, p.242.

11 ANJOS, J. Haroldo dos; CAMINHA GOMES, C. R. *Curso de direito marítimo*, p.78; e OCTAVIANO MARTINS, Eliane M. *Curso de direito marítimo*, v.I, p.2.

> Art. 14. Para os efeitos desta lei, consideram-se avarias-dano todos os prejuízos causados por fator humano ou força da natureza que se traduzam em dano físico ao navio, à carga, às pessoas de bordo, ao meio ambiente, ou ponham em risco a incolumidade e segurança destes. Correlacionam-se a estas avarias os acidentes da navegação:
>
> *a)* naufrágio, encalhe, colisão, abalroação, água aberta, explosão, incêndio, varação, alijamento;
>
> *b)* todo incidente que ponha em risco a incolumidade e segurança da embarcação, da carga, das vidas de bordo e do meio ambiente.

4.2 Avaria-despesa

É todo prejuízo causado por fator humano ou forças da natureza que imponha tão somente a necessidade de desembolso extra aos atores da expedição marítima, quer separada, quer conjuntamente.

Infere-se desse conceito que não há, nessa hipótese, qualquer dano físico, mas tão só desembolso extra, traduzido na expressão "despesa".

Exemplificando, a alteração da rota pode ser causada pela decisão equivocada ou dolosa do comandante, mas, também, por decisão motivada por mau tempo, que, na avaliação do gestor náutico, colocaria em risco o navio. Nessas situações, haverá despesas extras com gasto de óleo combustível, atrasos na programação etc. Se não houver dano físico ao navio, à carga, às pessoas de bordo ou ao meio ambiente, tampouco exposição de riscos, estar-se-á em sede de fato da navegação.

Apreendido o conceito, necessário se faz cotejá-lo com os fatos da navegação, para justificar a proposta de alteração do art. 15 da Lei n. 2.180/54, dando a este a seguinte redação:

> Art. 15. Para os efeitos desta lei, consideram-se avarias-despesa todos os prejuízos causados por fator humano ou forças da natureza que imponham tão somente a necessidade de desembolso extra aos atores da expedição marítima, quer separada, quer conjuntamente. Correlacionam-se a estas avarias os fatos da navegação:
>
> *a)* o mau aparelhamento ou a impropriedade da embarcação para o serviço em que é utilizada e a deficiência da equipagem;
>
> *b)* a alteração da rota;
>
> *c)* a arribada injustificada;
>
> *d)* a recusa injustificada de socorro à embarcação em perigo;

e) o emprego da embarcação, no todo ou em parte, na prática de atos ilícitos, previstos em lei como crime, contravenção penal, ou quando forem lesivos à Fazenda Nacional;

f) todos os fatos que imponham despesa extra aos atores da expedição marítima, desde que não causem danos físicos ao navio, à carga, às pessoas de bordo e ao meio ambiente, nem ponham em risco a incolumidade destes.

Para resumir as alterações propostas, tornam-se necessários comentários outros. Na lista de acidentes da navegação, suprimiu-se a arribada, deslocando-a para os fatos da navegação, vez que esta é espécie do gênero alteração da rota. Ainda, complementa-se a expressão com o termo "arribada injustificada", considerando-se que a arribada justificada não será fato da navegação, sequer será objeto de inquérito marítimo (Inquérito Administrativo sobre Acidentes e Fatos da Navegação – IAFN), consoante análise no próximo capítulo.

Unificaram-se também os itens *b* do art. 14 e *e* do art. 15, pelo fato de um estar contido no outro. Ambos considerados acidentes da navegação, entendendo-se estar, no conceito deles, a eventualidade ou contingência.

Quanto aos fatos da navegação, tão somente fez-se a inserção da arribada injustificada, como mencionado, e a supressão da má estivação da carga, passando esta para o item *b* dos acidentes da navegação, vez que coloca em risco a expedição marítima, em consonância com o conceito de contingência.

Ainda, torna-se importante gizar que um fato da navegação pode ter desdobramentos tais que ganhe *status* de acidente da navegação. Explica-se: no direito penal, por exemplo, se um motorista atropela alguém, poderá ser exculpado se demonstrar culpa exclusiva da vítima. Todavia, se da omissão de socorro a vítima vier a óbito, poderá o condutor ser responsabilizado por homicídio culposo. Assim, um atropelamento justificável por culpa exclusiva da vítima transforma-se em crime da maior gravidade.

Nessa linha exegética, no direito marítimo, se a omissão de socorro não acarretar qualquer risco para o navio em perigo, tampouco para sua carga ou sua tripulação, pelo fato de que outra embarcação já estava em operação de apoio e socorro, e a faina foi realizada com absoluto sucesso, a omissão terá sido tão somente um fato da navegação, devendo ser julgado pelo TM como tal.

Por outro lado, se da omissão houve danos ao navio, à carga ou à tripulação, ou ainda que tenha colocado tão só em risco qualquer um deles, o incidente transmuda-se para acidente da navegação.

Seguindo a mesma linha de raciocínio, a deficiência de equipagem está arrolada como fato da navegação, ou seja, navegar com quantidade de tripulantes inferior ao cartão de lotação constitui fato da navegação a ser julgado pelo TM. Porém, essa deficiência pode ser de tal ordem que ponha em risco a segurança da embarcação, da cargas e das pessoas de bordo, bem como da própria navegação em si, acarretando risco para terceiros também. Se assim ocorrer, estar-se-á, consoante a proposta de sistematização deste autor, em sede de acidente da navegação.[12]

Como complemento à proposta de alteração aludida, entende este autor que deveria haver distinção na aplicação das penalidades para as hipóteses de fatos e de acidentes da navegação. Sendo mais brandas para aqueles e mais severas para estes, tal qual ocorre no direito penal, no que diz respeito às contravenções e aos crimes.

Por último, teve-se o cuidado de tratar dos possíveis danos ou riscos ao meio ambiente, preocupação inexistente em 1954, quando da promulgação da LOTM. Embora, na prática, a jurisprudência do Tribunal já tenha se direcionado nesse sentido, a sua ausência na letra da lei não guarda mais relação com os interesses da humanidade.

12 Para melhor compreensão da sistematização proposta, remete-se o leitor a jurisprudência do TM exibida no item 8.3.3 do Capítulo 6.

CAPÍTULO 5

Do Inquérito Marítimo

O inquérito policial tem natureza administrativa, devendo ser escrito, sigiloso e inquisitivo, já que nele não há o contraditório.

Tourinho Filho

1 Natureza jurídica

O inquérito para apurar os acidentes e os fatos da navegação e indicar seus possíveis responsáveis tem natureza jurídica administrativa inquisitiva. Guarda, portanto, relação axiológica e ontológica com o inquérito policial, ainda que seja extrapolicial.

Os inquéritos, via de regra, são de competência da Polícia Civil (art. 144, § 4°, da CF c/c art. 4° do CPP), entretanto, o diploma processual penal admite os inquéritos extrapoliciais, ao estabelecer, no parágrafo único do art. 4°, que "a competência definida neste artigo não excluirá a de autoridades administrativas, a quem por lei seja comedida a mesma função".

Assim, quando a lei excepcionar, haverá inquérito presidido por autoridade administrativa extrapolicial. Os crimes contra a saúde pública, por exemplo, ocorridos em áreas alfandegadas, têm seus inquéritos elaborados por aquelas autoridades, os quais são suficientes e eficazes para lastrear os argumentos do Ministério Público, para que este ofereça a denúncia. Outros exemplos são encontrados nas comissões parlamentares de inquérito, nas ações civis públicas, nas investigações dos crimes falimentares etc., sendo os respectivos inquéritos extrapoliciais.

Quanto ao inquérito marítimo, objeto de análise deste capítulo, encontra-se coberto pelo manto da Lei n. 2.180/54, que define, em seus arts. 33 a 40, a competência para a sua instauração e os prazos e suas diversas fases, sintetizando seu procedimento formal.

Por conseguinte, trata-se de inquérito extrapolicial, excepcionado em Lei federal, não para a apuração de crimes, mas de acidentes e fatos da navegação, com a indicação de possíveis responsáveis. É peça inquisitiva capaz de servir de concurso à Procuradoria Especial da Marinha (PEM) para o devido oferecimento de representação (denúncia).

Logo, se o inquérito marítimo tem natureza jurídica inquisitiva e serve de base para futuro processo de caráter ontológico punitivo, deve estar revestido das formalidades legais, sob pena de nulidade. Assim, imperioso se torna que a autoridade encarregada do inquérito esteja atenta ao cumprimento dos princípios constitucionais, das formalidades exaradas na Lei Orgânica do Tribunal Marítimo (LOTM) e dos preceitos estampados nos diplomas processuais em vigor. Especial atenção deve ser dada ao Código de Processo Penal (CPP) pela similitude axiológica.

Com essas considerações conceituais, passa-se à análise das formalidades do inquérito marítimo.

2 Da competência para instauração

É competência das Capitanias dos Portos e de suas delegacias a instauração do Inquérito Administrativo sobre Acidentes e Fatos da Navegação (IAFN). Se a notícia do acidente ou fato da navegação chegar primeiro a uma agência da Capitania, esta deverá comunicar, imediatamente, o fato à Capitania a que estiver subordinada. Assim, o inquérito será instaurado sempre que chegar ao conhecimento de um agente da Autoridade Marítima qualquer acidente ou fato da navegação, sendo a competência para a instauração definida no art. 33 da LOTM, nos seguintes termos e em ordem de preferência:

> *a)* a Capitania em cuja jurisdição tiver ocorrido o acidente ou fato da navegação;
>
> *b)* a Capitania do primeiro porto de escala ou arribada da embarcação;
>
> *c)* a Capitania do porto de inscrição da embarcação;
>
> *d)* qualquer outra Capitania designada pelo Tribunal [Marítimo].

Se houver inércia das três primeiras Capitanias elencadas por um período superior a cinco dias, será determinada a abertura do referido inquérito pelo Tribunal Marítimo (TM) ou pelo comando da Marinha, devendo ser a decisão daquele adotada mediante provocação da PEM, dos interessados ou de quaisquer dos seus juízes, nos moldes do art. 33, § 2º, da Lei Orgânica sob análise. Definido está, portanto, que o prazo para a instauração do inquérito marítimo é de cinco dias, contados da data em que a Capitania houver tomado conhecimento do incidente (fato ou acidente).

Na hipótese de ser mais de uma Capitania competente, dar-se-á a competência por prevenção, desde que uma delas tenha tomado conhecimento antes das demais e, desde logo, iniciado o inquérito (LOTM, art. 34).

Exemplificando: um navio deixa o porto do Rio de Janeiro com destino a Santos. Já em viagem, próximo às Ilhas Cagarras, o navio sente o fundo e perde velocidade rapidamente. O comandante verifica o histórico da sonda e percebe que seu navio passou por um alto fundo. Após as providências de praxe, envolvendo a sondagem dos porões e outras verificações técnicas, nada encontrando de anormal, decide o Capitão seguir viagem para o porto de destino. Horas antes de chegar a Santos, em nova sondagem dos porões, verifica-se possível rompimento do casco. Diante do fato novo, o comandante comunica à Capitania do Estado de São Paulo o acidente e pede prioridade de entrada para reparos de emergência. Após autorizar a entrada, a Capitania do Estado de São Paulo instaura o respectivo inquérito. Ora, a Capitania do Rio de Janeiro tinha a preferência para o inquérito, vez que o acidente ocorrera em sua jurisdição, entretanto, a de São Paulo tomou conhecimento primeiro e imediatamente instaurou o IANF, tornando-se preventa.

Ainda, se, por qualquer motivo, persistir dúvidas quanto à competência para a instauração do inquérito, verificando-se conflito negativo ou positivo de competência, elas serão dirimidas sumariamente pelo TM, a teor do parágrafo único do art. 34 da LOTM.

3 Da competência consular

Na hipótese de acidente ou fato da navegação com embarcação brasileira em águas estrangeiras, o inquérito marítimo será instaurado pela autoridade consular. Esta tomará todas as providências e diligências necessárias, como se Capitania fosse. Nesse diapasão, o Cônsul será competente para:

a) nomear peritos para os exames técnicos necessários, obedecendo à seguinte ordem de prioridade:
   - dois oficiais da Armada Nacional, se houver navio da Marinha brasileira no porto ou em águas de sua jurisdição;
   - dois comandantes da Marinha Mercante estrangeira;
b) ordenar o desembarque do comandante ou de qualquer tripulante, desde que essa providência seja essencial aos interesses nacionais ou à apuração dos fatos, dando de tudo ciência ao TM;
c) fazer a remessa do inquérito, logo que concluído, ao TM.

4 Das provas

O objetivo da prova é formar o convencimento do julgador sobre os elementos necessários para uma decisão eficaz, o mais próximo quanto possível da verdade. Para julgar a causa, o juiz deve conhecer os fatos em torno dos quais se versa a lide. Assim, a finalidade da prova é, a princípio, tornar o fato conhecido por ele. Em seguida, com as provas produzidas no processo contraditório, as partes tentarão convencer o magistrado da existência ou não dos fatos ou de que estes ocorreram dessa ou daquela maneira.

Durante a fase de instrução do IAFN, serão colhidas provas na tentativa de se encontrar a causa determinante e o possível responsável pelo incidente. Para tanto, poderá o encarregado do inquérito inquirir testemunhas, determinar perícias, juntar documentos etc.

Doutrinariamente, necessário se faz diferenciar o objeto da prova do objeto de prova. O objeto da prova é o *thema probandum*. É o fato a ser provado, abrangendo, naturalmente, coisas, lugares, pessoas e documentos. O objeto da prova pode ser a morte de uma pessoa, com indagações diversas: quando morreu? Como morreu? Quem matou? Já o objeto de prova são todos os fatos, principais ou secundários, que exijam comprovação e reclamem a apreciação do juiz. Assim, pode ser objeto de prova o fato de determinada pessoa estar ou não no cenário do crime durante a materialização dele. No direito marítimo, pode-se ter como objeto da prova o encalhe do navio e, como objeto de prova, o fato de estar ou não o comandante no passadiço na hora do acidente.

Alerta-se para o fato de que *notoria vel manifesta non egent probatione*, ou seja, o notório e o evidente não precisam de prova. Notórios são os fatos que gravitam em torno do conhecimento do homem de cultura média, em uma determinada sociedade. Entretanto, para o julgamento no TM, tratando-se de colegiado especializado, fato notório será aquele de domínio dos que praticam ou conhecem a boa arte marinheira. Por exemplo, não há necessidade, para se demonstrar o encalhe de um navio, de prova feita por mergulhadores que atestem, por filmagem ou fotografias, que a quilha prendeu-se ao fundo. A simples leitura dos calados em cotejo com as sondagens locais declararão, de forma notória para os especialistas, a situação de encalhe.

Para a elaboração dos exames periciais, determinados pelo encarregado do inquérito, o comandante e o armador/afretador devem disponibilizar, por prazo razoável, o navio, seus equipamentos e a tripulação para que os peritos possam efetuar as devidas inspeções. A Autoridade Marítima deve usar dessa prerrogativa com espírito cautelar, na tentativa de minimizar os danos por lucros cessantes do armador. Quando possível, sem prejuízo para as investigações, pode-se ouvir testemunhas e fazer-se exames periciais, por carta precatória à Capitania do próximo porto de escala.

Por último, não se deve deslembrar que o inquérito se constitui de mera fase de coleta de provas, não se impondo, portanto, o princípio do contraditório, razão por que não é permitida a participação das partes interessadas durante o seu processamento. Entretanto, as testemunhas gozam do direito de fazerem-se acompanhar de advogado, como será verificado mais adiante.

5 Da oitiva das testemunhas

Esta fase do inquérito reveste-se de formalidades especiais, que, se não observadas, poderão levar à sua nulidade. São elas:

5.1 Notificação

A convocação da testemunha será realizada por meio de notificação ou requisição, sendo esta última a forma utilizada para a hipótese de a oitiva contemplar funcionário público ou militar. A notificação/requisição determinará dia e hora para o comparecimento à Capitania, com a finalidade de inquirição.

O recebedor da notificação ficará com o original, assinando cópia como recibo, o qual deverá conter, de próprio punho, assinatura, data, local e hora do recebimento. Na hipótese de o notificando ser analfabeto, o recibo será firmado por duas testemunhas, devidamente qualificadas, e conterá a impressão digital do polegar direito do então notificado.

5.2 Qualificação da testemunha

As testemunhas deverão ser qualificadas da forma mais precisa possível, devendo o encarregado tomar todos os dados necessários visando, entre outras coisas, à eficácia da futura citação pelo TM. Portanto, devem ser colhidos: nome completo, alcunha (se houver), filiação, estado civil, profissão, número de identidade, categoria funcional, residência e/ou domicílio, CPF (se pessoa física), CNPJ (se pessoa jurídica), empresa ou entidade onde trabalha relacionada com o fato ou acidente da navegação e, se marítimo, número da Caderneta de Inscrição e Registro (CIR), Capitania de inscrição e função a bordo.

Ainda, se a testemunha for estrangeira, haverá intérprete, devidamente qualificado, acrescentando-se aos dados a informação sobre o agente marítimo da embarcação, o armador e o operador portuário.

5.3 Capacidade para testemunhar

Em princípio, todas as pessoas podem depor como testemunhas, desde que não sejam incapazes, impedidas ou suspeitas, consoante se depreende do conteúdo do art. 405 do Código de Processo Civil (CPC). Ressalte-se que o diploma processual considera incapaz para depor, entre outros, o menor de dezesseis anos. Portanto, desnecessário se faz a assistência de responsável para os que estiverem acima dessa idade.

Quando houver extrema necessidade de se ouvir menor impúbere, este não poderá ser ouvido como testemunha, mas tão somente na qualidade de informante; vale dizer: desnecessidade de compromisso, nos termos do art. 415 do CPC, e obrigatoriedade de acompanhamento do responsável ou tutor que assinará o termo de inquirição.

5.4 Compromisso de dizer a verdade

No início da inquirição, o encarregado do inquérito deverá colher da testemunha o compromisso de dizer a verdade do que souber ou lhe for perguntado, devendo adverti-la de que incorre em sanção penal quem faz afirmação falsa, cala ou oculta a verdade, pelo crime de falso testemunho, tipificado no art. 342 do Código Penal (CP).

> Art. 342. Fazer afirmação falsa, ou negar ou calar a verdade como testemunha, perito, contador, tradutor ou intérprete em processo judicial, ou administrativo, inquérito policial, ou em juízo arbitral:
>
> Pena – reclusão, de um a três anos, e multa.

Como é cediço, não se pode usar de analogia para se estender o tipo penal. Todavia, vez há que se faz imperiosa a interpretação teleológica e sistemática para se caracterizar a prática criminal. Em leitura menos criteriosa, seria possível dizer que o compromisso de dizer a verdade não alcança os inquéritos extrapoliciais, já que o artigo em comento contempla tão somente os policiais. Nesse diapasão, não haveria crime de falso testemunho nos inquéritos marítimos.

Entretanto, o IAFN é peça de lastro para a representação (denúncia), que se envia a tribunal de caráter ontológico punitivo (TM), envolvendo a possível privação de bens não só patrimoniais, mas principalmente extrapatrimoniais. Ora, quais seriam a moral e a lógica jurídica? Se o crime de falso testemunho em juízo arbitral é admitido, com discussão tão somente dos direitos patrimoniais, com muito mais razão há de se caracterizar o fato criminoso em sede de apuração de fatos e acidentes da navegação. Importante gizar que, na hipótese de condenação, haverá privação de bens extrapatrimoniais, com desdobramentos outros, podendo atingir, posteriormente, até mesmo a esfera penal, já que o TM é órgão auxiliar do Poder Judiciário, devendo seus acórdãos ser juntados em autos judiciais correlatos, a teor do art. 19 da Lei n. 2.180/54.

Assim, pugna-se pela necessidade do compromisso de se dizer a verdade em sede do IAFN, bem como pela possível caracterização de crime de falso testemunho. Ressalva deve ser feita quando o falso testemunho for cometido por adolescente capaz de depor. A conduta não será descrita como crime, e sim como ato infracional, passível de medidas socioeducativas, conforme dispõem os arts. 103, 104 e 112 do Estatuto da Criança e do Adolescente (ECA).

5.5 Possibilidade de assistência jurídica

Durante a oitiva, é facultado ao depoente ser assistido por advogado. Embora facultativa, alerta-se para a importância dessa assistência. Há direitos importantes a serem observados, nem sempre do conhecimento do encarregado do inquérito.

É comum durante o IAFN ouvir-se do encarregado que o advogado não tem o direito de interferir na oitiva, tendo em vista que, nessa fase, não se estabelece o contraditório. Que não há contraditório é certo, mas o advogado não só pode como deve interferir, sempre que a testemunha tiver seus direitos violados.

Sabe-se que no IAFN todos são ouvidos na qualidade de testemunhas e, portanto, obrigados ao compromisso de dizer a verdade, nos moldes legais já apresentados. Entretanto, se o depoente participou direta ou indiretamente do acidente ou fato da navegação, ao final do inquérito, poderá ser apontado como possível responsável, o que transforma sua qualificação de testemunha para indiciado, por analogia ao direito penal. Assim, se a oitiva pressupõe possível responsável (indiciado), direitos outros deverão ser observados, entre muitos, o direito de permanecer calado, estabelecido no diploma processual penal:

> Art. 6º Logo que tiver conhecimento da prática da infração penal, a autoridade policial deverá:
>
> [...]
>
> V – ouvir o indiciado, com observância, no que for aplicável, do disposto no Capítulo III do Título VII, deste Livro, devendo o respectivo termo ser assinado por duas testemunhas que lhe tenham ouvido a leitura.
>
> [...]
>
> Art. 186. Depois de devidamente qualificado e cientificado do inteiro teor da acusação, o acusado será informado pelo juiz, antes de iniciar o interrogatório, do seu direito de permanecer calado e de não responder perguntas que lhe forem formuladas.
>
> Parágrafo único. O silêncio, que não importará em confissão, não poderá ser interpretado em prejuízo da defesa.

Nesse diapasão, se durante o depoimento de possível responsável, este perceber que para determinada pergunta não tem resposta segura ou que sua resposta pode de alguma maneira comprometê-lo, poderá, devidamente orientado por seu advogado, permanecer silente, sem que essa atitude possa prejudicá-lo, sendo essa a inteligência do parágrafo único do art. 186 do CPP, anteriormente transcrito.

Portanto, entende este autor que o encarregado do inquérito deverá tomar essas precauções; não o fazendo, exsurge o dever do advogado de informá-lo e incentivá-lo a observar os preceitos legais, no sentido de garantir que os direitos de seu cliente não sejam preteridos. Na hipótese de o encarregado não atender às ponderações do assistente jurídico, este poderá orientar seu patrocinado a guardar silêncio e apresentar protesto.

5.6 Depoimento de estrangeiros

Haverá necessidade de intérprete, consoante determinação legal, quando o depoente for estrangeiro e não tiver domínio do vernáculo. As despesas com honorários desse profissional serão suportadas pelo armador ou por seu representante legal – agente marítimo.

Há casos em que o depoente tem fluência no idioma português, podendo declarar tal fato no início de seu depoimento. Nessa hipótese, deverá o encarregado do inquérito verificar se o domínio do idioma é suficiente para não comprometer o bom andamento do inquérito; se positivo, será dispensado o intérprete. Especial cuidado deve ser tomado na oitiva de marítimos estrangeiros. Por frequentarem vários países, é comum o fato de se comunicarem em muitos idiomas, não obstante a precariedade. Portanto, na dúvida, não deve o encarregado prescindir do intérprete.

6 Do prazo para conclusão ou prorrogação

O prazo para conclusão do inquérito marítimo é de noventa dias, a serem contados a partir da data de sua instauração até a data de sua homologação pelo Capitão dos Portos ou delegado.

Havendo necessidade de prorrogação, o encarregado do inquérito deverá solicitá-la ao Capitão dos Portos, em pedido devidamente fundamentado. O Capitão dos Portos, por sua vez, se deferir o pedido, deverá participar sua decisão ao Distrito Naval, à Diretoria de Portos e Costas, ao TM e à PEM.

Na hipótese excepcional de o IAFN não terminar no prazo de um ano, o Capitão dos Portos deverá, em petição fundamentada, solicitar sua prorrogação ao comandante do Distrito Naval, ao qual se subordina, sendo prerrogativa exclusiva dele a decisão de prorrogá-lo ou não.

7 Da defesa prévia

Se o encarregado do inquérito apontar possível responsável (indiciado), far-se-á necessária a notificação e se abrirá o prazo de dez dias para defesa prévia, a ser contado a partir da data do recebimento da notificação.

A defesa prévia é a peça de bloqueio do indiciado que pode ser apresentada pelo próprio ou por intermédio de seu advogado. Embora a constituição de patrono seja facultativa em sede do IAFN, tendo em vista as graves consequências de uma futura condenação pelo TM, é recomendável que tal peça seja elaborada com os cuidados e a *expertise* de um profissional do Direito.

Por não se tratar de peça obrigatória, se esta não for apresentada tempestivamente, o encarregado do inquérito fará constar em seu relatório de conclusão a sua falta por decurso de prazo ou opção do indiciado.

A defesa prévia tem o condão de convencer a PEM sobre a desnecessidade de oferecer representação em desfavor do indiciado. Entretanto, pode antecipar a tese de defesa, dando oportunidade à PEM para fundamentar melhor a sua representação, o que dificultaria a futura defesa quando do trâmite do processo no TM. Assim, mais uma vez, postula este autor ser imprescindível a constituição de advogado já na fase do inquérito marítimo.

8 Hipóteses de não cabimento de instauração do IAFN

Ainda que haja acidente ou fato da navegação, exceções há que apontam para a não realização do inquérito marítimo, consoante se demonstra:

8.1 Navios da Marinha do Brasil e de Estados estrangeiros

A Capitania dos Portos não é competente para a instauração de inquérito, quando o acidente ou fato da navegação envolver navio da Marinha de Guerra brasileira ou estrangeira. Exceção se faz quando o navio estiver sendo empregado na atividade comercial e utilizado total ou parcialmente no transporte remunerado de passageiros ou cargas. Nesse caso, o IAFN segue seu trâmite normal como se o navio mercante fosse.

Não sendo a hipótese de uso comercial, o Capitão dos Portos informa o ocorrido ao seu escalão hierárquico superior, competindo ao comando imediatamente superior do navio envolvido a abertura de sindicância e/ou inquérito policial militar. A possibilidade de instauração do IAFN permanece elidida ainda que o acidente tenha ocorrido entre navio estatal e mercante; ambos serão julgados pela Justiça Especial Militar. O fato de haver navio estatal envolvido faz surgir, por *vis atrativa,* a competência dessa Justiça Especial.

8.2 Arribada justificada

Não será instaurado o inquérito marítimo quando a arribada for justificada e previamente solicitada à Capitania dos Portos, desde que se enquadre no conjunto das exceções a seguir:

a) necessidade de se acrescentar porto de escala para fins de abastecimento;
b) assistência médica a tripulante ou passageiro, cujos recursos de bordo sejam insuficientes para o tratamento ou socorro, desde que a necessidade não tenha nascido em virtude da malversação da equipe de bordo;
c) fechamento de carga em porto diverso dos já programados, desde que a arribada não prejudique direitos de terceiro e não cause prejuízo para os controles exercidos pelos órgãos de fiscalização marítima;
d) desembarque de corpo de tripulante ou passageiro que tenha falecido a bordo de causa natural, comprovada por Certidão de Óbito ou laudo necrológico. A prova do falecimento só será dada por meio de certidão emitida pelo competente Registro Civil de Pessoas Naturais (RCPN) ou por laudo necrológico expedido por Instituto de Medicina Legal.

A Capitania que receber solicitação de arribada justificada, nos moldes definidos anteriormente, deverá comunicar o fato ao Comando do Controle Naval do Tráfego Marítimo (Comcontram), às Capitanias do novo e anterior destinos e a seus respectivos comandos de distritos navais.

9 Do envio do inquérito ao TM

Concluídas todas as fases, o encarregado fará, no prazo de dez dias, relatório do que tiver sido apurado, submetendo o inquérito ao Capitão dos Portos para sua aprovação. Não estando satisfeito, o comandante da Capitania pode determinar a volta do inquérito à autoridade encarregada para novas diligências ou outras providências que tais.

Aprovado o inquérito pelo Capitão dos Portos, este o enviará com a máxima urgência ao TM, em cumprimento ao imperativo do art. 39 da Lei n. 2.180/54.

CAPÍTULO 6

Do Processo Marítimo

O sistema inquisitivo, há muito tempo, foi banido do ordenamento jurídico brasileiro, restando, entretanto, algumas sequelas que aos poucos vão sendo extirpadas, na ocasião das necessárias reformas. A tolerância a qualquer dessas sequelas desonra os profissionais do Direito e faz reviver as atrocidades do passado.

O autor (Capítulo 7, item 3)

1 Da instauração do processo marítimo

Há três formas distintas pelas quais a lei autoriza o início do processo marítimo (art. 41 da Lei n. 2.180/54), a saber:

a) por iniciativa da Procuradoria Especial da Marinha (PEM);
b) por iniciativa da parte interessada;
c) por decisão do próprio Tribunal Marítimo (TM).

Assim, o processo marítimo inicia-se por provocação pública ou privada, conforme se analisa nas próximas linhas.

1.1 Por iniciativa pública

O processo será instaurado por iniciativa pública quando houver representação da PEM ou decisão para tanto do próprio TM.

1.1.1 Por representação da PEM

Como dito ao final do capítulo anterior, findo o inquérito, este é enviado imediatamente ao TM. Os autos são recebidos pela secretaria do Tribunal e, por sorteio, distribuídos aos juízes (relator e revisor).

Após a distribuição e autuação, o relator dará vista dos autos à PEM. O *parquet* do mar terá dez dias, contados a partir da data do recebimento dos autos, para se pronunciar, devendo fazê-lo por uma das formas previstas:

a) oferecendo representação, quando entender que haja culpados, independentemente da conclusão dada pelo encarregado do inquérito;
b) requerendo, em parecer fundamentado, o arquivamento do inquérito;
c) pronunciando-se pela incompetência do TM. Nessa hipótese, requerendo a remessa dos autos à autoridade competente.

Pela complexidade do tema, necessário se faz o comentário a seguir sobre cada item separadamente.

a) se a promoção da PEM se der pela representação, o juiz-relator deverá fazer o devido juízo de admissibilidade. Constatando o julgador qualquer irregularidade, determinará que a PEM emende ou complete a representação no prazo de dez dias.

   Se a representação estiver em termos para ser recebida, ou seja, com os acusados devidamente qualificados, a descrição completa do acidente ou fato da navegação, a acusação fundamentada, o protesto pelas provas pretendidas para demonstração da verdade dos fatos alegados e o requerimento de citação dos representados, o juiz-relator preparará seu relatório e encaminhará os autos ao juiz-revisor, já com o pedido de inclusão em pauta para julgamento. O juiz-revisor, por sua vez, no prazo de cinco dias, encaminhará os autos ao juiz-presidente, este responsável pela inclusão em pauta para o julgamento;
b) poderá o procurador entender pelo arquivamento do inquérito. Essa segunda possibilidade representa na verdade uma *quaestio vexata* a ser enfrentada. Quando o procurador requerer o arquivamento do processo, estando o Tribunal em desacordo, este ordenará a volta dos autos à Procuradoria. Nessa hipótese, o membro da PEM terá o prazo de cinco dias para oferecer compulsoriamente a representação, ainda que

com ela não esteja de acordo, a teor dos arts. 50 e 52 da Lei Orgânica do Tribunal Marítimo (LOTM). Por se tratar de questão polêmica, a matéria é tratada de forma alargada no item 3 do Capítulo 7;

c) se a promoção da Procuradoria for pela incompetência do Tribunal, o processo será concluso ao relator. Entendendo ele ser o Tribunal competente, fará um relatório circunstanciado e o apresentará ao Tribunal para seu conhecimento e decisão. Se o Tribunal afirmar a sua competência na espécie, o processo será enviado à PEM para retificação.

Ao contrário, quando o juiz-relator entender, em harmonia com a PEM, pela incompetência do Tribunal, ou que, após as emendas e as complementações promovidas pelo autor, a representação encontra-se inepta ou, ainda, haja manifestadamente ilegitimidade de parte, carência de interesse processual, decadência ou perempção, mandará publicar nota para arquivamento no Diário da Justiça, pelo prazo de trinta dias, para a ciência de possíveis interessados no processo. De tudo mandará cópia para a Procuradoria.

Após o decurso do prazo, sem que haja representação de parte, o juiz-relator fará um relatório da contingência que, juntado aos autos, será encaminhado ao juiz-revisor. Este terá o prazo de cinco dias para enviar os autos ao juiz-presidente, que o colocará em pauta para decisão do Tribunal.

Se, no prazo averbado, houver representação de parte, após o juízo de admissibilidade e possíveis determinações de emendas ou complementos, será dada vista da representação à PEM para que se pronuncie sobre o seu recebimento pelo Tribunal.

A representação de parte será apreciada pelo Tribunal juntamente com o parecer da Procuradoria. Nas hipóteses de inépcia, incompetência e outras causas impeditivas de julgamento do mérito, elas serão apreciadas preliminarmente na sessão de julgamento, seguindo-se a decisão do Tribunal pela rejeição, pelo recebimento ou pelo aditamento da representação. Havendo rejeição, poderá o Tribunal proferir decisão terminativa de arquivamento.

1.1.2 Por decisão do próprio Tribunal

O art. 41, III, da LOTM informa que o processo perante o TM pode ter início por decisão do próprio Tribunal.

A correta exegese desse dispositivo deve caminhar no sentido de que a Lei concedeu ao TM o dever de fiscalizar as Capitanias dos Portos, no que tange à abertura dos inquéritos, quando de acidentes ou fatos da navegação. Portanto, o dispositivo sob análise deve ser lido em conjunto com o art. 33, § 2°, da mesma Lei:

> § 2° Se qualquer das capitanias a que se referem as alíneas *a*, *b* e *c*, do parágrafo precedente, não abrir inquérito dentro de cinco dias contados daquele em que houver tomado conhecimento do acidente ou fato da navegação, a providência será determinada pelo Ministro da Marinha ou pelo Tribunal Marítimo, sendo a decisão deste adotada mediante provocação da Procuradoria, dos interessados ou de qualquer dos juízes.

Por conseguinte, essa providência do Tribunal visa tão somente à abertura de inquérito para apuração dos fatos. Assim, é medida profilática do interesse da sociedade. Não há aqui sequelas do sistema inquisitivo, vez que não se identifica confusão de acusação e julgamento pelo mesmo órgão. A apuração de fatos, em princípio, não acusa ninguém, podendo haver até mesmo atos dignos de recompensas honoríficas, a teor do art. 16, *g*, da Lei que se comenta.

No aviso deste autor, seria uma aberração teleológica imaginar que o TM pudesse iniciar processo, apontando possíveis responsáveis ou ordenando à PEM que, em face desses, apresentasse representação. Estar-se-ia, nesse diapasão, em sede de inconstitucionalidade, por retrocesso ao sistema inquisitivo.

1.2 Por iniciativa privada

O processo no TM poderá ser instaurado por iniciativa privada, por meio de representação de parte, quando houver inércia dos órgãos públicos legitimados para tal. Havendo acidente ou fato da navegação, a abertura de inquérito é compulsória, com ulterior instauração de processo marítimo. São legitimados e responsáveis por ordenar a abertura do inquérito pelas Capitanias dos Portos, quando estas não tomarem tal providência no prazo legal, o comandante da Marinha e o próprio TM, quando provocado pela PEM ou por qualquer um de seus juízes.

Após 180 dias da ocorrência de qualquer acidente ou fato da navegação, sem que tenha entrado no Tribunal o respectivo inquérito, a parte interessada terá o prazo de trinta dias para apresentar sua representação devidamente instruída. Entendendo o Tribunal que a representação de parte possui elementos suficientes para a instauração do processo, determinará a abertura do respectivo inquérito, cujos autos serão incorporados aos da representação.

Poderá, ainda, a parte interessada apresentar representação nos autos do inquérito, dentro do prazo de dois meses, contados do dia em que os autos voltarem da PEM, quando a promoção for por arquivamento. Nessa hipótese, os autos permanecerão na secretaria, pelo prazo averbado, aguardando possível representação de parte.

Por último, poderá haver representação de parte no curso do processo, dentro do prazo de três meses, contados a partir da abertura da fase de instrução. O prazo poderá ser menor, se o processo se encerrar antes dele. Portanto, poderão ocorrer duas representações concomitantes: pública e privada.

Após a distribuição e a autuação da representação de parte, o relator dará vista dos autos à Procuradoria, a qual terá o prazo de dez dias para se pronunciar nos mesmos termos já mencionados anteriormente.

Há casos em que a representação privada ocorre em face de A e a Procuradoria, quando ouvida, entende por representar em face de B. Ou representando a PEM contra C, decida o interessado tempestivamente representar contra D. Nessas hipóteses, as representações oriundas do mesmo inquérito terão o mesmo relator e serão instruídas e julgadas conjuntamente.

Nos processos de iniciativa privada, a representação ou contestação só poderá ser apresentada por quem tiver legítimo interesse econômico ou moral no julgamento do acidente ou fato da navegação. Se, em decorrência do acidente, houver óbito, por exemplo, e o falecido for apontado como responsável, é cristalino que poderá haver interesse moral do filho em demonstrar a inocência do pai.

Se a ação é privada, as partes poderão desistir no curso do processo, o qual, entretanto, seguirá normalmente como se de iniciativa pública fosse, se assim o decidir o Tribunal, na análise do pedido de homologação.

2 Da citação

A citação para o processo marítimo é feita com as formalidades do Regimento Interno do Tribunal Marítimo (RITM), sendo utilizado, subsidiariamente, o Código de Processo Civil (CPC).

Se o juiz-relator receber a representação (pública ou privada) ou negar o arquivamento do inquérito, determinará a citação do acusado:

a) pelo correio;
b) por agente de diligência;
c) por delegação de atribuição ao Capitão dos Portos;
d) por delegação de atribuição à Autoridade Consular;
e) por edital.

A citação pelo correio é a forma regular desse ato, para qualquer localidade do Brasil. Entretanto, será feita de forma distinta nas seguintes situações:

a) por agente de diligência ou por delegação de atribuição ao Capitão dos Portos, quando o representado for incapaz, pessoa de direito público ou residir em localidade não atendida pelos Correios. Ou, ainda, quando houver justificado receio de que seja frustrada a citação regular;
b) por delegação de atribuição à Autoridade Consular, para a hipótese de o representado ser brasileiro residente em país estrangeiro. Nesse caso, o ofício do juiz-relator será encaminhado ao consulado pelo Ministério das Relações Exteriores;
c) por edital, quando ignorado, incerto ou inacessível for o lugar em que se encontre o representado ou quando se tratar de estrangeiro residente fora do Brasil, nessa hipótese, remeter-se-á cópia do edital ao respectivo consulado e aos agentes do navio.

Para que a citação seja válida, há de se observar uma série de formalidades, conforme se demonstra a seguir.

A citação pelo correio deverá, sob pena de nulidade, vir acompanhada de cópias da representação e do despacho do juiz, de determinação de prazo para resposta e do endereço do Tribunal.

A carta deverá ser registrada, exigindo o carteiro que o recibo seja assinado pelo citando. Se o representado for pessoa jurídica, será citado na pessoa de seu representante legal, sendo válida a citação assinada por pessoa com poderes de gerência ou de administração.

Nula será a citação de pessoa física, quando, por equívoco do carteiro, o recibo de entrega for assinado por porteiro, empregada doméstica ou qualquer pessoa distinta do citando.

Na hipótese de citação por mandado, são requisitos para sua validade:

a) que o agente de diligência leia para o acusado, para seu representante legal ou para seu procurador, com poderes especiais, o requerimento da parte e o despacho do juiz. Deve, ainda, o agente entregar ao citando a contrafé, ainda que não lhe seja solicitada;
b) que o citando aponha no mandado a palavra *ciente*, seguida de sua assinatura. Quando o citando não puder ou se recusar a fazê-lo, deverá o agente mencionar tal fato na certidão, tendo para tanto fé-pública;
c) que o agente porte por fé a diligência, declarando o dia, a hora e o lugar da citação.

Válida será a citação por hora certa, como subsidiária da citação pessoal, desde que se preencham os seguintes requisitos:

a) que haja presunção de que o citando esteja se ocultando. A presunção ocorrerá quando o agente de diligência portar por fé tal situação, após procurar pelo citando três vezes, no mesmo dia, em horários diferentes;
b) que qualquer pessoa da família ou vizinhança seja cientificada de que o agente voltará para efetuar a citação no primeiro dia útil subsequente, em hora designada, independentemente de novo despacho do juiz;
c) que, no dia e na hora aprazados, não encontrando o citando, faça o agente a competente certidão, deixando a contrafé com a pessoa da família ou vizinhança, recolhendo dela o nome e o endereço.

Por último, para a validade da citação editalícia, são requisitos:

a) certidão da secretaria do Tribunal, do agente de diligência ou a afirmação do requerente, conforme se dê a hipótese;
b) publicação do edital no órgão oficial;
c) transcrição da representação e do despacho do juiz;
d) determinação de prazo feito na data da primeira publicação. Ao alvedrio do juiz-relator, poderá o prazo variar de 10 a 30 dias.

A citação por edital se aperfeiçoa com o transcurso do prazo, lavrando-se nos autos a respectiva certidão.

3 Da defesa

São assegurados ao acusado, como não poderia deixar de ser, a ampla defesa e o contraditório. Como Tribunal de natureza punitiva, por analogia ao direito penal, o TM não poderia negligenciar o devido processo legal e suas garantias constitucionais, em obediência ao comando do art. 5º, LV, da Magna Carta, sob pena de cerceamento de defesa.

No prazo de quinze dias, contados a partir da citação válida, o acusado poderá oferecer defesa. Esta deverá ser escrita, declinando as provas e diligências que pretende produzir.

O patrocínio das causas no TM é privativo dos advogados. As proibições e os impedimentos para o exercício regular da advocacia no Tribunal regem-se pelo disposto no Estatuto da Ordem dos Avogados do Brasil – OAB.

Especial atenção devem ter os maritimistas ao produzirem a peça de defesa, sabedores de que ela não se confunde com a defesa prévia do processo penal, ainda que com esta guarde relação de pertinência. No processo penal, a defesa prévia não é peça indispensável, podendo a defesa técnica, se julgar conveniente, não a oferecer. Se assim ocorrer, o juiz passará à oitiva das testemunhas oferecidas na denúncia, sem prejuízo para o procedimento do processo. As alterações recentemente promovidas no processo penal, pela Lei n. 11.719/2008, não prejudicam a estratégia de defesa aqui recomendada.

No processo marítimo, entretanto, o não oferecimento da defesa acarretará na decretação de revelia, com suas indesejáveis implicações em desfavor do representado. Por outro lado, como no processo penal, não deve o patrono da causa, nessa peça de bloqueio, esmiuçar sua tese de defesa, mostrando à PEM toda a sua bateria contraditória, já que o conhecimento prematuro dessa matéria facilitaria o trabalho da Procuradoria (ou do representante de parte), na ocasião da instrução e das alegações finais.

Portanto, deve o advogado analisar o caso concreto e decidir tecnicamente o que deve ser dito na defesa, reservando para a fase de instrução e das alegações finais o que melhor se harmonizar aos interesses de sua tese.

4 Das audiências

As audiências são públicas e realizadas, em princípio, na sede do Tribunal. Poderão ser realizadas em local distinto, quando partes, testemunhas ou qualquer pessoa que deva ser ouvida de forma imprescindível não puderem se locomover.

As audiências poderão ser realizadas a portas fechadas, quando o sigilo se fizer necessário para atender ao decoro ou ao interesse público, sendo essa decisão proferida pelo juiz-relator *ex officio* ou quando deferir o requerimento de uma ou de ambas as partes.

5 Da instrução

É a fase destinada à elucidação dos fatos, a fim de formar o convencimento do juiz. É o momento para depoimento do acusado, oitiva de testemunhas, juntada de documentos, apreciação de provas, possíveis inspeções, diligências e perícias técnicas.

Apresentada a defesa, o juiz-relator, por despacho, declarará aberta a instrução, pelo prazo de noventa dias, podendo ser dilatado, a critério do julgador. Quando assim entender necessário, o relator deverá informar, fundamentadamente, sua decisão ao juiz-presidente.

5.1 Da prova

A prova é a constatação do *thema probandum* e visa ao convencimento do juiz. Assim, a prova destina-se ao juiz, ainda que secundariamente às partes. Se as partes resistem em aceitar a decisão do magistrado, que se baseou em determinada prova, estar-se-á em sede de recurso, motivando-se o exercício do duplo grau de jurisdição.

Como foi dito no capítulo anterior, é comum, mesmo no meio especializado, confundir-se objeto da prova com objeto de prova (meios de prova), gerando erronias nas confecções das peças processuais. Por amor à boa técnica, amplia-se o conhecimento já oferecido.

Objeto da prova é o fato que se procura fazer conhecido do juiz, para que este emita seu juízo de valor. É a verdade dos fatos imputados ao acusado. No processo penal, por exemplo, se alguém é denunciado pelo Ministério Público (MP) por crime de furto, o objeto da prova é o próprio furto. De igual modo, no processo marítimo, se alguém é acusado pela PEM de ser o responsável por uma colisão, o objeto da prova será a própria colisão.

Já os meios de prova são todos os caminhos traçados ou utilizados pelos sujeitos processuais para formar o convencimento do julgador. O depoimento da testemunha é um meio de prova. Se a parte arrola determinada testemunha, é porque deseja se utilizar desse meio de prova para formar o juízo do magistrado. Ainda, quando o juiz defere pedido de inspeção judicial, utiliza-se desse meio de prova para a sua convicção acerca dos fatos alegados pelas partes.

Os meios de prova podem ser os estampados na lei ou aqueles moralmente legítimos, conhecidos como provas inominadas, a teor do art. 332 do diploma processual civil: "Art. 332. Todos os meios legais, bem como os moralmente legítimos, ainda que não especificados neste Código, são hábeis para provar a verdade dos fatos, em que se funda a ação ou a defesa".

Quanto à forma, a prova se classifica em:

a) prova testemunhal: é o conteúdo dos esclarecimentos prestados pelo indivíduo chamado a depor. Em sentido lato, são provas testemunhais as produzidas por testemunhas ou pelo depoimento pessoal das partes;
b) prova documental: é a prova produzida por afirmação escrita ou gravada (som e/ou imagem). Entendem-se por prova documental as gravações telefônicas, os vídeos, as cartas, os contratos, as escrituras públicas, as fotografias e outras que tais;
c) prova material: consiste em qualquer materialidade que se preste para a convicção do *thema probandum*. São exemplos: a faca utilizada no crime, o exame de corpo de delito, as perícias, as mossas no costado do navio etc.

No processo marítimo, como no direito processual civil, o fato alegado por uma das partes e não contestado será admitido como verídico, se o contrário não resultar do conjunto de provas. Importante se faz gizar que a prova do inquérito será aceita enquanto não destruída por prova contrária. Para esse fato devem estar atentos os maritimistas, quando do inquérito na Capitania dos Portos, já que a presença do advogado é facultativa. Como já alertado, posiciona-se este autor para a importância do acompanhamento do cliente desde a fase do inquérito.

São de grande relevância para o rito processual marítimo as provas testemunhais e as produzidas por perícia, razão por que se fazem comentários em itens apartados dessas provas.

5.2 Da testemunha

É permitido às partes e à PEM arrolarem até seis testemunhas. Entretanto, podem ser ouvidas quantas testemunhas forem necessárias ao esclarecimento dos fatos, quando assim for ordenado pelo Tribunal ou pelo juiz-relator.

As testemunhas são ouvidas em audiência de instrução, devendo estar presentes o juiz-relator, o procurador, o assistente designado pelo Diretor da Divisão Judiciária e a parte interessada ou seu representante, devidamente constituído nos autos.

Pergunta-se às testemunhas tão somente sobre os fatos da representação ou sobre aqueles articulados na acusação ou defesa. O depoimento da testemunha, depois de reduzido a termo pelo assistente, é assinado pelo relator, pelo depoente e pelo advogado.

É facultado ao relator recusar as perguntas que julgar não terem relação de pertinência com o processo. Entretanto, mandará designá-las para ulterior conhecimento do Tribunal, na fase de julgamento. Especial cuidado deve ter o juiz-relator, nesse aspecto, para não incorrer em cerceamento de defesa, provocando a nulidade daquele ato e dos demais que o sucederem.

A testemunha fará seu depoimento sob o compromisso de dizer a verdade, devendo ser alertada pelo presidente da audiência (juiz-relator) que, se prestar falso testemunho, será passível de processo criminal, conforme a legislação pertinente.

É facultado à PEM e às partes o direito de opor contradita, devendo prová-la de pronto. Se o relator julgar provada a contradita, poderá, se assim entender proveitoso, ouvir a testemunha na qualidade de informante.

São impedidos de depor sob compromisso, podendo, entretanto, ser ouvidos como informantes: ascendentes, descendentes, marido e mulher, sogros e genros, irmão ou cunhado, tio ou sobrinho, primos, coirmãos, inimigo capital ou amigo íntimo de uma das partes no processo.

Igualmente impedidos de depor sob compromisso estão os absolutamente incapazes ao tempo do fato ou do depoimento e aqueles que tenham qualquer interesse relevante na causa.

Ainda, a testemunha não estará obrigada a depor sobre fatos que lhe acarretem grave dano, bem como ao seu cônjuge e aos seus parentes consanguíneos ou afins. Também não estará obrigada quando precisar guardar sigilo em relação ao fato por motivos profissionais ou morais (padres, sacerdotes, advogados, médicos etc.).

Se a prova testemunhal, por exceção, for produzida fora da sede do Tribunal, demandará apresentação prévia de quesitos pelas partes interessadas. Cabendo ainda a formulação de perguntas suplementares, quando da oitiva presidida pela autoridade delegada.

5.3 Da perícia

O exame pericial, normalmente, é realizado na fase de inquérito. Acidentes e fatos da navegação requerem, muitas vezes, a paralisação do navio ou da embarcação para a coleta de provas e a perícia por determinação do encarregado do inquérito. Tais fatos acarretam grandes prejuízos para os armadores, principalmente, em sede de lucros cessantes. Assim, terminado o inquérito, normalmente, libera-se a embarcação. Uma vez liberada, a coleta de novas provas e as possíveis perícias suplementares ficarão prejudicadas.

Não obstante, poderá o juiz-relator determinar de ofício ou a requerimento de interessado a realização de exame pericial complementar.

Deve o juiz-relator indeferir a perícia requerida pelas partes quando:

a) a prova do fato ou acidente da navegação não depender de conhecimento técnico;
b) a perícia não for necessária ao esclarecimento da verdade;
c) houver a possibilidade de complementar o laudo elaborado pela Capitania, na ocasião do inquérito;
d) nos autos existirem elementos que possibilitem a reconstituição e as conclusões técnicas do evento;
e) a verificação foi impraticável.

Quando o laudo apresentar omissões, obscuridades ou contradições, o juiz-relator, de ofício ou a requerimento das partes, mandará retificar ou complementar o laudo. Podendo, ainda, mandar que se proceda a novo exame, por outro perito, se julgar conveniente.

Quando o relator nomear perito, fixará o prazo para a entrega do laudo e seus honorários em conformidade com os praticados na praça.

Às partes, no prazo de cinco dias contado da intimação do despacho de nomeação do perito, caberá indicar o assistente técnico e apresentar quesitos.

A remuneração do assistente técnico certamente compete à parte que o indicou. A do perito será paga pela parte que houver requerido a perícia. Quando a perícia for requerida por ambas as partes ou determinada de ofício pelo relator, será paga pelo autor.

O perito tem a faculdade de não aceitar a incumbência ou poderá ser rejeitado por impedimento ou suspeição. Nessas hipóteses, julgando procedente, o juiz nomeará outro perito.

Pode, ainda, o relator indeferir o pedido de perícia, quando houver nos autos pareceres técnicos ou documentos elucidativos que considerar suficientes para a formação de seu juízo de valor.

O perito apresentará o laudo dentro do prazo assinalado pelo juiz, não podendo exceder a trinta dias. Os assistentes técnicos oferecerão seus pareceres no prazo comum de dez dias, após a apresentação do laudo, independentemente de intimação.

O juiz-relator poderá não utilizar o laudo pericial para o seu convencimento, quando entender que o conjunto de provas aponta em sentido contrário. Por conseguinte, pode o juiz-relator aceitar ou rejeitar, no todo ou em parte, o laudo pericial.

Por último, terminada a fase instrutória, serão os autos conclusos ao juiz-relator que, por despacho, declarará encerrada a instrução.

6 Das alegações finais

Em consonância com o que se disse no item 3 – "Da defesa", deve-se considerar que a fase da apresentação das razões finais é a última oportunidade de se manifestar nos autos. Assim, todo o cuidado de não se abrir a tese de defesa por inteiro à PEM ou ao representante de parte já não faz o menor sentido nessa fase, sob pena de preclusão temporal.

As alegações finais constituem peça imprescindível, sobretudo para a defesa. Uma vez terminada a fase de instrução, a defesa técnica conhece todo o conteúdo da acusação, bem como todas as fundamentações e os argumentos articulados pela PEM ou pelo representante de parte. Deve, por conseguinte, o patrono da defesa, nessa peça, fortalecer sua tese e trabalhar no sentido de identificar possíveis imperfeições materiais ou processuais da acusação e denunciá-las. Ainda, em obediência ao Princípio da Ampla Defesa e do Contraditório, deve a defesa falar por último. É como soa a inteligência do art. 65 da LOTM: "Art. 65. Finda a instrução, será aberta vista dos autos por 10 (dez) dias, *sucessivamente*, ao autor e ao representado para que aduzam, por escrito, alegações finais e em seguida serão os autos conclusos ao relator para pedido de julgamento" (grifo não constante do original).

Vencido o prazo para as alegações finais, os autos serão conclusos ao juiz para em vinte dias elaborar seu relatório e encaminhá-lo ao juiz-revisor. Este terá o prazo de cinco dias para remetê-lo à secretaria do Tribunal, para que seja incluído na pauta de julgamento.

7 Do julgamento

O relator, na fase de preparação de seu relatório, deverá, antes de pedir inclusão em pauta para julgamento, sanar qualquer omissão legal ou processual e, se julgar necessário, de ofício, ordenará qualquer diligência ou coleta de prova suplementar.

A decisão do Tribunal só poderá versar sobre os fatos constantes da representação ou da defesa, não estando vinculada ao relatório, servindo este apenas como fundamento para o julgamento dos demais juízes.

O julgamento do processo ocorre em sessão e obedece a seguinte ordem:

a) leitura do relatório;
b) sustentação oral das alegações finais;
c) apreciação das questões preliminares e decisão dos agravos;
d) discussão da matéria em julgamento;
e) decisão.

A sessão de julgamento é aberta pelo juiz-presidente que, obedecendo à ordem dos processos em pauta, concede a palavra ao respectivo juiz-relator para a apresentação de seu relatório. Lido o relatório, terá a palavra o representante do *parquet* do mar, para se pronunciar sobre a representação.

A ordem seguinte consiste nas sustentações orais, iniciando-se pelo autor (representante de parte), sendo sucedido pelo patrono do representado. Cada um terá o prazo de trinta minutos, não sendo admitida a réplica. Não havendo representante de parte, o pronunciamento da PEM concentrará a sustentação oral da parte autora.

Havendo assistente técnico, o seu prazo para sustentação oral será compartilhado com a PEM e/ou com o advogado do representado, conforme sua vinculação. Se a Procuradoria funcionar no processo tão só como *custos legis*, fará uso da palavra após as sustentações das partes.

Terminadas as sustentações orais, o juiz-presidente colocará a matéria em discussão. Cada juiz poderá usar da palavra, não podendo ser interrompido pelos seus pares. Durante a discussão, poderá qualquer juiz solicitar as informações que julgar convenientes e necessárias ao esclarecimento dos fatos.

Se não se sentir confortável para julgar, antes de iniciar a votação, qualquer juiz poderá pedir vista dos autos até a sessão seguinte e, excepcionalmente, pelo prazo que lhe for concedido pelo colegiado.

Finda a discussão, dar-se-á início à votação com os votos do juiz-relator, seguindo-se do juiz-revisor e dos demais juízes. Uma vez iniciada a votação, nenhum juiz poderá mais se manifestar, exceção feita no sentido de justificar o seu voto.

Poderá o juiz-presidente, se julgar conveniente ou por proposta de qualquer um dos juízes, determinar que a sessão ocorra a portas fechadas. Nessa hipótese, a sessão não será pública, permanecendo no recinto somente os sujeitos processuais e seus representantes legais.

Ao término da votação, o presidente anunciará a decisão, devendo redigir o acórdão o relator ou, se vencido, o juiz cujo voto tiver prevalecido. Se houver pedido de vista por um dos juízes e este tiver o seu voto vencedor, o acórdão será por ele redigido.

As decisões do TM só poderão ser prolatadas com a presença de, pelo menos, metade mais um dos seus membros, sendo o quórum mínimo de quatro juízes, excluindo-se o juiz-presidente. As decisões serão tomadas por maioria de votos. Na ausência do juiz-presidente, assumindo o juiz vice-presidente suas funções, o quórum mínimo continuará sendo de quatro juízes, agora, excluindo-se o vice-presidente. Havendo empate, o juiz-presidente, ou o presidente em exercício, exercerá o voto de minerva, sendo esta a única situação em que o presidente participará da votação.

Tão só por amor à filosofia e à mitologia, faz-se, a seguir, uma digressão para explicar o voto do presidente, embora a explicação seja desnecessária. O termo refere-se à deusa Minerva, equivalente romana da deusa grega Palas Atena, deusa da sabedoria e das artes. O significado do voto de desempate passou a ser usado a partir do julgamento de Orestes, avança-se.

Vingando a morte de seu pai, Agamenon, Orestes matou a própria mãe, Clitemnestra, e seu amante, Egisto, ambos responsáveis pelo assassinato de Agamenon, logo após seu retorno da guerra de Troia.

A lei previa pena de morte para os crimes contra genitores. Sabendo do castigo extremo que teria, Orestes apela para o deus Apolo, que decide advogar a seu favor, levando o julgamento para o Areópago. As Erínias, seres demoníacos, foram as acusadoras e Minerva, por sua sabedoria, indicada para presidir o julgamento.

O júri popular, formado por doze cidadãos atenienses, terminou empatado. No uso de suas atribuições, como deusa da sabedoria, Palas Atena (Minerva) proferiu sua sentença definitiva, acrescentando seu voto para desempatar e, assim, considerou Orestes inocente.

De volta ao processo marítimo, o acórdão deverá ser publicado em sessão do Tribunal, após dez dias do julgamento, ocasião em que será enviada cópia para publicação no órgão oficial. São requisitos para redação do acórdão:

a) a definição da natureza do acidente ou fato da navegação e as circunstâncias em que se verificou;
b) a determinação das causas;
c) a fixação das responsabilidades, a sanção e o seu fundamento;
d) quando for a hipótese, a indicação das medidas preventivas e de segurança da navegação.

A título de ilustração, transcreve-se a seguir acórdão do TM, consoante Anuário de Jurisprudência, volume XLIX/1991, p.528-30:

> Processo n. 14.113/90. Relator: Juiz José do Nascimento Gonçalves. Ementa: N/M Verbena, de bandeira liberiana. Colisão com o cais durante manobra de atracação, auxiliado por dois rebocadores. Erro de manobra. Condenação. Autora: A Procuradoria. Representado: XXXXXXXXXXXXXXXXXXXXXXX. Acordam os juízes do Tribunal Marítimo, por unanimidade; a) quanto à natureza e extensão do acidente: colisão; b) quanto à causa determinante: falta de coordenação e planejamento; erro de Manobra e c) decisão: julgar procedente a representação. Culpado XXXXXXXXXXXXX, incurso no art. 14, letra a, da Lei n. 2.180/54 aplicando-lhe a pena de multa de CR$ 45.000,00 (Quarenta e cinco mil Cruzeiros). Custas na forma da Lei. Na multa, vencido o Juiz Luiz Carlos Salviano que aplicava a pena de CR$ 500.000,00 (Quinhentos mil Cruzeiros).
>
> P.C.R.
>
> Rio de Janeiro, RJ, em 10 de dezembro de 1991.

Edson Ferracciú, Vice-Almirante (RRm) Juiz-Presidente.
José do Nascimento Gonçalves, Juiz-Relator.

8 Dos recursos

O vocábulo recurso tem significado etimológico de regresso. Significa refazer o caminho, ou seja, voltar pelo mesmo caminho da ida. No âmbito do direito processual, é remédio jurídico, com fulcro constitucional, tendo como objetivo o reexame da decisão, por um órgão superior ou pelo próprio órgão que a prolatou, seja na esfera administrativa ou na jurisdicional. Metaforicamente, significa a volta do processo para trilhar uma vez mais o caminho do julgamento, em busca de nova decisão.

O direito ao recurso está contido nos princípios internacionalmente consagrados do duplo grau de jurisdição e da presunção de inocência, emoldurados no art. 8°, item 2, *h*, do Pacto de São José da Costa Rica:

> Artigo 8° Garantias judiciais:
>
> [...]
>
> 2. Toda pessoa acusada de um delito tem direito a que se presuma sua inocência, enquanto não for legalmente comprovada sua culpa. Durante o processo, toda pessoa tem direito, em plena igualdade, às seguintes garantias mínimas:
>
> [...]
>
> *h)* direito de recorrer da sentença para juiz ou tribunal superior.

Os recursos obedecem, ainda, a princípios outros, consoante se aduz a seguir.

8.1 Relevantes princípios gerais dos recursos

8.1.1 Taxatividade

O princípio da taxatividade guarda relação de pertinência com o princípio da segurança jurídica. Ora, as lides não podem e não devem permanecer indefinidamente sem solução. Vale dizer que os recursos são limitados e, necessariamente, devem ter previsão legal. Não podem as partes criar seus próprios recursos. Ao contrário, só podem lançar mão daqueles que estiverem taxativamente expressos em lei.

Ainda, quando desejar a parte utilizar-se de determinado recurso legal, deverá certificar-se de que optou pelo recurso cabível. Ou seja, cada decisão desafia um recurso próprio. Exemplificando, da sentença cabe apelação. É como se esclarece no próximo princípio.

8.1.2 Singularidade

Também conhecido como unirrecorribilidade, este princípio consiste na ideia de que para cada decisão caberá um, e somente um, recurso. Entretanto, especial atenção deve ser dada para as decisões ditas complexas. É como se depreende da doutrina de Paulo Rangel:[1]

> Tício responde perante o Tribunal do Júri em conexão pelos crimes de roubo e homicídio qualificado. Condenado pelos jurados, o juiz aplica pena de 21 anos pelo homicídio qualificado e cinco anos pelo roubo. Da parte da sentença que condenou pelo homicídio, somente cabe protesto por novo júri, e, da parte que condenou pelo roubo, somente cabe apelação. Assim, Tício irá interpor dois recursos da mesma sentença, porém de partes diferentes.

O exemplo do conceituado jurista não trata de exceção ao princípio da singularidade, ao revés, se visto com olhos de bem ver todas as coisas, é espelho confirmador da aplicação do princípio. Nesse diapasão, se há duas decisões em uma mesma sentença, cada decisão desafia um recurso diferente, não podendo o profissional do direito "cochilar", sob pena de preclusão.

8.1.3 Fungibilidade

Este princípio trata da aplicação da teoria do recurso indiferente de Goldschmidt. Significa dizer que o equívoco da parte na escolha do recurso não prejudica, em princípio, o seu direito. Assim, deverá o julgador conhecer o recurso, interposto equivocadamente, como se recurso cabível fosse, salvo a hipótese de má-fé do recorrente.

A má-fé deve ser sopesada pelo juiz, entretanto, doutrina e jurisprudência já têm se posicionado no sentido de que se o recurso interposto ti-

---

1 *Direito processual penal*, p.706.

ver prazo maior do que aquele que deveria ser utilizado, o prazo a ser observado será sempre o menor, não se conhecendo do recurso fora do prazo do recurso correto. É como soa o caudal da jurisprudência:

> RHC-74044/CE. Recurso de *Habeas Corpus*. Relator Ministro Maurício Corrêa. Publicação DJ: 20.09.1996, p. 505. Julgamento: 18.06.1996. Segunda Turma.
>
> Recurso de *habeas corpus*. Crime de envio de menor para o exterior (art. 239 da Lei n. 8.069/90). Erros incomuns na interposição de recursos: princípio da fungibilidade.
>
> 1. Interposição de recurso em sentido estrito, quando cabia recurso ordinário e *habeas corpus*; pedido de reconsideração, quando cabia agravo regimental.
>
> 2. O CPP positiva o princípio da fungibilidade dos recursos (art. 579), fazendo restrição expressa à hipótese de má-fé do recorrente; há, também, restrição relativa ao prazo, pois a transformação do recurso erroneamente interposto fica sujeita à observância do prazo previsto para o recurso correto.
>
> 3. Superadas estas restrições, e mesmo considerando que os erros cometidos são incomuns, é de rigor a aplicação da norma que determina o aproveitamento dos recursos equivocadamente interpostos.
>
> 4. Recurso conhecido e provido, determinando-se que o recurso em sentido estrito interposto seja processado como recurso ordinário em *habeas corpus*. Unânime.

8.2 Da *reformatio in pejus*

Se o sistema adotado é o acusatório, com a necessária separação existente entre as funções de acusar e julgar, não pode o juiz agir *ex officio* para piorar a situação do acusado, estando consagrado o brocardo jurídico *nemo judex sine actore*.

No sistema penal, se somente o réu houver recorrido, não havendo recurso do MP, o Tribunal não poderá agravar sua situação (art. 617 do CPP). Por analogia ontológica, como já se disse, no processo marítimo, se não houver recurso da PEM ou do representante de parte, e, portanto, havendo tão somente recurso do representado, a nova decisão não poderá agravar a penalidade já imposta.

8.3 Dos recursos cabíveis no processo marítimo

Como só existe um TM no Brasil, os recursos são interpostos para o próprio órgão prolator, respeitando-se as formalidades da LOTM e do RITM, sem ferir o princípio do duplo grau de jurisdição.[2]

O art. 105 da LOTM, em obediência ao princípio da taxatividade, elenca os recursos passíveis de ser interpostos no TM:

> Art. 105. Os recursos admitidos são os seguintes:
> *a)* embargos de nulidade ou infringentes;
> *b)* agravo;
> *c)* embargos de declaração.

Por motivos didáticos, optou-se por não obedecer a ordem legal de disposição dos recursos para oferecer seus comentários.

8.3.1 Do agravo

No processo marítimo, os agravos são interpostos no prazo de cinco dias. Tal prazo merece o devido cuidado dos maritimistas para não serem surpreendidos, por influência do CPC, que estabelece prazo maior (dez dias).

Interpõem-se os agravos em face das decisões interlocutórias dos juízes relator e presidente. Sendo o agravo julgado pelo tribunal, da sua decisão não caberá recurso.

O processamento dos agravos é feito nos moldes do agravo de instrumento do CPC, tendo, por conseguinte, efeito suspensivo. Entretanto, se interposto no período probatório, não obstará as diligências que o relator entender necessárias.

Poderão os agravos ser interpostos oralmente, quando em audiência de instrução, devendo ser reduzidos a termo. Nas demais hipóteses, serão interpostos por simples petição.

Ao receber o recurso, pode o juiz-relator, exercendo o juízo de retratação, modificar sua decisão no todo ou em parte. Ao revés, se mantiver a decisão agravada, e estando o recurso tempestivo, a petição de agravo será encaminhada ao juiz-presidente.

---

2 Quanto ao duplo grau de jurisdição, remete-se o leitor ao item 5 do Capítulo 7.

No prazo de cinco dias, determinará o presidente a formação do instrumento, em autos apartados, e a distribuição a novos relator e revisor.

O relator do agravo abrirá vistas dos autos ao agravado para, no prazo de cinco dias, contraminutar, ou seja, apresentar as contrarrazões do agravo. Se o agravado apresentar documento novo, em obediência ao princípio do contraditório, o agravante terá o prazo de cinco dias para dizer sobre o documento.

O recurso de agravo requer preparo, que deverá ser feito em até dez dias, contados da publicação do despacho do juiz-relator do agravo. Encerrada a instrução do agravo, o relator prepara seu relatório e despacha para o revisor, este restitui os autos ao relator com o seu visto. Incluídos em pauta para julgamento, os agravos têm preferência nos trabalhos do dia.

Provido ou não o agravo, os autos baixarão ao relator do feito principal para que este dê prosseguimento ao processo.

8.3.2 Dos embargos de declaração (ED)

Contra as decisões do colegiado do mar podem ser opostos ED, no prazo de 48 horas contado da publicação do acórdão no órgão oficial. Mais uma vez, o processo marítimo exige a boa técnica dos maritimistas, no sentido de ter especial atenção para a exiguidade dos prazos.

Os advogados costumam ter os prazos dos recursos mais comuns em mente, por força do hábito de aplicar o CPC (apelação: quinze dias; agravo: dez dias; ED: cinco dias). Entretanto, o processo marítimo utiliza-se da legislação processual civil tão somente de forma subsidiária. Quanto aos prazos, são absolutamente distintos e substancialmente menores.

Os embargos de declaração deverão demonstrar que a decisão é ambígua, obscura, contraditória ou foi omissa em matéria que deveria se pronunciar. Se os ED não apontarem nenhuma dessas condições, serão indeferidos de pronto.

Os embargos de declaração não estão sujeitos a preparo e deverão ser dirigidos ao relator do acórdão. Quando o relator recebe o recurso, solicita ao presidente sua inclusão em pauta para julgamento na sessão seguinte. Devem acompanhar a solicitação o respectivo relatório e o voto proferido.

Se, durante o julgamento, o relator for vencido, o juiz mais moderno entre os que votaram em divergência ao relator lavrará o acórdão. Ao serem providos os embargos, o novo acórdão corrigirá tão somente a matéria embargada, permanecendo inalterados os demais dispositivos.

Os ED interrompem os prazos para a interposição de novos recursos. Exceção será feita na hipótese de serem rejeitados por se mostrarem, manifestamente, protelatórios, constando tal fato da decisão.

8.3.3 Dos embargos de nulidade (EN)

Repise-se o que se disse, em relação aos prazos, nos dois itens anteriores. Deverão os EN, também conhecidos como infringentes, serem opostos no prazo de dez dias, contados a partir da publicação do acórdão no órgão oficial. Esse recurso é o mais restrito dos admitidos pelo TM. Será de plano rejeitado se não versar sobre, pelo menos, um dos requisitos a seguir:

a) matéria nova;
b) prova posterior ao encerramento da fase probatória;
c) decisão não unânime.

Os EN requerem preparo no prazo de três dias, contado da ciência do recebimento, sob pena de serem considerados desertos. E, se os embargos tiverem por motivação decisão não unânime, só poderão versar sobre a matéria objeto da divergência.

A admissibilidade dos EN é de competência do juiz-presidente e a ele devem ser dirigidos. Se o presidente não admitir os embargos, caberá agravo, no prazo de cinco dias, para o Tribunal. Se os EN não forem providos pelo Tribunal, não caberá mais recurso no âmbito administrativo.

Sendo os embargos admitidos, serão apontados por sorteio novos juízes relator e revisor. Serão excluídos do sorteio aqueles que tiverem atuado anteriormente no processo.

O embargado terá o prazo de dez dias para oferecer impugnação. Na hipótese em que a PEM atuar no processo tão só como *custos legis*, terá, por último, vista dos autos para dizer sobre os embargos, no mesmo prazo concedido ao embargado.

Terminada a instrução, segue-se o julgamento. Se o Tribunal não der provimento aos EN, far-se-á coisa julgada administrativa. Segue exemplo de julgamento do recurso que ora se analisa:

> Processo n. 13.748
>
> Embargos Infringentes
>
> Embargos Infringentes com base em decisão não unânime.
>
> Conhecidos, mas não providos, por não apresentarem argumentos capazes de ilidir a decisão recorrida.
>
> Vistos, relatados e discutidos os presentes autos.
>
> Trata-se de apreciar embargos infringentes interpostos tempestivamente por XXXXXXXXXXXXX e XXXXXXXXXXXXX, armadora e comandante do N/T Mercantil Cabo Frio, contra a decisão do Tribunal Marítimo que os condenou à pena de multa de vinte vezes o MVR e duas vezes o MVR respectivamente, por considerá-los culpados pela deficiência de equipagem do supracitado navio, que no dia 21.04.1989 deixou o porto de Laverat, França, com destino ao Brasil, sem sete oficiais previstos no Cartão de Lotação, colocando em risco a segurança da embarcação, vidas e fazendas de bordo.
>
> O julgamento ocorreu na sessão do dia 20.11.1990, tendo o Tribunal Marítimo concluído por maioria, que os ora embargantes foram negligentes e imprudentes em permitir e realizar navegação com deficiência na equipagem, sem colocar substitutos necessários e exigidos por legislação vigente.
>
> Os embargos foram interpostos com fulcro em voto vencido que exculpou os representados, considerando que a deficiência de equipagem não ocasionou qualquer acidente da navegação e que não há fato da navegação sem que ele acarrete um acidente da navegação.
>
> Os embargantes em suas razões de embargos alegam que não houve um fato da navegação, já que a viagem empreendida com a tripulação reduzida constituiu uma circunstância singular, fora do padrão, mas não um fato da navegação, pois de tais circunstâncias não adveio acidente, dano, prejuízo, mal algum e em nada influiu na navegação, que foi bem sucedida, desenvolvendo-se normalmente, com todos os postos guarnecidos durante as 24 horas do dia, tendo a embarcação chegado ao porto de destino em segurança.
>
> A Douta Procuradoria opinou pelo não provimento dos embargos.
>
> De tudo o que contém nos autos, considerando que um fato da navegação, dependendo de cada caso concreto, pode ser considerado como causa, consequência e extensão de um outro fato ou acidente da navegação e até mesmo como infração ao Regulamento para o Tráfego Marítimo. No entan-

to, nada impede que seja apreciado exclusivamente como um dos fatos previstos no art. 15 da Lei n. 2.180/54, sendo que no processo em tela ficou cristalinamente caracterizado o fato da navegação preceituado na letra *a* do art. 15 do supracitado diploma legal, já que o N/T Mercantil Cabo Frio, por decisão do comandante e da armadora, deixou o porto de Laverat, na França, país de fácil acesso para os possíveis substitutos, realizando longa travessia com destino ao Brasil, apresentando deficiência de equipagem, ou seja, sem três oficiais de náutica e quatro de máquinas, o que gerou irregularidades no serviço de quarto colocando em risco a segurança da embarcação, as vidas e fazendas de bordo; cabendo salientar que um dos itens levados em consideração, quando da elaboração dos cartões de lotação das embarcações pela Diretoria de Portos e Costas, é a segurança da navegação, com atendimento às regras da Convenção Internacional para a Salvaguarda da Vida Humana no Mar.

Conclui-se que os presentes embargos devem ser conhecidos, tendo em vista que foram interpostos de acordo com o preceituado nos arts. 106 e 107 da Lei n. 2.180/54, ou seja, com base em decisão não unânime e dentro do prazo legal, mas não providos, já que os embargantes, em suas razões não apresentaram argumentos capazes de ilidir a decisão recorrida.

Assim,

Acordam os Juízes do Tribunal Marítimo, por unanimidade dos cinco juízes presentes, conhecer dos embargos para lhes negar provimento. Manter a decisão recorrida.

P.C.R.

Rio de Janeiro, RJ, em 21 de maio de 1991.

Edson Ferracciú, Vice-Almirante (RRn) Juiz-Presidente.

Luiz Carlos de Araujo Salviano, Juiz-Relator.

(Anuário de Jurisprudência do TM. Vol. XLIX, 1991.)

9 Das penalidades

Se o acórdão apontar responsáveis por fatos ou acidentes da navegação, o TM aplicará uma das penas previstas no art. 121 da LOTM:

a) repreensão, medida educativa concernente à segurança da navegação ou ambas;
b) suspensão do pessoal marítimo;
c) interdição para o exercício de determinada função;
d) cancelamento da matrícula profissional e da carteira de amador;

e) proibição ou suspensão do tráfego da embarcação;
f) cancelamento do registro de armador;
g) multa, cumulativa ou não, com qualquer das penas anteriores.

Se a pena for de repreensão, os termos dela deverão constar do próprio acórdão. A medida educativa demanda apresentação de resultados satisfatórios que deverão ser demonstrados à Autoridade Marítima competente. Será obrigação da Organização Militar (OM), encarregada da aplicação da pena, comunicar ao TM a data do cumprimento dos resultados pretendidos.

A pena de suspensão do pessoal marítimo não poderá exceder a doze meses. Já a interdição para o exercício de determinada função poderá atingir até cinco anos. Se a suspensão ou a interdição for aplicada a tripulante estrangeiro, sua eficácia se limitará ao exercício de suas funções em águas sob a jurisdição nacional. Na hipótese de cancelamento da matrícula profissional de estrangeiro, a pena será convertida em proibição para o exercício profissional em águas brasileiras.

Sobre o cancelamento da matrícula profissional e da carteira de amador, bem como a interdição para o exercício de determinada função por se tratar de penas em que a mão do Estado se faz pesar mais, o TM as aplicará somente quando ficar provado que:

a) o acidente ou fato ocorreu por dolo;
b) o responsável pelo acidente ou fato da navegação encontrava-se em estado de embriaguez;
c) o contrabando praticado por embarcação brasileira ocasionou o seu confisco ou de sua carga;
d) da ausência de socorro houve perda de vida humana.

A proibição ou suspensão do tráfego de qualquer embarcação cessará tão logo sejam cumpridas as exigências ou deixem de existir os motivos que determinaram a aplicação da pena.

No âmbito das penalidades, importante se faz a análise da influência do instituto da reincidência, consoante se demonstra a seguir.

A reincidência é motivo de agravamento da pena. Considera-se reincidente aquele que for julgado como responsável por acidente ou fato da navegação, antes de haver decorrido cinco anos de sua condenação anterior pelo TM.

Inicia-se a contagem para o período de tempo assinalado, consoante o seguinte critério:

a) na hipótese de repreensão, a data em que transitar em julgado a decisão do Tribunal;
b) se a pena for educativa, a data em que forem obtidos os resultados satisfatórios;
c) para as suspensões e interdições, após o último dia de cumprimento da pena;
d) no caso de multa, o dia do seu pagamento ou o dia do pagamento da última parcela, se for a hipótese;
e) em qualquer caso, a data da extinção da pena.

A divisão judiciária do Tribunal é responsável por fazer constarem na folha de antecedentes as informações indispensáveis à aplicação dos critérios anteriormente mencionados. Não havendo reincidência ou se já houver decorrido o prazo da reabilitação, nada deve constar na folha.

CAPÍTULO 7

Das Questões Polêmicas

A criatividade está intimamente ligada ao pensamento divergente, manifestando-se nas mais diversas atividades humanas.

Joy Paul Guilford

Reservou-se este capítulo para as questões em que há dissídio de pensamentos, como também para as questões cuja solução requer interpretação teleológica. Uma das belezas da ciência jurídica é seu caráter dialético e a forma com que seu desenvolvimento, para o bem da sociedade, nasce da pluralidade de caminhos encontrados pela doutrina e pela jurisprudência.

Uma vez solidificado o pensamento, a pacificação trabalha para influenciar o Poder Legislativo a produzir norma abstrata que reflita, o quanto possível, as diversas possibilidades fáticas. Razão por que se reverencia o devido respeito às penas de escol que porventura advoguem de forma distinta daquela aqui apresentada.

Após essa pequena, mas necessária, ressalva, comenta-se o que se espera ver uniformizado no âmbito do direito processual marítimo.

1 Da não admissão do efeito suspensivo na Lei de Segurança do Tráfego Aquaviário (Lesta)

Quando se tratou dos prazos no procedimento administrativo (Capítulo 3, item 2), afirmou-se que a Lesta não admite efeito suspensivo na interposição de recurso contra as decisões de primeira instância. Tal imposição legal é absolutamente ofensiva aos direitos individuais constitucionais, desafiando assim mandado de segurança. Se exclusivamente devolutivo o efeito do recurso, imperiosa se torna a crítica doutrinária. Explica-se: o recebimento do recurso sem o efeito suspensivo parece ser atecnia jurídica, vez que não protege o possível infrator de danos irreparáveis ou de difícil reparação, em rota de colisão frontal com o ordenamento jurídico pátrio. Imagine-se o seguinte caso hipotético:

Um comandante é punido pela Autoridade Marítima de primeira instância, por suposta infração por ele praticada, com a suspensão de seu certificado de habilitação por trinta dias. Ora, se a decisão desafia recurso sem efeito suspensivo, o comandante deverá cumprir a suspensão, enquanto o recurso é julgado. Se, ao final, entender a Autoridade Marítima de segunda instância que a pena não deveria ter sido aplicada ou que a dosimetria foi exagerada, já terá o profissional cumprido a injusta penalidade, com a verificação de danos materiais e morais irreparáveis, vez que no período de suspensão não pôde exercer o labor com o qual produz o seu sustento e de sua família.

Portanto, o recurso, *concessa maxima venia*, deveria ser recebido nos dois efeitos, tanto devolutivo quanto suspensivo, a fim de se elidir que o possível infrator utilize-se do remédio jurídico adequado para o caso – o mandado de segurança. É o que se depreende da leitura, a contrário senso, do texto legal: "Art. 5º Não se concederá mandado de segurança quando se tratar: I – de ato do qual caiba recurso administrativo com efeito suspensivo, independentemente de caução" (Lei n. 12.016/2009).

Mesmo amparada em lei, a decisão de receber o recurso tão somente no efeito devolutivo (Lesta, art. 24, § 1º) desafiará o *Writ*, consoante doutrina[1] e jurisprudência pacificadas: "Súmula n. 266 do STF: Não cabe mandado de segurança contra lei em tese. É cabível o mandado de segurança se a lei gera situação específica e pessoal, sendo, por si só, causa de probabilidade de ofensa a direito individual" (*RSTJ* 8/438).

Por óbvio que da decisão final da Autoridade Marítima caberá sempre o reexame pelo Poder Judiciário, em conformidade com o imperativo exarado no art. 5º, XXXV, da Carta Magna. Se proposta ação anulatória, cumulada com ação de indenização, poderá a União ser condenada ao pagamento de perdas e danos, bem como o ato administrativo ser considerado nulo.

1 NEGRÃO, Theotônio e GOUVEIA, José Roberto F. *Código de Processo Civil e legislação processual em vigor*, p. 1.813.

Assim, espera-se que a Autoridade Marítima pondere sobre a possibilidade de alteração da Lesta, nesse particular, e julgue sua conveniência.

2 Do ato ilícito como prejudicial do mérito administrativo

Ao se tratar dos fatos da navegação (Capítulo 4, item 2.6), identificou-se uma questão que merece aprofundamento, na medida em que há dissídio entre o posicionamento deste autor e a atual política adotada nos acórdãos do Tribunal Marítimo (TM). Portanto, há, pelo menos, duas interpretações antitéticas do mesmo dispositivo legal, uma doutrinal e outra jurisprudencial. Necessário se faz a busca do pensamento que animou os elaboradores da lei em comento, ou seja, urge revelar-se a vontade contida na norma jurídica. Pede-se vênia para se reproduzir, com fito na interpretação teleológica, uma vez mais, o texto legal que considera, entre outros, fato da navegação (art. 15, *f*, da Lei Orgânica do Tribunal Marítimo – LOTM): "o emprego da embarcação, no todo ou em parte, *na prática de atos ilícitos, previstos em lei como crime ou contravenção penal, ou lesivos à Fazenda Nacional*" (originais não grifados). Grifou-se o que foi posto pelo legislador, de forma meridianamente explícita, como questão prejudicial de mérito. Parece proveitoso que se relembre o conceito e as características das questões prejudiciais, ainda que em rápida digressão, para, ao depois, retomar-se o processo marítimo.

2.1 Do conceito de prejudicialidade

Questão prejudicial é aquela que, carecendo de apreciação judicial, deve ser julgada antes de outra que por ela se encontre prejudicada no mérito, devendo a prejudicialidade ser resolvida no juízo competente em razão da matéria, podendo ele ser ou não o mesmo da causa principal.

Tourinho Filho,[2] analisando as questões prejudiciais na esfera do processo penal, com maestria, assim as conceitua: "Por questão prejudicial entende-se toda questão de valoração jurídica, seja de direito penal, seja extrapenal, que deve ser decidida antes da questão principal chamada, por isso mesmo, prejudicada".

2 *Manual de processo penal*, p.164.

2.2 Das características da questão prejudicial

a) deve ser julgada antes da questão principal;
b) seu não julgamento prejudica o mérito da principal;
c) é sempre de valoração jurídica;
d) pode existir autonomamente, sem o caráter de prejudicialidade;
e) requer o sobrestamento do feito principal até o seu trânsito em julgado.

Esclarecedor é o exemplo clássico, normalmente usado pelos doutrinadores, que se toma emprestado: se certo homem está sendo processado por crime de bigamia (art. 235 do Código Penal – CP) e, em sua defesa, alega que seu primeiro casamento é nulo. A alegação é questão prejudicial e precisa ser julgada na esfera cível, devendo o juiz penal determinar o sobrestamento do feito principal, em razão da prejudicialidade, esculpida no art. 235, § 2º, do CP.

Ora, se o primeiro casamento for realmente nulo, na verdade ele nunca existiu e, se nunca existiu, não há que se falar em impedimento causador do crime de bigamia. Por conseguinte, é questão a ser julgada e resolvida antes da causa principal, amoldando-se às características anteriormente arroladas.

Não é outra a determinação do art. 92 do diploma processual penal:

> Art. 92. Se a decisão sobre a existência da infração depender da solução de controvérsia, que o juiz repute séria e fundada, sobre o estado civil das pessoas, o curso da ação penal ficará suspenso até que no juízo cível seja a controvérsia dirimida por sentença passada em julgado, sem prejuízo, entretanto, da inquirição das testemunhas e de outras provas de natureza urgente.

No exemplo mencionado, a questão principal deve aguardar o julgamento da prejudicial na esfera cível, entretanto, a lógica jurídica aponta para situações outras, em que a prejudicial pode estar inserta na esfera administrativa.

Cristalino o exemplo ofertado, em sala de aula, pelo festejado professor Antonio Santoro, extraído de sua prática como criminalista, que se pede vênia para reproduzir:

> Sócios de uma determinada empresa estavam sendo denunciados pela prática de crime contra a ordem previdenciária (art. 168-A do CP), entretanto, o processo administrativo de lançamento do crédito previdenciário ainda estava em curso.
>
> Por óbvio que a questão administrativa tornava-se prejudicial do mérito. Se a ação penal fosse julgada procedente e, ao depois, a Administração Pública entendesse que o crédito previdenciário não existia, haveria teratologia jurídica imposta. Os sócios seriam condenados criminalmente pela prática de um delito cujo fato ilícito, elementar do tipo penal, não ocorreu.

Eis a precisa pena do jurista que se comenta em excelente obra sobre o assunto:

> Destarte, à luz do princípio da ofensividade, somente as condutas que lesem o crédito tributário podem ser consideradas penalmente relevantes. Este fato por sua vez somente ocorre quando o crédito tributário é definitivamente constituído pelo lançamento que se aperfeiçoa com a decisão irrecorrível na esfera administrativa. [...]
>
> Portanto, até o julgamento definitivo na esfera administrativa do lançamento realizado pelo fiscal, não há fato típico na esfera penal, porquanto ainda não existe crédito tributário, que é o bem jurídico protegido pela norma penal, seja dos tipos penais da Lei n. 8.137/90 (arts. 1º e 2º), seja dos tipos do art. 168-A do Código Penal.[3]

Vale gizar que, na hipótese averbada, o juiz penal determina o sobrestamento do feito principal, para aguardar decisão definitiva da esfera administrativa. A questão não é de hierarquia, mas de prejudicialidade estabelecida pela elementar do tipo.

Portanto, em nada estaria apoucado o TM se, em via reversa, fizesse sobrestar seus feitos para aguardar decisão da esfera penal. Ao contrário, estaria demonstrando a interação desejada por sua lei orgânica, que define o TM como órgão auxiliar do Poder Judiciário. Nada mais lúcido do que o auxiliar interagir e respeitar o poder a ele jungido.

---

3 SANTORO, Antonio Eduardo Ramires. *Teoria da progressividade do bem jurídico constitucional e a relação entre as instâncias administrativas e penal nos crimes previdenciários*. Disponível em www.scribd.com/doc/48042906, p.60-2; acessado em 28.02.2012. Para os amantes da filosofia jurídica, recomenda-se a leitura completa dessa obra do Professor Doutor Antonio Santoro, em razão da profundidade com que a matéria é abordada.

2.3 Da prejudicialidade inserta no fato da navegação

Após a necessária digressão, e de volta aos trilhos do direito processual marítimo, não há como negar que o ato ilícito, tipificado na esfera penal, seja elementar do tipo administrativo. E, se elementar do tipo, é questão prejudicial a ser julgada antes da principal e em juízo competente.

Assim, para que seja caracterizado o fato da navegação, *sub studio,* faz-se necessária a prova do ato ilícito, como condição *sine qua non*. O ato ilícito é, portanto, prejudicial de mérito, vez que é elementar do tipo administrativo. Ora, o fato da navegação é o uso da embarcação para a prática de atos ilícitos, previstos em lei como crimes ou contravenções penais, por conseguinte, aquele não existirá sem a prática destes.

Como é cediço, a prova de ato ilícito, no ordenamento pátrio, só se faz com condenação transitada em julgado, em respeito ao princípio constitucional da presunção de inocência. Nesses casos, a boa prática processual requer o sobrestamento do feito até que se tenha decisão final, da qual não mais caiba recurso, apontando para a prática do ato ilícito. É como soa a dicção do imperativo constitucional que declara que ninguém será considerado culpado até o trânsito em julgado de sentença penal condenatória (art. 5º, LVII, da Constituição Federal – CF).

Obtempera-se, ainda, que quando o legislador admitiu a prejudicialidade, por meio de crimes ou contravenções previstos em lei, por seu caráter genérico, não quis tão só a suposição de contrabando e descaminho (art. 334 do CP), mas todo e qualquer crime ou contravenção, ainda que aqueles tenham sido largamente praticados em tempos passados. Pode alguém fazer uso de uma embarcação para a prática de homicídio? A resposta há de ser afirmativa. Pode-se, assim, conjecturar: alguém, planejando a morte de outrem, contrata um pescador experiente que, com ele participando da empreitada criminosa, leva para alto-mar a vítima. Após os trâmites normais, verificam-se duas ações em curso: uma na esfera penal e outra na administrativa pelo uso de embarcação para prática de ilícito penal (homicídio).

O TM, desconsiderando a prejudicialidade pela elementar do tipo, julga e condena o pescador, com base no art. 15, *f*, da LOTM. A ação penal, mais lenta e dois anos após ter sido prolatado o acórdão administrativo, julga improcedente a ação, tendo em vista ter restado provado que o crime não ocorreu, já que a vítima, desaparecida e supostamente assassinada no barco, apareceu. Durante a instrução penal, o caso foi esclarecido, apontando para um arrependimento eficaz do pescador, demonstrando que sua participação não passou de ajuste e o crime sequer foi tentado, estando o acusado coberto pelo manto dos permissivos dos arts. 15 e 31 do CP.

Ora, essas particularidades do direito penal reclamam juízo competente, daí a necessidade de sobrestamento do feito na esfera do TM.

Portanto, se o ato ilícito não restou provado nos moldes constitucionais; se o que se tem são tão somente inquéritos policiais, denúncias do Ministério Público (MP) ou sentenças recorríveis, não se tem ainda ato ilícito praticado. E, sem ato ilícito, não há que se falar em fato da navegação pelo emprego da embarcação na prática de ato ilícito.

Assim, *data maxima venia*, parece ter andado mal o TM no julgamento do processo n. 13.056/91, do qual se extrai a seguinte porção:

> [...] Por determinação desta julgadora, a Justiça Federal da Primeira Instância foi oficiada no sentido de remeter a esse Juízo as conclusões da denúncia oferecida contra os indiciados no inquérito instaurado pela Polícia Federal.
>
> Cópia da denúncia foi juntada com vistas à Procuradoria Especial da Marinha e Excelentíssimo Juiz-Revisor;
>
> I – Preliminares
>
> Primeira: rejeitada, tendo em vista que o Tribunal Marítimo não extrapolou sua jurisdição administrativa, visto que se limitou a julgar o emprego da embarcação somente para a prática de ato ilícito e não crime de descaminho conforme fez crer a defesa. [...]
>
> Assim,
>
> Acordam os Juízes do Tribunal Marítimo, por unanimidade: a) quanto à natureza e extensão do fato: utilização de embarcação mercante para a prática de ato ilícito; b) quanto à causa determinante: transporte de mercadorias desacompanhadas de manifesto ou documentos de importação; c) decisão: responsabilizar os representados, dando-os como incursos no art. 15, *f*, da Lei n. 2.180/54, aplicando-lhes, respectivamente, a multa de Cr$ 5.000,00 (Cinco mil Cruzeiros). Rejeitadas as preliminares. Custas na forma da lei.
>
> P.C.R.
>
> Rio de Janeiro, RJ, em 4 de julho de 1991.
>
> Edson Ferracciú, Vice-Almirante (RRm) Juiz-Presidente.
>
> Vera Lúcia de Souza Coutinho, Juíza-Relatora.

No entendimento deste autor, o TM julgou o fato da navegação, admitindo a existência do crime de descaminho (art. 334 do CP), com base na frágil denúncia, sequer, àquela altura, apreciada pelo Poder Judiciário.

Ora, se não se podia ter certeza da prática do *ato ilícito*, por força do imperativo constitucional, não se podia julgar o emprego da embarcação na prática de *ato ilícito*, eis que aquele é núcleo deste ou elementar do tipo, como dito anteriormente.

Cristalino está que não haverá emprego da embarcação na prática de ato ilícito, sem que haja o ilícito comprovado, por meio do devido processo legal, consoante o comando do art. 5°, LIV, da Carta Magna, comando este que não pode e nem deve ser negligenciado pelo TM.

Repita-se, a melhor prática processual, para a hipótese estudada, reclama o sobrestamento do feito. Imagine-se a teratologia jurídica, possível no caso do acórdão apresentado: se, após a decisão do TM em condenar os representados, fossem os indiciados absolvidos da acusação do crime de descaminho ou restasse provada a inexistência do crime. Nessa hipótese, não existiria ato ilícito, mas haveria condenação pelo emprego da embarcação na prática de ato ilícito que não ocorreu.

Ora, o TM é órgão auxiliar do Poder Judiciário, razão por que deve caminhar na mesma cadência deste. Invadir competência de juízo diverso, em razão da matéria, é prática que não guarda relação de pertinência com a ideia de justiça.

Se o TM espera que sua Lei Orgânica seja respeitada nas esferas judiciais, sobretudo na questão de sua competência para julgar acidentes e fatos da navegação; se espera, ainda, que os juízes da justiça comum atentem para o art. 19 da LOTM, quando da hipótese, fazendo juntar aos autos as decisões definitivas do colegiado do mar, deveria de igual modo respeitar a competência de juízos outros.

Finalmente, espera este autor que os competentes juízes que compõem a Corte Marítima possam, divorciados de qualquer preconceito, debruçar nessa importante questão para que seus acórdãos continuem a gozar de prestígio e respeito.

3 Da violação da independência funcional dos representantes da Procuradoria Especial da Marinha (PEM)

Quando foram abordadas as possibilidades de instauração do processo marítimo, afirmou-se, no item 1.1.1 do Capítulo 6, que o representante da PEM, ao receber o inquérito, possui liberdade funcional para entender pelo arquivamento do processo. Porém, tendo o TM entendimento diverso, o procurador está obrigado a oferecer a representação, a teor dos arts. 50 e

52 da LOTM. No aviso deste autor, essa imposição do TM é clara violação de direitos constitucionais. Explica-se a seguir.

No que toca a esse particular, o rito processual do TM não guarda relação de pertinência com o sistema acusatório, adotado pelos Estados Democráticos de Direito, estando inserto na Carta Política brasileira, em seu art. 129, I: "Art. 129. São funções institucionais do Ministério Público: I – promover, privativamente, a ação penal pública, na forma da lei".

O sistema inquisitivo, há muito tempo, foi banido do ordenamento jurídico brasileiro, restando, entretanto, algumas sequelas que, aos poucos, vão sendo extirpadas, na ocasião das necessárias reformas. A tolerância a qualquer dessas sequelas desonra os profissionais do Direito e faz reviver as atrocidades do passado. Os amantes da história lembram que, após a acusação de Joana D'Arc (França, 1431), foi-lhe dada a inconcebível oportunidade de escolher seus defensores entre seus próprios acusadores. Como se sabe, decidiu a donzela advogar em causa própria, defendendo-se sozinha, restando-lhe o triste destino da fogueira.

Voltando-se ao rito processual *sub studio*, identifica-se como sequela inquisitiva o fato de o Tribunal ordenar a representação, na promoção por arquivamento da PEM. O Código de Processo Penal (CPP), conformando-se à Carta Maior, entendeu definitivamente ser o MP o *dominus littis*, deixando a decisão final de arquivamento do inquérito policial a cargo do *parquet*; é o que se depreende da inteligência do art. 28 do diploma processual penal:

> Art. 28. Se o órgão do Ministério Público, ao invés de apresentar a denúncia, requerer o arquivamento do inquérito policial ou de quaisquer peças de informação, o Juiz, no caso de considerar improcedentes as razões invocadas, fará remessa do inquérito ou peças de informação ao Procurador-Geral, e este oferecerá a denúncia, designará outro órgão do Ministério Público para oferecê-la, ou insistirá no pedido de arquivamento, ao qual só então estará o Juiz obrigado a atender.

Indo além do que se busca nesta obra, está a doutrina de Paulo Rangel,[4] que, no desejo de um sistema acusatório puro, assevera:

4 *Direito processual penal*, p.184-5.

> [...] sustentamos que o promotor de justiça que requereu o arquivamento não deve ficar à frente de eventual ação penal que for proposta pelo Procurador-Geral de Justiça, por já se ter manifestado contrário à mesma. Neste caso, a sociedade tem a garantia de que aquele que requereu o arquivamento não funcionará no processo que, eventualmente, for instaurado. Ao mesmo tempo, à luz ainda do garantismo penal, o juiz que indeferiu o arquivamento não deve presidir o processo que for instaurado. Assim, há uma dupla garantia constitucional: o promotor que requereu o arquivamento não funcionará no processo que for instaurado (garantia para a sociedade) e o juiz que indeferiu o arquivamento não presidirá o processo instaurado (garantia para o acusado).

Mantendo-se o caráter ontológico, se o TM entender pelo prosseguimento do processo, discordando do pedido de arquivamento, deve remetê-lo ao chefe dos procuradores da PEM, que oferecerá representação, designará outro procurador para oferecê-la ou insistirá no pedido de arquivamento. Se a promoção final do *parquet* marítimo for pelo arquivamento, sendo a Procuradoria a *dominus littis*, deve o TM atender ao pedido, arquivando o processo. Ou dará prosseguimento ao feito, se no prazo legal houver representação de parte. Na hipótese de decadência em desfavor da iniciativa privada, deverá o TM arquivar definitivamente o processo.[5]

Postula-se por esse procedimento, em harmonia com o direito processual penal. Ora, dissentindo o juiz da apreciação feita pela PEM, que se recusa a oferecer representação, não pode o TM obrigar a fazê-lo, sob pena de violar o princípio do *ne procedat judex ex officio*, dogma do sistema acusatório.

Infere-se, portanto, que obrigar o representante da PEM a oferecer representação, quando sua promoção é pelo arquivamento, implica violação de sua independência funcional. Da inteligência do art. 28 do CPP colhe-se que nem mesmo o procurador-geral pode obrigar o promotor a retratar-se, devendo designar outro órgão do MP para oferecer a denúncia.

Eis a precisa pena de Tourinho Filho[6] em análise do artigo *sub studio*:

5 Para melhor reflexão do tema, recomenda-se a leitura concomitante do item seguinte que trata da prescrição e da decadência.

6 *Manual de processo penal*, p.399.

Pergunta-se: poderá o Procurador designar o mesmo Promotor que pediu o arquivamento? A resposta há de ser negativa. E por duas razões: a) em virtude de expressa proibição legal, pois o art. 28 fala na designação de outro órgão do Ministério Público, excluindo, assim, a possibilidade de poder ser designado o mesmo órgão que pediu o arquivamento; b) porque seria violentar a consciência jurídica do Promotor de Justiça, obrigando-o à retratação.

Posiciona-se este autor no sentido de que essa alteração na LOTM se faz imperiosa a fim de se evitar que a independência funcional dos membros da PEM seja violada, obrigando-os a fazerem o que seus juízos condenam (*mutatis mutandi*, *v.* art. 127, § 1º, da CF).

4 Da decadência e da prescrição na LOTM

Necessário se faz explicar os motivos da inserção desses tópicos em obra de direito processual. Embora prescrição e decadência sejam institutos de natureza jurídica material, suas consequências refletem diretamente no direito processual, razão por que da decisão deste autor em rever seus princípios, na tentativa de encontrar solução lógico-jurídica e exegese apropriada para o art. 20 da Lei n. 2.180/54.

Mais uma vez, buscar-se-á a identidade ontológica do processo marítimo com o processo penal, a princípio revendo os institutos à luz do direito penal, para, ao depois, percebê-los no processo marítimo por cotejo.

4.1 Da decadência

No direito penal, apesar de a decadência estar relacionada como causa de extinção de punibilidade (art. 107, IV, do CP), na verdade, o que ela extingue é tão só o direito de se dar início à persecução penal em juízo. Portanto, opera-se a decadência quando o ofendido perde o direito de promover a ação penal ou de oferecer a representação.

Assim, a decadência não atinge diretamente o direito de punir, já que ele é exclusivo e indelegável do Estado. Porém, como a lei, para determinados crimes, condiciona o início da ação à iniciativa privada, se esta não a promover, decairá do direito de fazê-lo, e o Estado estará de mãos atadas, não podendo exercer o *ius puniendi* (o direito de punir). Esclarecedor é o exemplo de Fernando Capez:[7]

> No crime de estupro sem violência real (CP, art. 213), a ação penal é privada (art. 225, *caput*). Se o representante legal não oferece a queixa dentro do prazo decadencial, ou seja, 6 meses a contar do conhecimento da autoria, perde o direito de fazê-lo. Se tomou conhecimento na data do crime e permaneceu inerte durante o prazo de 6 meses, nesse caso o Estado não perdeu o direito de punir, o que só ocorrerá 16 anos após o crime (pena máxima de 10 anos = a prescrição se opera em 16 anos), mas fica impossibilitado de satisfazer o *ius puniendi*. Assim, a decadência, embora não afaste diretamente a punibilidade, tornou impossível o seu exercício, extinguindo-a indiretamente.

No processo marítimo, a decadência é tratada no art. 41 da LOTM. Estabelece a alínea *a* do § 1° que, havendo acidente ou fato da navegação, o Estado tem o prazo de 180 dias para fazer chegar ao TM o respectivo inquérito. Permanecendo o Estado inerte e decorrido o prazo, o processo poderá ter início pela iniciativa privada, por meio de representação, até trinta dias, contados a partir do término do prazo dado ao Estado. Esgotados os trinta dias subsequentes, não poderá mais a iniciativa privada provocar o TM para dar início ao processo, decaindo assim do seu direito.

Poderá, também, o processo marítimo estabelecer-se pela iniciativa privada se a promoção da PEM for pelo arquivamento. Nessa hipótese, o prazo decadencial será de dois meses, contados a partir do dia em que os autos voltarem da Procuradoria (art. 41, § 1°, *b*).

Por último, o processo começará pela iniciativa privada se esta desejar representar em face de pessoa diferente daquela que constar da representação feita pela PEM. Caso em que o prazo decadencial será de três meses, contado a partir do dia da abertura da instrução, ou até a data de encerramento do processo, se menor for a sua duração (art. 41, § 1°, *b*, *in fine*).

No processo marítimo, ao contrário do processo penal, não há a diferenciação de infrações, em que, para algumas, é exigida a iniciativa do ofendido. Vale dizer que, na hipótese de acidente ou fato da navegação, o Estado poderá dar início ao processo a qualquer tempo, não estando acorrentado

7 *Curso de direito penal. Parte geral*, v.1. p.559.

ao ofendido, tampouco às peias da decadência. No paralelo traçado, é como se toda ação fosse pública incondicionada.

Percebe-se, por conseguinte, que não há dificuldades, tampouco polêmicas até esse ponto. Infelizmente, o mesmo não se verifica quando se trata da prescrição, como se pretende demonstrar a seguir.

4.2 Da prescrição

Não seria justo, tampouco jurídico, que o responsável por um acidente ou fato da navegação permanecesse pelo resto da vida na expectativa de ser punido. Atendendo ao princípio da segurança e da estabilidade das relações jurídicas, o instituto da prescrição deve, também, ser disciplinado no direito marítimo, com a devida repercussão no respectivo processo. Pretende-se preencher o vazio legal deixado pela LOTM, utilizando-se como ferramentas os princípios gerais do direito e a equidade.

Usando-se, ainda, do direito penal, paradigma ontológico necessário, ocorrido o fato delituoso, nasce para o Estado o *ius puniendi*. Entretanto, esse direito não pode se constituir em uma espada de Dámocles, pairando sobre a cabeça do infrator perpetuamente, sob pena de se aniquilar os princípios constitucionais da segurança jurídica e da dignidade da pessoa humana.

Por essa razão, os Estados Democráticos de Direito se autolimitaram, no que tange ao direito de punir, estabelecendo critérios com base no lapso temporal. Nesse diapasão, dentro de determinado espaço de tempo prefixado, estará o Estado legitimado a aplicar a sanção adequada; fora dele deverá exercitar *obrigatoriamente* sua autolimitação. É este o espírito do instituto da prescrição, na precisa pena de Cezar Bitencourt:[8] "Pode-se definir prescrição como a perda do direito de punir do Estado, pelo decurso de tempo, em razão do seu não exercício, dentro do prazo previamente fixado".

Do mesmo modo retine o festejado magistério de Rogério Greco:[9]

> Desta forma, poderíamos conceituar a prescrição como o instituto jurídico mediante o qual o Estado, por não ter tido capacidade de fazer valer o seu direito de punir em determinado espaço de tempo previsto pela lei, faz com que ocorra a extinção da punibilidade.

---

8 *Tratado de direito penal. Parte geral*, p.712.

9 *Curso de direito penal. Parte geral*, p.731.

Dos conceitos apontados, extrai-se que a prescrição extingue o direito do Estado de punir, sendo, assim, causa extintiva da punibilidade, a teor do art. 107, IV, do CP.

Do exposto até aqui, pode-se distinguir a prescrição da decadência nos seguintes termos: a prescrição atinge em primeiro lugar o direito de punir do Estado e, em seguida, o direito de ação (se a ação se inicia para a satisfação do direito e se este – *ius puniendi* – já não mais existe, o processo perde o seu objeto). Já a decadência, ao contrário, alcança a princípio o direito de ação e, ao depois, por consequência, o Estado perde o direito de punir, na medida em que o direito só pode ser exercido por meio do devido processo legal.

A Constituição Cidadã de 1988 consagrou a regra da prescritibilidade como garantia de direito individual, razão por que as hipóteses de imprescritibilidade não podem ser ampliadas, nem mesmo por Emenda Constitucional, vez que se trata de cláusula pétrea, pertencente ao núcleo constitucional intangível (art. 60, § 4º, IV, da CF).

Decidiu, assim, a Carta Política admitir tão somente duas hipóteses de imprescritibilidade: os crimes de racismo e as ações de grupos armados, civis ou militares, contra a ordem constitucional e o Estado Democrático, consoante seu art. 5º, XLII e XLIV.

Entendida a garantia individual, há de haver prescrição para toda e qualquer infração, excetuando-se tão só as duas hipóteses constitucionais. Justo ou não, conclui-se que mesmo os crimes mais cruéis, como tortura e os considerados hediondos, são prescritíveis. Admite-se, ainda, a validade da convenção sobre a imprescritibilidade dos crimes de guerra e dos crimes contra a humanidade, adotada pela Resolução n. 2.391 da Assembleia Geral da ONU, em 1968, que passou a vigorar em novembro de 1970.

Voltando-se aos trilhos do processo marítimo, percebe-se que a pretensão do Estado de punir os responsáveis pelos acidentes e fatos da navegação é, indubitavelmente, prescritível, por força do imperativo constitucional das garantias individuais. A lógica jurídica é a mesma: não se poderia impor eternamente aos responsáveis a tortura da possibilidade de punição.

Se a LOTM se fez lacunosa, nesse particular, e se o seu art. 20 requer exegese aprofundada para se expurgar a sua opacidade, necessário se faz enfrentar a *quaestio vexata,* na tentativa de se desatar o nó jurídico imposto. Estabelece o art. 20 da LOTM: "Não corre a prescrição contra qualquer dos interessados na apuração e nas consequências dos acidentes e fatos da navegação por água enquanto não houver decisão definitiva do Tribunal

Marítimo". Percebe-se, com clareza meridiana, que a interpretação literal desse artigo encontra-se em rota de colisão com o imperativo constitucional da prescritibilidade, vez que as infrações administrativas não constam nem poderiam constar das exíguas exceções constitucionais de imprescritibilidade, conforme já exposto.

Se a interpretação for literal, terá caráter de imprescritibilidade. Explica-se: se o único artigo da Lei n. 2.180/54 que aborda a prescrição é o que se analisa, de plano se observa que ele não trata de prazo determinado, tão só estabelece que a prescrição não correrá até decisão final do TM (prazo indeterminado).

Assim, pode-se imaginar que se o processo nunca for instaurado, obviamente, nunca será concluído e, se nunca for concluído, nunca correrá a prescrição contra os interessados. Eis, aí, a possibilidade de imprescritibilidade. Eis, aí, o gládio de Dâmocles eternamente posto sobre a cabeça do responsável pelo fato ou acidente da navegação. Se essa for a linha de hermenêutica, cristalino está que o art. 20 da LOTM não foi recepcionado pela CF de 1988.

No aviso deste autor, o artigo *sub studio* reclama interpretação teleológica. Qual teria sido a verdadeira motivação do legislador ao trazer à existência o texto do art. 20? Qual a sua *teleios* (do grego, finalidade)? Não parece lógico que tenha havido intenção do legislador de se estabelecer a imprescritibilidade em sede administrativa, o que seria teratológico, mesmo antes da promulgação da CF de 1988. O que se buscou, ainda que não se tenha feito de forma palmar, foi estabelecer a interrupção da prescrição, enquanto o processo marítimo estivesse em curso.

Portanto, a lógica jurídica caminha no sentido de se harmonizar o art. 20 da LOTM com a Carta Magna e combiná-lo com o art. 155 da própria Lei Orgânica: "nos casos de matéria processual omissos nesta lei, serão observadas as disposições das leis de processo que estiverem em vigor".

Assim, a melhor exegese aponta para a seguinte acomodação: quis o legislador tratar de interrupção da prescrição, e não de imprescritibilidade. E, quanto ao prazo prescricional e aos requisitos para a sua interrupção, devem ser colhidos na legislação processual vigente.

Aceita a interpretação teleológica, resta definir o prazo prescricional e o modo de interrupção dele. Se o olhar do intérprete-aplicador se desloca para o direito penal, verifica-se que os prazos prescricionais são distintos dependendo da gravidade do crime, regulando-se pelo máximo da pena privativa de liberdade, consoante o art. 109 do CP. Percebe-se que esse paradigma não se presta ao processo marítimo.

Os prazos estabelecidos no Código Civil (CC), ainda que não seja o melhor parâmetro, são também diferenciados, dificultando sua utilização no processo marítimo, a menos que se adotasse o dispositivo genérico do art. 205, regulador de situação em que a lei especial se faz silente: "A prescrição ocorre em dez anos, quando a lei não lhe haja fixado prazo menor". Posiciona-se este autor no sentido de que o melhor cotejo, nesse particular, faz-se com o processo administrativo. Se a hipótese é de pretensão punitiva da Administração Pública Federal, já que o TM é órgão do Poder Executivo, a lacuna deixada pela Lei n. 2.180/54 deve ser preenchida pelo disposto na Lei n. 9.873/99, que preconiza prazo prescricional de cinco anos:

> Art. 1º Prescreve em cinco anos a ação punitiva da Administração Pública Federal, direta e indireta, no exercício do poder de polícia, objetivando apurar infração à legislação em vigor, contados da data da prática do ato ou, no caso de infração permanente ou continuada, do dia em que tiver cessado.

Já era esse o pensamento do ilustre administrativista Carvalho Filho:[10] "O melhor entendimento, no entanto, é o que considera que a prescrição, em se tratando de direitos pessoais, se consuma no prazo em que ocorre a prescrição judicial em favor da Fazenda, ou seja, o prazo de cinco anos".

Quanto ao modo de interrupção do prazo prescricional, de forma genérica, as leis processuais determinam a interrupção do prazo pela citação válida. Para o processo marítimo, deve-se entender o prazo interrompido pela citação feita regularmente nos moldes da LOTM e do Regimento Interno do Tribunal Marítimo (RITM).

Infelizmente, a questão da prescrição não tem sido adotada pelo TM conforme a posição aqui defendida, caracterizando-se o instituto da imprescritibilidade, gerando, assim, a insegurança jurídica, em desrespeito ao comando constitucional. Espera este autor que essas reflexões sejam motivo de discussões e aprofundamento do tema, para que o processo marítimo possa prosseguir em rumo seguro e com água suficiente sob a quilha.

---

10 *Manual de direito administrativo*, p.775.

5 Da validade e da eficácia das decisões do TM

Haveria total desnecessidade de se abordar este tópico não fosse o fato de ser ele mal compreendido por parte de alguns poucos profissionais do Direito. Aqueles que militam no especializado ramo do direito marítimo, muitas vezes, veem suas lides sobrestadas na esfera cível, aguardando decisão do TM, no sentido de robustecer o convencimento do magistrado. Para alguns advogados da área, tal fato ganha *status* de irritabilidade. Exemplificando, destaca-se extrato do texto de coautoria do Dr. Paulo Henrique Cremoneze:[11]

> Na verdade, os "julgamentos" do Tribunal Marítimo são pareceres técnicos, ora de maior, ora de menor importância, mas, sempre e tão só, pareceres técnicos, donde se infere que as decisões do aludido órgão colegiado administrativo são extremamente limitadas [...]. Tanto assim que as decisões do Tribunal Marítimo não fazem "coisa julgada". Em verdade, sequer a garantia constitucional do segundo grau de jurisdição encontra-se presente nas decisões do Tribunal Marítimo, sendo isso mais um argumento favorável a delimitação de sua natureza como a de simples pareceres técnicos [...]. A decisão do Tribunal Marítimo não pode, salvo casos específicos, influenciar diretamente e exclusivamente o convencimento do Estado-Juiz sob pena de, conforme o caso concreto, ferir os princípios básicos da responsabilidade civil que regem o ordenamento jurídico.

Com todo respeito ao ilustre professor, as decisões finais do TM não têm natureza jurídica de pareceres técnicos, mas de coisa julgada administrativa, sendo, portanto, decisões definitivas no âmbito administrativo, com força para apontar responsáveis, aplicando-lhes as penalidades cominadas em lei. Parecer técnico não tem força para julgar, muito menos para punir, conforme se depreende da dedução lógica extraída pelo simples conhecimento etimológico dos vocábulos usados pelos articulistas.

Ainda, a alegação de que não há segundo grau de jurisdição no TM demonstra, *data maxima venia*, necessidade de revisão da matéria. Explica-se:

---

11 "A relativização das decisões do tribunal marítimo nas lides forenses envolvendo o direito marítimo", disponível em https://jus.com.br/revista/texto/6856/a-relativizacao-das-decisoes-do-tribunal-maritimo-nas-lides-forenses-envolvendo-o-direito-maritimo; acessado em 22.08.2012.

estaria o presidente da República privado do segundo grau de jurisdição, se cometesse infração penal comum, já que a competência para julgá-lo é originária do Supremo Tribunal Federal? Obviamente que não. Os recursos em segundo grau de jurisdição seriam analisados pelo próprio STF, com composição distinta daquela formada por ocasião do julgamento recorrido.

No TM, de igual modo, os recursos em segundo grau de jurisdição são julgados pelo mesmo órgão, sendo nomeados novos relator e revisor, para que o TM tome nova decisão ou mantenha a decisão anteriormente prolatada.

Portanto, o equívoco e a dúvida seriam perdoáveis, entretanto, a afirmação parece de todo iníqua. Eis a palavra da abalizada doutrina de Paulo Rangel,[12] certamente conhecida dos articulistas sob análise:

> A expressão devolutivo causa uma certa perplexidade quando se observa que o juízo *a quo* não pode devolver aquilo que nunca lhe emprestaram, pois a causa nunca esteve no juízo *ad quem* (Tribunal). Porém, tal significado tem origem no sistema processual inquisitivo, onde todas as funções (acusar, julgar e defender) concentravam-se nas mãos do monarca ou do príncipe. Assim, o monarca ou príncipe era o depositário da jurisdição penal, possuindo todo o poder de julgar; e como o grande número de casos não lhe permitia exercê-lo direta e pessoalmente, delegava suas funções judicantes a funcionários subalternos e as reassumia quando era necessário. Neste caso, quando um cidadão recorria da decisão do funcionário, devolvia ao monarca ou ao príncipe o reexame da decisão, fazendo nascer, assim, o efeito devolutivo. [...] Efeito devolutivo significa dizer que a interposição do recurso devolve (entrega), ao órgão jurisdicional apontado na lei como o competente para reexaminar a questão, toda a matéria objeto do recurso (cf. art. 512 do CPC). O Tribunal poderá reexaminar toda a matéria, ou parte dela, surgindo, assim, a apelação plena ou limitada (cf. art. 599). Porém, nem sempre o recurso entrega o reexame da questão ao órgão superior, *pois casos existem em que o próprio órgão que proferiu a decisão reexamina-a*, como nos recursos de protesto por novo júri. [original não grifado]

Por último, quanto à afirmação de que a decisão do TM não pode influenciar o convencimento do Estado-Juiz, é completamente descabida e não guarda relação de pertinência com o próprio texto da LOTM:

---

12 *Direito processual penal*, p.720-1.

> Art. 1º O Tribunal Marítimo, com jurisdição em todo o território nacional, órgão autônomo, auxiliar do Poder Judiciário [...] tem como atribuições julgar os acidentes e fatos da navegação marítima, fluvial e lacustre e as questões relacionadas com tal atividade, especificadas nesta Lei.
>
> [...]
>
> Art. 18. As decisões do Tribunal Marítimo, quanto à matéria técnica referente aos acidentes e fatos da navegação têm valor probatório e se presumem certas, sendo porém suscetíveis de reexame pelo Poder Judiciário.
>
> Art. 19. Sempre que se discutir em juízo uma questão decorrente de matéria da competência do Tribunal Marítimo, cuja parte técnica ou técnico-administrativa couber nas suas atribuições, deverá ser juntada aos autos a sua decisão definitiva.

Ora, como não influenciar a decisão do Poder Judiciário se o TM é seu órgão auxiliar? Se suas decisões têm valor de prova técnica, produzida em tribunal especializado e, mais, presumem-se corretas? Assim, o magistrado, usando o princípio do livre convencimento, apreciará a decisão do TM, consoante seu estimado valor de prova expresso em lei.

De outra mão, para a hipótese remota de o Judiciário ignorar o julgado do TM, em caso de competência concorrente, espaço haverá para os recursos cabíveis, inclusive ação rescisória, como bem asseverou, em recente artigo, o Juiz Marcelo David Gonçalves,[13] da pretória Corte do Mar:

> Desta forma, o Judiciário poderá apoiar-se na decisão profundamente técnica do Tribunal Marítimo (por isso auxiliar do Poder Judiciário) no momento de definir responsabilidades cíveis ou criminais em processos de competência concorrente. Como, também, evitar-se-á natural ação rescisória, caso decida sem levar em conta prova fundamental (decisão de Corte Especializada) para o deslinde do litígio.

Resumindo, as decisões do TM fazem coisa julgada administrativa, podendo ser, por força de a sua própria lei orgânica, reexaminadas pelo Poder Judiciário. O reexame não diminui nem torna apoucada a decisão do colegiado do mar, eis que é garantia constitucional, no âmbito intangível da Carta Política. Entretanto, aquele que quiser modificar uma decisão do TM, na esfera do Judiciário, terá a herculana tarefa de ilidir prova robusta,

---

13 *O tribunal marítimo e o valor de seus acórdãos*, p.64.

vez que produzida perante tribunal especializado que goza de respeito tanto na comunidade marítima brasileira quanto na internacional.

Em consonância com esse pensamento, encontra-se o caudal da jurisprudência:

> REsp n. 38082/PR
> Relator Ministro Ari Pargendler
> Terceira Turma – 20.05.1999
> Ementa:
> *Civil. Responsabilidade civil. Tribunal marítimo. As decisões do Tribunal Marítimo podem ser revistas pelo Poder Judiciário; quando fundadas em perícia técnica, todavia, elas só não subsistirão se esta for cabalmente contrariada pela prova judicial.* Recurso especial conhecido e provido.
> Acórdão:
> Vistos, relatados e discutidos estes autos, acordam os Ministros da Terceira Turma do Superior *Tribunal* de Justiça, na conformidade dos votos e das notas taquigráficas a seguir, por unanimidade, conhecer do recurso especial e lhe dar provimento. Participaram do julgamento os Srs. Ministros Menezes Direito, Nilson Naves, Eduardo Ribeiro e Waldemar Zveiter. [original não grifado]

6 Análise técnica – náutica e jurídica – do naufrágio do Costa Concordia

Como se trata de desastre comovente que movimentou a mídia mundial recentemente, e ainda muito se dirá sobre o assunto após a publicação desta edição, este autor houve por bem dar aos cientistas náuticos, aos juristas especializados e aos demais profissionais ligados ao ramo da navegação marítima uma visão que, afastando-se daquela ofertada pelos canais midiáticos, possa aproximar os leitores da realidade vivida por aqueles de quem se espera profissionalismo, não necessariamente acompanhado de romantismo.

Por óbvio que cabe, aqui, um alerta no sentido de que o entendimento completo do caso só se terá após julgamento pelos órgãos especiais italianos, com base no princípio da territorialidade ou, até mesmo, pela abrangência do acontecimento e pela pluralidade de nacionalidades que compunha a lista de passageiros, depois de possíveis julgamentos outros, na conformidade das legislações envolvidas e dos tratados internacionais.

Verdade é que qualquer análise, antes do pronunciamento das decisões finais dos juízos competentes (administrativo, civil e criminal), será carecedora de emendas com base nos esclarecimentos que ainda nos faltam e só virão à tona após a abertura das gravações do passadiço (caixa preta) e dos resultados das perícias e decisões dos órgãos mencionados.

Portanto, embora seja cedo demais para conclusões definitivas, já está na hora de alguém, com lucidez náutica e jurídica, colocar fim às declarações irresponsáveis dos meios de comunicação que fazem do oficial da Capitania de Livorno um herói e do comandante do Costa Concordia, um bandido.

Com essas ressalvas necessárias, passa-se a dar ao caso tratamento técnico profissional, a partir do que se conhece até o momento em que se escreve.

6.1 Do navio e sua última viagem

O navio Costa Concordia era o maior e mais importante navio de passageiros da Costa Cruzeiros, possuindo as seguintes características: 114.500 toneladas de arqueação bruta, 290 metros de comprimento e 38 metros de boca (largura). Sua capacidade é de 4.890 pessoas (3.780 passageiros e 1.110 tripulantes), oferecendo 1.500 cabines. Foi construído pela Fincatieri-Cantieri Navali Italiani S.p.A, na cidade de Trieste, Itália, e entregue em julho de 2006. Atualmente, fazia cruzeiros pelo Mediterrâneo.

Em sua última viagem, antes do acidente, o transatlântico partiu do porto de Savona e passou pelas cidades de Marselha, Barcelona, Palma de Maiorca, Cagliari, Palermo e Civitavecchia. Desta última, navegava para o porto de origem do cruzeiro, quando colidiu com rochas submersas, nas proximidades da ilha de Giglio, na região da Toscana, na Itália.

6.2 Das normas internacionais para o *passage/voyage plan*

Antes de se iniciar qualquer viagem, o *brigde time* (oficiais que compõem a equipe de passadiço) traça nas cartas náuticas uma sequência de rumos, formando uma derrota.[14] O conjunto de traçados recebe o nome

---

14 O termo *derrota* é usado para designar o caminho traçado na carta náutica por onde o navio deve navegar, em conformidade com o plano previamente decidido pelo comandante.

internacional de *passage plan* (plano de passagem ou plano de viagem). Trata-se do equivalente ao plano de voo usado na aviação.

As regras para a confecção do *passage plan* foram estabelecidas pela *International Convention on Standards of Traininig, Certification and Watchkeeping for Seafarers* (STCW), em 1978, adotada pela Organização Marítima Internacional (IMO) em julho do mesmo ano, entrando em vigor a partir de 1984 e modificada pelas emendas de 1991, 1994 e 1995.

Entre outras regras, está a contida no A-VIII/2, parte 2, § 3º: "*The intended Voyage shall be planned in advance, taking into consideration all pertinent information, and any course laid down shall be checked before the voyage commences*".

Portanto, a viagem deve ser planejada com antecedência, considerando todas as informações pertinentes, e todos os rumos estabelecidos precisam ser verificados antes do início da viagem. O caminho deve passar a uma distância segura dos diversos perigos encontrados, como profundidades incompatíveis, ilhas, rochas (submersas ou não), boias, balizas e quaisquer outros sinais de auxílio à navegação.

A distância é calculada a partir do calado do navio, acrescentando-se a ele valores para compensar possíveis erros na determinação de profundidade das cartas, comprimento das ondas, efeito *squat* (variação do calado pela velocidade) etc. Acima do valor encontrado, acrescentam-se, ainda, 10% e, com isso, obtém-se um valor de profundidade mínima para uma navegação segura. Nos lugares onde se acharem profundidades inferiores à calculada, são feitos traços paralelos (hachuras) para marcarem as *no-go areas*, ou seja, áreas por onde o navio não poderá passar.

A relevância dessas informações aponta para o item seguinte, em que se questiona a correção das alegações de que o comandante teria navegado de forma arriscada, expondo o navio e os passageiros a perigo. Ora, o objetivo do *passage plan* é justamente a obtenção de uma travessia segura. Avança-se.

6.3 Da falácia de exposição do navio a perigo

"Manobra arriscada. Quis o comandante passar muito perto da ilha de Giglio para homenagear um dos tripulantes que lá morava", registrou uma revista de grande circulação no Brasil. Nada mais falacioso! Aquele era o rumo traçado na derrota e certamente de forma segura. Passar perto não significa navegar de forma irresponsável ou insegura. Ao contrário, às vezes, o caminho mais próximo de terra é o mais profundo e adequado.

Passar perto da costa é prática corriqueira dos navios de cruzeiro. Nessas passagens, é muito comum que o alto-falante do navio comunique aos passageiros detalhes do local e particularidades históricas dos pontos notáveis avistados durante a navegação. Ora, a ilha de Giglio é repleta desses pontos; há vários castelos e casas luxuosas que tornam agradável e até recomendável a passagem próxima.

Os que já fizeram algum cruzeiro marítimo podem atestar como verdade o que se diz. Na saída e na entrada do porto do Rio de Janeiro, por exemplo, há duas formas de passagem possíveis: uma mais larga, por isso chamada barra grande, e outra muito mais estreita, marcada por um canal que passa entre a ilha de Cotunduba e o Morro do Pão de Açúcar. É a alegria dos passageiros, nesse momento, ter a impressão de quase poder tocar o morro do famoso bondinho.

É possível dizer que há algum risco nisso? A resposta há de ser absolutamente negativa! Um acidente não pode, tampouco deve modificar o que se faz com absoluta segurança por décadas. A razão do acidente há de ser buscada com base na legislação pertinente e nos costumes da boa arte marinheira que, certamente, apontarão para suas verdadeiras causas. É o que se pretende demonstrar a seguir.

6.4 Da inverdade sobre mudança de rota

Outra inocente declaração da mídia foi a de que o comandante teria saído da rota programada pela Costa Cruzeiro para passar próximo à ilha de Giglio. Só aos leigos essa afirmação pode enganar. Os avanços tecnológicos permitem que a empresa proprietária acompanhe em tempo real a posição do navio pelo sistema de GPS, em suas confortáveis salas de controle.

A comunicação por satélite é direta, fazendo com que a empresa se comunique com o navio a qualquer tempo e hora. Fica a pergunta: se não estavam satisfeitos com o caminho escolhido pelo comandante, por que não o advertiram? Por que razão essa advertência também não foi feita nas viagens anteriores, em que o caminho escolhido e registrado sempre foi exatamente o mesmo?

A verdade é uma só e de perfeito conhecimento, pelo menos, dos especialistas. O armador ou afretador pode sugerir rotas, objetivando os interesses da empresa ou a economia de combustível, mas a decisão final da derrota a ser seguida é do comandante, gestor e responsável náutico. Portanto, quando o comandante passava próximo à ilha de Giglio, estava agindo dentro de suas prerrogativas e certamente com apoio de seus principais, na busca legítima de proporcionar aos passageiros a navegação mais agradável e prazerosa possível.

Passar próximo à ilha não significa alterar a rota, mas adaptá-la aos objetivos do cruzeiro. Fazia o que se espera de todos os comandantes de navios desse tipo: que proporcione uma navegação atraente e segura aos passageiros. Certamente, essa não seria a derrota ou o *passage plan* escolhido pelo comandante, se o seu navio fosse um graneleiro ou um petroleiro, por exemplo.

6.5 Da colisão: primeiro acidente

Se a causa do acidente não foi a decisão de passar próximo à ilha de Giglio, como encontrá-la? A resposta parece estar concentrada em uma possível sequência de erros humanos, situação conhecida pelos especialistas como *error chains* (cadeia de erros), que se tentará explicar. Antes, contudo, registra-se a preocupação deste autor em não fazer julgamentos precipitados, tampouco injustos, sem as informações que ainda faltam. Portanto, apresentam-se, aqui, apenas conjecturas dentro da boa técnica náutica. Com essas ressalvas necessárias, continua-se.

A derrota é marcada por vários pontos de mudança de rumos (*waypoints*). Ou seja, o traçado é composto de várias retas que demonstram os vários rumos a serem seguidos. Dessa forma, navega-se do ponto A ao ponto B com determinado rumo e do ponto B ao ponto C em outro rumo e assim por diante.

Vale dizer que há mudanças de rumos a serem feitas durante toda a viagem. Usando-se cálculos específicos, com base na capacidade de giro do navio (dado este fornecido pelo construtor), determina-se um ponto de início de guinada, sempre antes do *waypoint*, chamado de *wheel over point*.

Certamente, havia um *wheel over point* marcado na carta, durante a aproximação da ilha de Giglio. O oficial encarregado da navegação no momento (já que o serviço é efetuado por turnos na ponte de comando) é o responsável por acompanhar a posição do navio, tanto nas cartas de papel quanto nas cartas eletrônicas. Chegando o navio no ponto de início de guinada, o rumo deve começar a ser mudado devagar até se alcançar o rumo desejado e preestabelecido para o próximo ponto, o que normalmente ocorre na posição determinada do *waypoint*.

Ao que tudo indica, esse ponto de guinada foi ultrapassado, por alguma razão que ainda se desconhece, tendo a mudança de rumo ocorrido após o *waypoint*, fazendo com que o navio navegasse perigosamente próximo às rochas (primeiro erro). Diante da situação de risco, duas manobras poderiam ser tentadas: uma alteração pequena no rumo para boreste (já que a ilha e o perigo encontravam-se a bombordo), fazendo com que o navio se afastasse aos poucos de terra e caminhasse no sentido de águas seguras, ou uma guinada brusca com todo o leme a boreste para se afastar o mais rápido possível do risco.

Ao que parece, a opção escolhida foi a segunda, que é a menos recomendada. Como é de conhecimento dos *experts* em manobrabilidade, os navios de passageiros, com passadiço localizado na parte de vante, têm seu *pivot point* (ponto de giro) na proa, fazendo com que a popa se desloque no sentido contrário ao da guinada, em velocidade proporcional ao ângulo de leme dado, como se a proa estivesse parada. Esse fenômeno ocorre de forma inversa nos navios com passadiço à ré, normalmente os cargueiros.

Ora, a manobra escolhida (segundo erro) fez com que a popa fosse rapidamente para bombordo, aproximando-se mais ainda das rochas submersas até a colisão. As rochas fizeram um rasgo de aproximadamente 70 metros a bombordo na parte de ré. A colisão tornou inoperantes os sistemas de governo e máquinas, enquanto o navio se deslocava para diante em razão do seguimento.

Até o momento em que se escreve esta edição, não se tem certeza se o comandante tinha o controle da manobra na hora da colisão. Algumas informações dão conta de que ele estava jantando e só chegou ao passadiço após o impacto. Se confirmada essa versão, não se pode responsabilizar o comandante por um erro de navegação que ele não cometeu. Nessa hipótese, há que se deslocar a responsabilidade para os oficiais encarregados da navegação no momento das decisões equivocadas.

Nesse passo, a causa da colisão (primeiro acidente) pode ter sido a negligência do *brigde team* ou do comandante pelo fato de se ter ultrapassado o ponto de início de guinada, para a mudança de rumo, máxime em local de risco pela proximidade de terra. Importante gizar-se que a responsabilidade pela colisão é de extrema relevância, vez que os demais acidentes subsequentes só ocorreram em razão do primeiro.

Conclui-se até aqui que, pelas informações disponíveis, não há como atribuir responsabilidade ao comandante pela colisão, já que não se sabe quem detinha o controle da manobra nos instantes que antecederam às decisões equivocadas.

Desde já, afastam-se alegações no sentido de que era obrigação do comandante estar no passadiço naquele momento. Sua obrigação de estar na ponte de comando restringe-se às entradas e às saídas dos portos e aos momentos de navegação afetada pelo mau tempo, baixa visibilidade etc. Não era o caso, porque o navio tinha deixado o porto de Civitavecchia com destino a Savana. Após o desembarque do Prático local, normalmente, os comandantes passam o controle da navegação aos oficiais de serviço e deixam o passadiço para descansar ou cuidar de outros afazeres inerentes ao seu cargo.

6.6 Da varação. Do ato voluntário: segundo acidente

Diante do quadro que se apresentava, o comandante tinha pouco tempo para decidir. O navio estava em situação de água aberta, ou seja, a colisão rompeu o casco e grande quantidade de água entrava a bordo. Cada minuto era decisivo; o naufrágio era uma questão de tempo.

Após a colisão, como se disse, o navio por força do seguimento afastou-se da costa, cerca de três milhas e meia, e encontrava-se em águas profundas, sem governo e sem máquinas. Conclusão lógica, se o naufrágio acontecesse naquele ponto, haveria risco para a manobra de abandono. Se o tempo não fosse suficiente para se desembarcar todos e para que os botes se afastassem do navio, este, quando afundasse, levaria para o fundo não só os que ainda estivessem a bordo, como também os que estivessem nos botes próximos ao navio, em razão do efeito de arrasto.

Com toda certeza o comandante tomou uma medida que pôde salvar a maioria dos que estavam a bordo, gize-se, mais de 4 mil pessoas. Decidiu, no pouco tempo que teve para refletir, encalhar o navio propositalmente, em uma manobra conhecida por varação. A manobra teria sido perfeita, se o navio estivesse em condições de manobrabilidade, o que muitas vezes ocorre, mesmo em caso de água aberta. O comandante usou o último recurso que tinha: o *bow thruster* (hélice transversal de proa) que estava operante graças a um gerador de emergência.

Com o *thruster*, podia mudar a direção da proa e navegar com o auxílio da corrente que, por sorte ou providência divina, caminhava na direção de terra. Era uma navegação precária, mas era tudo o que se tinha para uma manobra de abandono menos arriscada para os passageiros e os tripulantes, além de ser a única chance de salvar o navio. O objetivo era rumar para a costa para salvar vidas e navio.

Em vez de naufragar, encalharia e, ao depois, com auxílio de rebocadores, com alguns reparos no casco, poderia conduzir-se o navio a um estaleiro para reparos definitivos. É possível dizer que essa atitude do comandante foi absolutamente acertada e marinheira. A varação é o protocolo a ser seguido para situação em que o risco é iminente e a decisão visa a elidir mal maior.

6.7 Do naufrágio: terceiro acidente

A ideia era levar o navio para uma posição o mais próximo possível de terra e em profundidade inferior ao do calado, para que o navio encalhasse. Encalhado, cessaria a entrada de água e o desembarque de todos se daria de forma absolutamente segura a poucos metros do pequeno porto de Giglio.

Em razão da precariedade da navegação descrita anteriormente, a precisão do encalhe não pôde ter o sucesso que se almejava. Assim, o navio encalhou de lado (o ideal teria sido de popa), um pouco ao norte da posição da colisão. Com o encalhe, novas avarias ocorreram, desta feita por boreste. Registre-se que a imprecisão da varação em nada tira o brilho da decisão do comandante.

Pede-se vênia para reproduzir o conceito de varação exposto no item 1.3 do Capítulo 4: "é o ato intencional de pôr o navio em seco para se elidir evento mais danoso. Trata-se de decisão técnica difícil de ser tomada, que requer *expertise* do comandante, a fim de evitar, muitas vezes, a perda total do navio e sua carga".

Não se pode deslembrar que, *in casu*, a preciosidade da carga (passageiros) era prioridade total a aumentar a responsabilidade do comandante para decidir pela varação.

A posição que agora assume o autor, na defesa do comandante, nesse aspecto, pode não ser simpática, entretanto, trata-se de análise puramente técnica, com o devido afastamento necessário. Portanto, posição divorciada de qualquer emoção, razão por que se deposita o mais profundo respeito aos familiares daqueles que não se salvaram e a todos que sofreram e ainda sofrem com esse terrível infortúnio e, com toda razão, clamam por justiça.

Voltando à sequência dos fatos, a nova posição do navio era instável e a inclinação para o bordo do encalhe, infelizmente, foi inevitável. A inclinação foi se acentuando até atingir 80 graus. Mesmo com todas essas dificuldades, desembarcaram seguras e salvas mais de 4 mil pessoas. Lamentavelmente, 32 pessoas morreram, apesar de todos os esforços do pessoal de bordo e das equipes de salvamento que rapidamente chegaram ao local.

Fica a pergunta: alguém, honestamente e do ponto de vista técnico tão somente, pode dizer que a decisão de varar o navio não foi acertada? Se a ordem de abandono fosse dada na posição mais afastada da costa, onde o navio parou após a colisão, teriam se salvado mais pessoas? Ou será que ocorreria um desastre de maiores proporções? Reflexão e respeito talvez seja o melhor caminho.

Finalizando, agora apenas por amor à técnica maritimista, vale lembrar que, do caso em análise, extraem-se três acidentes da navegação em sequência: colisão, varação e naufrágio. Este, repisando o já abordado, caracteriza-se pelo afundamento total ou parcial, sem a possibilidade de reflutuação por meios próprios, quando há embarque de água em razão de adernamento, emborcamento ou alagamento. O naufrágio do Costa Concordia caracterizou-se em afundamento parcial, a princípio por alagamento e, ao depois, por adernamento.

6.8 Da possível omissão de socorro

A alegação de omissão de socorro vem por intermédio de um oficial da Capitania de Livorno, que teria falado com o comandante por rádio, constatando que ele se encontrava a bordo de um dos botes salva-vidas, acompanhando e supervisionando a manobra de abandono. Na visão daquele oficial, o comandante deveria estar no navio para coordenar os trabalhos, razão por que ele teria dado "ordens para que o comandante voltasse a bordo".

Do ponto de vista jurídico, não há qualquer norma que determine essa obrigação ao comandante. A mídia, em atitude romântica e irresponsável, faz a comparação com o naufrágio do Titanic. Neste, o comandante teria se agarrado ao timão e, olhando para o nada, esperado o passadiço ser inundado para afundar com seu navio. Essa é a visão ficcional dada pelo autor do filme *Titanic*, em sua última versão, que não guarda relação de correspondência com a história.

A realidade do Titanic foi outra completamente diferente. O navio naufragou no dia 14 de abril de 1912, após colidir com um *iceberg* no Atlântico Norte. Naquela época, a legislação não obrigava que os botes salva-vidas fossem em número suficiente para todos. Assim, morreram 1.513 pessoas, entre elas o comandante. Os que se salvaram (687 pessoas) eram, na maioria, mulheres e crianças. Houve pânico, terror e disputa por lugares nos poucos e insuficientes botes. Parece que a tripulação teve sucesso em privilegiar aqueles que teoricamente teriam menos chances de sobreviver fora dos botes. Não há, entretanto, registro de qualquer ato de heroísmo do comandante. Apenas o relato de um dos sobreviventes que lembrou de ter ouvido do comandante em determinado momento "agora é cada um por si".

Voltando ao Costa Concordia, ao falar com o oficial da Capitania pelo rádio, o comandante estava, segundo seu próprio relato, coordenando o final da faina de abandono fora do navio. Ele teria caído n'água, quando orientava a operação de descida dos botes, ainda, na sua versão. Verdade ou não, não se sabe ainda.

Pelo princípio internacional da presunção da inocência, é necessário aguardar pelas provas que serão produzidas. Entretanto, pode-se afirmar, desde já, que a ordem para voltar a bordo carece de legitimidade. Ora, o navio estava consideravelmente adernado para boreste e parcialmente inundado. O retorno a bordo representava, naquele momento, risco de vida.

O que aquele oficial da Capitania queria era que o comandante assumisse uma posição de herói, que voltasse a bordo e, com risco da própria vida, tentasse salvar outras vidas. Ora, o ato heroico não pode ser exigido, por isso mesmo é heroico, necessariamente voluntário.

Pergunta-se, com base na própria fala do oficial "agora sou eu que estou no comando, volte para bordo", se estava no comando e entendia que o lugar do comandante era a bordo, por que não subiu ele mesmo no navio para assumir o controle, arriscando sua própria vida e não a de outros? Portanto, rejeita-se esse manto de herói que a mídia tentou colocar nas costas desse senhor.

A tentativa de análise que se faz é para se demonstrar que, com os dados que foram divulgados, ainda não se pode dizer que houve omissão de socorro por parte do comandante, sob pena de violação do princípio de presunção da inocência. Essa matéria toca ao direito penal, requerendo ritos próprios da especialidade, o que torna as acusações feitas não só precipitadas como também irresponsáveis.

6.9 Dos juízos competentes

Pode-se falar na certeza de julgamentos em três esferas distintas: administrativa, civil e penal.

6.9.1 Administrativa

O julgamento na esfera administrativa torna-se de extrema importância para esclarecer as atitudes tomadas pelo comandante e pelos oficias do passadiço, na medida em que determinará as responsabilidades de cada um. Poderão ser apreciadas também possíveis responsabilidades dos administradores da Costa Cruzeiros.

O TM italiano terá a tarefa de separar os acidentes em sequência, como comentado anteriormente: colisão, varação e naufrágio. A responsabilidade por um dos acidentes poderá ou não implicar a responsabilidade dos outros. Certamente, a decisão final desse Tribunal especializado servirá de prova técnica a ser usada nas esferas cível e penal.

Administrativamente, poderá o TM punir os envolvidos, com base nas responsabilidades apuradas e em conformidade com sua legislação especial, sendo a maior penalidade a de cancelamento da licença profissional dos que forem considerados culpados.

A título de comparação, para legislação administrativa brasileira (Lei n. 2.180/54), a maior acusação que pesa sobre o comandante é a de omissão de socorro, tendo como resultado a morte de 32 pessoas. Provada a responsabilidade, encerrada estará a carreira daquele profissional, na medida em que a legislação italiana guarda similitude com a brasileira:

> Art. 123. O Tribunal pode ordenar o cancelamento da matrícula profissional de pessoal da marinha mercante e da carteira de amador ou a interdição para o exercício de determinada função, quando provado:
>
> [...]
>
> IV – que a falta de assistência causou a perda de vida.

6.9.2 Civil

As disputas na esfera civil também serão grandes, na medida em que os sobreviventes, bem como os familiares dos que perderam suas vidas, demandarão por danos materiais e morais. Em se tratando de transporte de pessoas, a obrigação do transportador é levar o passageiro incólume do ponto de partida ao de chegada. Portanto, configura-se em uma obrigação de resultado, apontando para uma responsabilidade objetiva, em que se prescinde de qualquer perquirição de culpa.

Em sua defesa, certamente a Costa Cruzeiros alegará as limitações de responsabilidade estabelecidas no bilhete de embarque e nas convenções internacionais, como a Convenção de Atenas de 1974 (atualizada em 2002), relativa ao transporte de passageiros e bagagens por mar.

Muito provavelmente, as disputas estarão na esfera do *quantum* indenizatório, já que o dever de indenizar é inarredável do ponto de vista jurídico e preestabelecido em convenção internacional.

Considerando-se a pluralidade de nacionalidades dos passageiros envolvidos, haverá conflito de legislações a ser resolvido preliminarmente. O Brasil, por exemplo, não é signatário da Convenção de Atenas e tem uma jurisprudência contrária a limitações de responsabilidade.

A disputa jurídica será interessante, na medida em que os advogados da Costa Cruzeiro alegarão que, ao comprar a passagem, o passageiro concordou com as condições oferecidas e, sobretudo, com os limites estabelecidos para as indenizações na hipótese de sinistro, na conformidade da convenção adotada. O lado *ex adverso* alegará o direito do consumidor, a hipossuficiência, as letras em tamanho mínimo de difícil leitura etc.

6.9.3 Penal

A Procuradoria de Grosseto, na Toscana, tornou-se preventa na esfera penal e já ordenou a investigação, até o momento, de sete pessoas, sendo quatro tripulantes, incluindo o comandante, e três dirigentes da Costa Cruzeiros. O comandante, provavelmente, será denunciado por homicídio múltiplo culposo e por abandono prematuro do navio em situação de omissão de socorro.

Em sua defesa, o comandante alegou, em seu primeiro depoimento, que o acidente foi uma fatalidade. Ele foi preso no dia seguinte ao naufrágio (14.01.2012). Analisando o pedido de *habeas corpus*, impetrado pela defesa, a magistrada competente decretou, no dia 17 de janeiro, a prisão domiciliar. A Procuradoria de Grosseto recorreu da decisão, alegando que o comandante poderia fugir e também manipular as provas. O Tribunal de Florença não deu provimento ao recurso, mantendo a prisão domiciliar.

A promotoria de Paris encarregou à Polícia Marítima francesa uma investigação para determinar as causas do naufrágio, tendo em vista que, entre os passageiros que se salvaram, 462 deles são de nacionalidade francesa. A investigação francesa poderá ajudar na apuração dos fatos, mas não terá valor jurídico para influenciar o julgamento italiano, vez que a jurisdição está posta pelo princípio da territorialidade. O acidente ocorreu em águas territoriais italianas, o navio é italiano, bem como italiana é a nacionalidade do comandante.

Os advogados de defesa do comandante certamente terão muito trabalho para demonstrar a inocência dele. Contudo, pelo que foi mencionado anteriormente e entendendo as peculiaridades e os limites do direito penal, haverá necessidade de os promotores provarem que a causa dos acidentes estão ligadas diretamente a negligência, imprudência ou imperícia do comandante.

Afastada está qualquer possibilidade de dolo. O dolo eventual, salvo melhor juízo, também foi elidido pelo resultado dos exames que atestaram que o comandante não estava sob o uso de álcool, tampouco de quaisquer substâncias entorpecentes. Resta, portanto, a responsabilidade por culpa, implicando, necessariamente, a produção de provas para sua caracterização, consoante o dito no parágrafo anterior.

Se a hipótese de o comandante não estar no passadiço na hora da colisão for confirmada, como responsabilizá-lo por um acidente que ele não deu causa ou por erro de navegação cometido por outrem?

Quanto ao encalhe voluntário (varação), poderá ser entendido como manobra acertada para se elidir situação mais gravosa para os passageiros e tripulantes, conforme defendido anteriormente.

E, finalmente, o naufrágio ocorreu por uma precariedade da aproximação feita em razão de estar o navio sem governabilidade, por conta dos efeitos da colisão. Resumindo, se o comandante não for responsabilizado pela colisão, dificilmente poderá ser pelo encalhe voluntário e o naufrágio.

No que toca à omissão de socorro, haverá necessidade de mais provas para ser configurada. Existem, até o momento em que se escreve esta edição, apenas depoimentos vazios de verossimilhança e uma gravação da conversa do comandante com o oficial da Capitania de Livorno que não comprova omissão, mas recusa para voltar a bordo. A omissão é crime, a recusa não.

Postula-se que a atenção dos atores envolvidos no julgamento deverá estar focada no tipo penal. Importante lembrar que, nessa esfera do direito, há sérias restrições à interpretação da norma, não se admitindo, por exemplo, a analogia.

Vale dizer que, se a conduta não estiver descrita no tipo penal, a atipicidade estará concretizada, ou seja, não haverá crime praticado. Nessa linha de pensamento, a fantasiosa e oligofrênica ordem do oficial da Capitania é absolutamente irrelevante do ponto de vista penal.

Conclui-se, repisando o que se disse no início desse item, que há clara necessidade da mídia de provocar sensacionalismo. Um acidente por si só é rapidamente esquecido, mas se o comandante é acusado de homicídio múltiplo e omissão de socorro às vítimas, o assunto desperta o interesse e a comoção mundial.

Espera-se que ninguém seja condenado injustamente e as verdadeiras causas do acidente venham à tona, para que profissionais da área, companhias de navegação e governos adotem medidas profiláticas, no sentido de elidir tragédias como essa, vivida pelos passageiros do Costa Concordia em seu último cruzeiro.

Como os fatos estão em aberto, carecendo de desdobramentos outros e julgamentos nas esferas competentes, espera-se poder comentá-los, definitivamente, com as devidas correções, em uma próxima edição desta obra.

Referências Bibliográficas

ACCIOLY, Hildebrando. *Manual de direito internacional público*. 11.ed.Ver. pelo Embaixador Geraldo Eulálio do Nascimento e Silva. São Paulo, Saraiva, 1982.

ÁLVAREZ, Ricardo Xavier. *Los peligros del mar en el derecho marítimo*. Buenos Aires, Ad-Hoc, 2007.

ANJOS, J. Haroldo dos; CAMINHA GOMES, C. R. *Curso de direito marítimo*. Rio de Janeiro, Renovar, 1992.

BITENCOURT, Cezar Roberto. *Tratado de direito penal: parte geral*. v.1. 8.ed. São Paulo, Saraiva, 2003.

BRASIL, Tribunal Marítimo. *Anuário de Jurisprudência*. v.XLIX. Rio de Janeiro, Imprensa Naval, 1991.

CÂMARA, Alexandre Freitas. *Lições de direito processual civil*. v.3. 12.ed. Rio de Janeiro, Lumen Juris, 2007.

CAMINHA GOMES, C. R. *Direito comercial marítimo*. Rio de Janeiro, Rio, 1978.

CAPEZ, Fernando. *Curso de direito penal. Parte geral*. v.1. 10.ed. São Paulo, Saraiva, 2006.

CARVALHO FILHO, José dos Santos. *Manual de direito administrativo*. 10.ed. Rio de Janeiro, Lumen Juris, 2003.

CAVALIERI FILHO, Sergio. *Programa de responsabilidade civil*. 8.ed. rev. e ampl. São Paulo, Atlas, 2008.

CORREIO DA MANHÃ. "Desobediência fatal". *Correio da Manhã*, Rio de Janeiro, 25.10.1930. Biblioteca Nacional, rolo PR-SPR 130, p.2.

CREMONEZE, Paulo Henrique; MACHADO FILHO, Rubens Walter. "A relativização das decisões do tribunal marítimo nas lides forenses envolvendo o direito marítimo". Jus Navigandi, Teresina, ano 9, n. 720, 25.06.2005. Disponível em http://jus.com.br/revista/texto/6856/a-relativizacao-das-decisoes-do-tribunal-maritimo-nas-lides-forenses-envolvendo-o-direito-maritimo; acessado em 22.08.2012.

DELMANTO, Celso; DELMANTO, Roberto; DELMANTO JR., Roberto, et al. *Código Penal comentado*. 6.ed. Rio de Janeiro, Renovar, 2002.

DUARTE NETO, Pedro. *Comentários à lei de segurança do tráfego aquaviário*. Rio de Janeiro, Riocor, 1998.

GIBERTONI, C. A. Comitre. *Teoria e prática do direito marítimo*. 2.ed. rev. e atual. Rio de Janeiro, Renovar, 2005.

GONÇALVES, Marcelo David. "O tribunal marítimo e o valor de seus acórdãos". *Revista Direito Aduaneiro, Marítimo e Portuário*. São Paulo, Síntese, mar-abr/2011.

GRECO, Rogério. *Curso de direito penal: parte geral*. v.1. 8.ed. Rio de Janeiro, Impetus, 2007.

LACERDA, J. C. Sampaio de. *Curso de direito comercial marítimo e aeronáutico: direito privado da navegação*. Rio de Janeiro, Freitas Bastos, 1949.

LANARI, Flávia de Vasconcellos. *Direito marítimo: contratos e responsabilidade*. Belo Horizonte, Del Rei, 1999.

MEIRELLES, Hely Lopes. *Direito administrativo brasileiro*. 35.ed. São Paulo, Malheiros, 2009.

MIRABETE, Júlio Fabbrini. *Código de Processo Penal interpretado*. 11.ed. São Paulo, Atlas, 2006.

MORAES, Alexandre. *Direito constitucional*. 13.ed. São Paulo, Atlas, 2003.

NEGRÃO, Theotonio; GOUVÊA, José Roberto F. *Código de Processo Civil e legislação processual em vigor*. 37.ed. São Paulo, Saraiva, 2005.

NUCCI, Guilherme de Souza. *Código de Processo Penal comentado*. 5.ed. São Paulo, RT, 2006.

OCTAVIANO MARTINS, Eliane M. *Curso de direito marítimo*. v.1. Barueri, Manole, 2005.

________. *Curso de direito marítimo*. v.2. Barueri, Manole, 2008.

PIMENTA, Matusalém Gonçalves. *Responsabilidade civil do prático*. Rio de Janeiro, Lumen Juris, 2007.

RANGEL, Paulo. *Direito processual penal*. 12.ed. Rio de Janeiro, Lumen Juris, 2007.

REVISTA MARÍTIMA BRASILEIRA. "Serviço de documentação da Marinha". *Revista Marítima Brasileira*, Rio de Janeiro, v.122, jul-set/2002.

SANTORO, Antonio Eduardo Ramires. "Teoria da progressividade do bem jurídico constitucional e a relação entre as instâncias administrativa e penal nos crimes previdenciários". Rio de Janeiro, 2008. Disponível em www.scribd.com/doc/48042906; acessado em 28.02.2012.

STEFANI, Gaston. *Procédure pénale*. Paris, Dalloz, 1996.

TOURINHO FILHO, Fernando da Costa. *Manual de processo penal.* 6.ed. São Paulo, Saraiva, 2004.

TRIBUNAL MARÍTIMO. "Incidente com o navio mercante Baden". Disponível em www.mar.mil.br/tm/historia.html; acessado em 13.07.2009.

VENOSA, Silvio de Salvo. *Direito civil: parte geral.* v.1. 3.ed. São Paulo, Atlas, 2003.

VITRAL, Waldir. *Manual de direito marítimo.* São Paulo, Bushatsky, 1977.

ANEXO

Legislação Pertinente

LEI N. 2.180, DE 5 DE FEVEREIRO DE 1954

Dispõe sobre o Tribunal Marítimo.

O Presidente da República, faço saber que o Congresso Nacional decreta e eu sanciono a seguinte Lei:

TÍTULO I

CAPÍTULO I DA ORGANIZAÇÃO DO TRIBUNAL MARÍTIMO

▪**Art. 1º** O Tribunal Marítimo, com jurisdição em todo o território nacional, órgão, autônomo, auxiliar do Poder Judiciário, vinculado ao Ministério da Marinha no que se refere ao provimento de pessoal militar e de recursos orçamentários para pessoal e material destinados ao seu funcionamento, tem como atribuições julgar os acidentes e fatos da navegação marítima, fluvial e lacustre e as questões relacionadas com tal atividade, especificadas nesta Lei.

Artigo com redação dada pela Lei n. 5.056, de 29 de junho de 1966.

▪**Art. 2º** O Tribunal Marítimo compor-se-á de sete juízes a saber:

Caput com redação dada pelo Decreto-lei n. 25, de 1º de novembro de 1966.

a) um Presidente, Oficial-General do Corpo da Armada da ativa ou na inatividade;

Alínea com redação dada pela Lei n. 8.391, de 30 de dezembro de 1991.

b) dois Juízes Militares, Oficiais de Marinha, na inatividade; e

Alínea com redação dada pela Lei n. 8.391, de 30 de dezembro de 1991.

c) quatro Juízes Civis.

Alínea com redação dada pelo Decreto-lei n. 25, de 1º de novembro de 1966.

§ 1º O Presidente do Tribunal Marítimo, indicado pelo Ministro da Marinha dentre os Oficiais-Generais do Corpo da Armada, da ativa ou na inatividade, será de livre nomeação do Presidente da República, com mandato de dois anos, podendo ser reconduzido, respeitado, porém, o limite de idade estabelecido para a permanência no Serviço Público.

Parágrafo com redação dada pela Lei n. 8.391, de 30 de dezembro de 1991.

§ 2º As nomeações dos Juízes Militares e Civis serão feitas pelo Presidente da República, mediante proposta do Ministro da Marinha, e atendidas as seguintes condições:

Parágrafo com redação dada pelo Decreto-lei n. 25, de 1º de novembro de 1966.

a) para Juízes Militares, Capitão de Mar e Guerra ou Capitão de Fragata da ativa ou na inatividade, sendo um deles do Corpo da Armada e outro do Corpo de Engenheiros e Técnicos Navais, subespecializado em máquinas ou casco.

Alínea com redação dada pela Lei n. 8.391, de 30 de dezembro de 1991.

b) para Juízes Civis:

Alínea acrescentada pelo Decreto-lei n. 25, de 1º de novembro de 1966.

1) dois bacharéis em Direito, de reconhecida idoneidade, com mais de cinco anos de prática forense e idade compreendida entre trinta e cinco e quarenta e oito anos, especializado um deles em Direito Marítimo e o outro em Direito Internacional Público;

Item acrescentado pelo Decreto-lei n. 25, de 1º de novembro de 1966.

2) Um especialista em armação de navios e navegação comercial, de reconhecida idoneidade e competência, com idade compreendida entre trinta e cinco e quarenta e oito anos e com mais de cinco anos de exercício de cargo de direção em empresa de navegação marítima;

Item acrescentado pelo Decreto-lei n. 25, de 1º de novembro de 1966.

3) Um Capitão de Longo Curso da Marinha Mercante, de reconhecida idoneidade e competência, com idade compreendida entre trinta e cinco e quarenta e oito anos e com mais de cinco anos de efetivo comando em navios brasileiros de longo curso, sem punição decorrente de julgamento em tribunal hábil.

Item acrescentado pelo Decreto-lei n. 25, de 1º de novembro de 1966.

§ 3º A indicação a ser feita pelo Ministro da Marinha para os cargos de Presidente e de Juiz Militar deverá ser acompanhada, se se tratar de oficial da Ativa, da declaração dos indicados de que concordam com a mesma.

Parágrafo com redação dada pelo Decreto-lei n. 25, de 1º de novembro de 1966.

§ 4º Os Juízes Civis serão nomeados mediante aprovação em concurso de títulos e provas, realizado perante banca examinadora constituída pelo Presidente do Tribunal Marítimo; por um Juiz do Tribunal Marítimo, escolhido em escrutínio secreto; por um representante da Procuradoria do Tribunal Marítimo, designado pelo Ministro da Marinha e, conforme for o caso, por um especialista em Direito Marítimo ou em Direito Internacional Público, escolhido pelo Conselho Federal da Ordem dos Advogados do Brasil, ou por um representante da Comissão de Marinha Mercante, designado pelo Presidente da referida Comissão.

Parágrafo com redação dada pelo Decreto-lei n. 25, de 1º de novembro de 1966.

§ 5º Quando na ativa, haverá transferência para a inatividade:

Parágrafo com redação dada pela Lei n. 8.391, de 30 de dezembro de 1991.

I – do Presidente, após dois anos de afastamento, sendo agregado ao respectivo Corpo no período anterior a esse prazo;

Inciso acrescentado pela Lei n. 8.391, de 30 de dezembro de 1991.

II – dos Juízes Militares, logo após a nomeação, na forma da legislação em vigor.

Inciso acrescentado pela Lei n. 8.391, de 30 de dezembro de 1991.

§ 6º Os Juízes Militares, referidos na letra *b* do *caput* deste artigo, terão mandato de quatro anos, podendo ser reconduzidos, respeitado, porém, o limite de idade estabelecido para a permanência no serviço público.

Parágrafo com redação dada pela Lei n. 9.527, de 10 de dezembro de 1997.

§ 7º Os Juízes Civis ficam impedidos de exercer advocacia ou de prestar serviços profissionais em favor de partes interessadas nas atividades de navegação.

Parágrafo acrescentado pelo Decreto-lei n. 25, de 1° de novembro de 1966.

§ 8° Será eleito bienalmente um Vice-Presidente dentre os Juízes Militares e Civis, em escrutínio secreto.

Parágrafo acrescentado pelo Decreto-lei n. 25, de 1° de novembro de 1966.

§ 9° Os Juízes Civis, referidos na letra *c* do *capu* deste artigo, conservar-se-ão em seus cargos até atingirem a idade limite para permanência no serviço público.

Parágrafo acrescentado pela Lei n. 9.527, de 10 de dezembro de 1997.

▪**Art. 3°** Os Juízes Militares e Civis terão suplentes indicados pelo Ministro da Marinha e nomeados pelo Presidente da República, com mandato de três anos, podendo ser reconduzidos, e que funcionarão quando convocados pelo Presidente do Tribunal, nos casos previstos no Regimento Interno.

Caput com redação dada pelo Decreto-lei n. 25, de 1° de novembro de 1966.

§ 1° Os suplentes dos Juízes Militares serão Oficiais inativos da Marinha.

Parágrafo com redação dada pela Lei n. 8.391, de 30 de dezembro de 1991.

§ 2° Para a nomeação dos suplentes de que trata este artigo deverão ser observadas as mesmas condições estabelecidas no § 2° do art. 2° desta lei, atendida a ressalva feita no parágrafo anterior.

Parágrafo com redação dada pelo Decreto-lei n. 25, de 1° de novembro de 1966.

§ 3° Nenhum direito ou vantagem terá o suplente, além de vencimento do cargo de substituto, e somente durante o seu impedimento legal.

Parágrafo acrescentado pelo Decreto-lei n. 25, de 1° de novembro de 1966.

▪**Arts. 4°** a 7° *(Revogados pela Lei n. 7.642, de 18 de dezembro de 1987.)*

▪**Art. 8°** Não poderão ter assento no Tribunal Marítimo, simultaneamente, parentes ou afins até o segundo grau.

§ 1° A proibição estende-se aos adjuntos de procurador e advogados de ofício.

§ 2° A incompatibilidade resolver-se-á antes da posse contra o último nomeado, ou contra o mais moço caso sejam da mesma data as nomeações.

▪**Art. 9°** Para a execução dos serviços processuais, técnicos e administrativos, o Tribunal Marítimo terá uma Secretaria constituída de quatro (4) Divisões.

Artigo com redação dada pela Lei n. 5.056, de 29 de junho de 1966.

CAPÍTULO II
DA JURISDIÇÃO E COMPETÊNCIA

▪**Art. 10.** O Tribunal Marítimo exercerá jurisdição sobre:

a) embarcações mercantes de qualquer nacionalidade, em águas brasileiras;

b) embarcações mercantes brasileiras em alto-mar, ou em águas estrangeiras;

c) embarcações mercantes estrangeiras em alto-mar, no caso de estarem envolvidas em qualquer acidente marítimo ou incidente de navegação, no qual tenha pessoa física brasileira perdido a vida ou sofrido ferimentos graves, ou que tenham provocado danos graves a navios ou a instalações brasileiras ou ao meio marinho, de acordo com as normas do Direito Internacional;

Alínea com redação dada pela Lei n. 9.578, de 19 de dezembro de 1997.

d) o pessoal da Marinha Mercante brasileira;

e) os marítimos estrangeiros, em território ou águas territoriais brasileiras;

f) os proprietários, armadores, locatários, carregadores, agentes e consignatários de embarcações brasileiras e seus prepostos;

g) agentes ou consignatários no Brasil de empresa estrangeira de navegação;

h) empreiteiros ou proprietários de estaleiros, carreiras, diques ou oficinas de construção ou reparação naval e seus prepostos;

i) os proprietários, armadores, locatários, carregadores, consignatários, e seus prepostos, no Brasil, de embarcações mercantes estrangeiras;

Alínea acrescentada pela Lei n. 9.578, de 19 de dezembro de 1997.

j) os empreiteiros e proprietários de construções executadas sob, sobre e às margens das águas interiores e do mar territorial brasileiros, sob e sobre a zona econômica exclusiva e a plataforma continental brasileiras e que, por erro ou inadequação de projeto ou execução ou pela não observância de especificações técnicas de materiais, métodos e processos adequados, ou, ainda, por introduzir modificações estruturais não autorizadas nas obras originais, atentem contra a segurança da navegação;

Alínea acrescentada pela Lei n. 9.578, de 19 de dezembro de 1997.

l) toda pessoa jurídica ou física envolvida, por qualquer forma ou motivo, em acidente ou fato da navegação, respeitados os demais instrumentos do Direito Interno e as normas do Direito Internacional;

Alínea acrescentada pela Lei n. 9.578, de 19 de dezembro de 1997.

m) ilhas artificiais, instalações estruturas, bem como embarcações de qualquer nacionalidade empregadas em operações relacionadas com pesquisa científica marinha, prospecção, exploração, produção, armazenamento e beneficiamento dos recursos naturais, nas águas interiores, no mar territorial, na zona econômica exclusiva e na plataforma continental brasileiros, respeitados os acordos bilaterais ou multilaterais firmados pelo País e as normas do Direito Internacional.

Alínea acrescentada pela Lei n. 9.578, de 19 de dezembro de 1997.

▪**Art. 11.** Considera-se embarcação mercante toda construção utilizada como meio de transporte por água, e destinada à indústria da navegação, quaisquer que sejam as suas características e lugar de tráfego.

Parágrafo único. Ficam-lhe equiparados:

a) os artefatos flutuantes de habitual locomoção em seu emprego;

b) as embarcações utilizadas na praticagem, no transporte não remunerado e nas atividades religiosas, científicas, beneficentes, recreativas e desportivas;

c) as empregadas no serviço público, exceto as da Marinha de Guerra;

d) as da Marinha de Guerra, quando utilizadas total ou parcialmente no transporte remunerado de passageiros ou cargas;

e) as aeronaves durante a flutuação ou em voo, desde que colidam ou atentem de qualquer maneira contra embarcações mercantes;

f) os navios de Estados estrangeiros utilizados para fins comerciais.

Alínea acrescentada pela Lei n. 9.578, de 19 de dezembro de 1997.

▪**Art. 12.** O pessoal da Marinha Mercante considera-se constituído:

a) por todos quantos exercem atividades a bordo das embarcações mercantes;

b) pelo pessoal da praticagem;

c) pelos que trabalham em estaleiros, diques, carreiras e oficinas de construção e reparação naval;

d) pelo pessoal das administrações dos portos organizados;

e) pelos trabalhadores de estiva e capatazia;

f) pelos pescadores;

g) pelos armadores;

h) pelos mergulhadores;

Alínea acrescentada pela Lei n. 9.578, de 19 de dezembro de 1997.

i) pelos amadores.

Alínea acrescentada pela Lei n. 9.578, de 19 de dezembro de 1997.

Parágrafo único. Equiparam-se aos marítimos aqueles que, sem matrícula, estejam de fato em qualquer função que deva ser exercida por marítimo.

▪**Art. 13.** Compete ao Tribunal Marítimo:

I – julgar os acidentes e fatos da navegação;

a) definindo-lhes a natureza e determinando-lhes as causas, circunstâncias e extensão;

b) indicando os responsáveis e aplicando-lhes as penas estabelecidas nesta lei;

c) propondo medidas preventivas e de segurança da navegação;

II – manter o registro geral:

a) da propriedade naval;

b) da hipoteca naval e demais ônus sobre embarcações brasileiras;

c) dos armadores de navios brasileiros.

▪**Art. 14.** Consideram-se acidentes da navegação:

a) naufrágio, encalhe, colisão, abalroação, água aberta, explosão, incêndio, varação, arribada e alijamento;

b) avaria ou defeito no navio nas suas instalações, que ponha em risco a embarcação, as vidas e fazendas de bordo.

▪**Art. 15.** Consideram-se fatos da navegação:

a) o mau aparelhamento ou a impropriedade da embarcação para o serviço em que é utilizada, e a deficiência da equipagem;

b) a alteração da rota;

c) a má estimação da carga, que sujeite a risco a segurança da expedição;

d) a recusa injustificada de socorro a embarcação em perigo;

e) todos os fatos que prejudiquem ou ponham em risco a incolumidade e segurança da embarcação, as vidas e fazendas de bordo;

f) o emprego da embarcação, no todo ou em parte, na prática de atos ilícitos, previstos em lei como crime ou contravenção penal, ou lesivos à Fazenda Nacional.

Alínea acrescentada pela Lei n. 5.056, de 29 de junho de 1966.

▪**Art. 16.** Compete ainda ao Tribunal Marítimo:

a) determinar a realização de diligências necessárias ou úteis à elucidação de fatos e acidentes da navegação;

b) delegar atribuições de instrução;

c) proibir ou suspender por medida de segurança o tráfego de embarcações, assim como ordenar pelo mesmo motivo o desembarque ou a suspensão de qualquer marítimo;

d) processar e julgar recursos interpostos nos termos desta lei;

e) dar parecer nas consultas concernentes à Marinha Mercante, que lhe forem submetidas pelo Governo;

f) funcionar, quando nomeado pelos interessados, como juízo arbitral nos litígios patrimoniais consequentes a acidentes ou fatos da navegação;

g) propor ao Governo que sejam concedidas recompensas honoríficas ou pecuniárias àqueles que tenham prestado serviços relevantes à Marinha Mercante, ou hajam praticado atos de humanidade nos acidentes e fatos da navegação submetidos a julgamento;

h) sugerir ao Governo quaisquer modificações à legislação da Marinha Mercante, quando aconselhadas pela observação de fatos trazidos à sua apreciação;

i) executar, ou fazer executar, as suas decisões definitivas;

j) dar posse aos seus membros e conceder-lhes licença;

k) elaborar, votar, interpretar e aplicar o seu regimento;

l) eleger seu Vice-Presidente.

Alínea acrescentada pela Lei n. 5.056, de 29 de junho de 1966.

▪**Art. 17.** Na apuração da responsabilidade por fatos e acidentes da navegação, cabe ao Tribunal Marítimo investigar:

a) se o capitão, o prático, o oficial de quarto, outros membros da tripulação ou quaisquer outras pessoas foram os causadores por dolo ou culpa;

b) se foram fielmente cumpridas, para evitar abalroação, as regras estabelecidas em convenção internacional vigente, assim como as regras especiais baixadas pela autoridade marítima local, e concernentes à navegação nos portos, rios e águas interiores;

c) se deixou de ser cumprida a obrigação de prestar assistência, e se o acidente na sua extensão teria sido evitado com a assistência solicitada em tempo, mas não prestada;

d) se foram fielmente aplicadas as disposições de convenção concernentes à salvaguarda da vida humana no mar e as das leis e regulamentos complementares;

e) se o proprietário, armador ou afretador infringiu a lei ou os regulamentos, instruções, usos e costumes pertinentes aos deveres que a sua qualidade lhes impõe em relação à navegação e atividades conexas;

f) se nos casos de acidentes ou fato da navegação de que possa resultar a classificação de danos e despesas como avaria comum, se apresentam os requisitos que autorizam a regulação.

▪**Art. 18.** As decisões do Tribunal Marítimo quanto à matéria técnica referente aos acidentes e fatos da navegação têm valor probatório e se presumem certas, sendo porém suscetíveis de reexame pelo Poder Judiciário.

Artigo com redação dada pela Lei n. 9.578, de 19 de dezembro de 1997.

▪**Art. 19.** Sempre que se discutir em juízo uma questão decorrente de matéria da competência do Tribunal Marítimo, cuja parte técnica ou técnico-administrativa couber nas suas atribuições, deverá ser juntada aos autos a sua decisão definitiva.

Artigo com redação dada pela Lei n. 5.056, de 29 de junho de 1966.

▪**Art. 20.** Não corre a prescrição contra qualquer dos interessados na apuração e nas consequências dos acidentes e fatos da navegação por água enquanto não houver decisão definitiva do Tribunal Marítimo.

▪**Art. 21.** Nos processos instaurados perante o Tribunal Marítimo em que houver crime ou contravenção a punir, nem esta nem aquele impedem o julgamento do que for da sua competência, mas finda a sua ação, ou desde logo, sem prejuízo dela, serão remetidas, em traslado, as peças necessárias à ação da Justiça.

CAPÍTULO III
DAS ATRIBUIÇÕES DO PRESIDENTE

▪**Art. 22.** Compete ao presidente:

a) dirigir os trabalhos do Tribunal, presidir às sessões, propor as questões e apurar o vencido;

b) votar somente em caso de empate;

c) distribuir os processos e consultas pelos juízos e proferir os despachos de expedientes;

d) convocar sessões extraordinárias;

e) ordenar a restauração de autos perdidos;

f) admitir recursos, designando-lhes relator;

g) deferir ou denegar o registro da propriedade marítima e a averbação de hipoteca e demais ônus reais sobre embarcações bem como o registro de armadores nacionais;

h) representar o Tribunal e dirigir, coordenar e controlar os seus serviços;

i) praticar todos os atos de direção decorrentes da legislação em vigor para os servidores públicos federais;

Redação dada pela Lei n. 5.056, de 29 de junho de 1966.

j) exercer as demais atribuições fixadas no regimento do Tribunal;

k) propor ao Presidente da República, por intermédio do Ministro da Marinha, os servidores que devam ocupar os cargos em Comissão, bem como os que devam ser promovidos.

Alínea acrescentada pela Lei n. 5.056, de 29 de junho de 1966.

Parágrafo único. Ao vice-presidente cabe substituir o presidente em suas faltas e impedimentos.

▪**Art. 23.** O Presidente terá um assistente de sua confiança, designado dentre os funcionários do Tribunal.

Artigo com redação dada pelo Decreto-lei n. 25, de 1° de novembro de 1966.

CAPÍTULO IV
DAS ATRIBUIÇÕES DOS JUÍZES

▪**Art. 24.** Ao juiz do Tribunal Marítimo compete:

a) dirigir os processos que lhe forem distribuídos, proferindo neles os despachos interlocutórios;

b) presidir aos atos de instrução, funcionando como interrogante;

c) orientar os processos por forma a assegurar-lhes andamento rápido sem prejuízo da defesa dos interessados e da finalidade do Tribunal;

d) requisitar de qualquer repartição pública, entidade autárquica e paraestatal, sociedade de economia mista e, em geral, de qualquer empresa vinculada à indústria da navegação e serviços complementares ou conexos, informações, esclarecimentos, documentos e o mais necessário à instrução dos processos;

e) admitir a defesa bem como a intervenção de terceiros interessados ou prejudicados nos processos de que for relator;

f) apresentar ao Tribunal os processos prontos para julgamento;

g) discutir as questões, e julgá-las, atendendo aos fatos e circunstâncias emergentes dos autos, ainda que não alegados pelas partes e formando livremente, na apreciação da prova, o seu convencimento;

h) justificar o voto por escrito, quando vencido e servir de relator quando vencedor;

i) relatar as consultas que lhe forem distribuídas;

j) exercer as demais atribuições fixadas no regimento do Tribunal.

▪**Art. 25.** O juiz suplente, em exercício, terá as atribuições e vantagens do juiz efetivo.

▪**Art. 26.** O juiz que se declarar suspeito ou impedido motivará o despacho. Se a suspeição ou o impedimento for de natureza íntima, comunicará os motivos ao presidente do Tribunal.

▪**Art. 27.** É vedado ao juiz do Tribunal Marítimo:

a) exercer, ainda que em disponibilidade, qualquer outra função pública, salvo o magistério secundário e superior e os casos previstos na Constituição para os magistrados sob pena de perda do cargo;

b) exercer atividade político-partidária.

CAPÍTULO V
DOS ÓRGÃOS AUXILIARES

Seção I
Da Procuradora

▪**Arts.** 28 e 29. *(Revogados pela Lei n. 7.642, de 18 de dezembro de 1987.)*

Seção II
Dos Advogados de Ofício

▪**Art. 30.** *(Revogado pela Lei n. 7.642, de 18 de dezembro de 1987.)*

Seção III
Dos Advogados e Solicitadores

▪**Art. 31.** O patrocínio das causas no Tribunal Marítimo é privativo dos advogados e solicitadores provisionados, inscritos em qualquer seção da Ordem dos Advogados do Brasil.

Parágrafo único. As proibições e impedimentos de advocacia no Tribunal Marítimo regem-se pelo disposto no Regulamento da Ordem dos Advogados do Brasil.

CAPÍTULO VI
DA SECRETARIA

▪**Art. 32.** A Secretaria é o órgão de execução dos serviços processuais, técnicos e administrativos decorrentes das atribuições do Tribunal; será dirigida por um bacharel em Direito que exercerá o cargo de Diretor-Geral e terá a seguinte composição:

Caput com redação dada pela Lei n. 5.056, de 29 de junho de 1966.

I – Divisão de Acidentes e Fatos da Navegação;

Inciso com redação dada pela Lei n. 5.056, de 29 de junho de 1966.

II – Divisão de Registro da Propriedade Marítima;

Inciso com redação dada pela Lei n. 5.056, de 29 de junho de 1966.

III – Divisão de Jurisprudência e Documentação; e

Inciso com redação dada pela Lei n. 5.056, de 29 de junho de 1966.

IV – Divisão de Administração;

Inciso com redação dada pela Lei n. 5.056, de 29 de junho de 1966.

V – Serviços Auxiliares.

§ 1º Os trabalhos e encargos das divisões e serviços da Secretaria serão, segundo sua natureza e vulto, distribuídos em seções e turmas, na forma do que for diposto pelo regimento do Tribunal.

§ 2º As atribuições do Diretor-Geral da Secretaria, das divisões, serviços, seções e turmas serão minuciosamente fixadas no Regimento Interno.

Parágrafo com redação dada pela Lei n. 5.056, de 29 de junho de 1966.

TÍTULO II

CAPÍTULO I
DO INQUÉRITO SOBRE ACIDENTES OU FATOS DA NAVEGAÇÃO

▪**Art. 33.** Sempre que chegar ao conhecimento de uma capitania de portos qualquer acidente ou fato da navegação será instaurado inquérito.

§ 1º Será competente para o inquérito:

a) a capitania em cuja jurisdição tiver ocorrido o acidente ou fato da navegação;

b) a capitania do primeiro porto de escala ou arribada da embarcação;

c) a capitania do porto de inscrição da embarcação;

d) qualquer outra capitania designada pelo Tribunal.

§ 2º Se qualquer das capitanias a que se referem as alíneas *a*, *b* e *c*, do parágrafo precedente não abrir inquérito dentro de cinco dias contados daquele em que houver tomado conhecimento do acidente ou fato da navegação, a providência será determinada pelo Ministro da Marinha ou pelo Tribunal Marítimo, sendo a decisão deste adotada mediante provocação da Procuradoria, dos interessados ou de qualquer dos juízes.

▪**Art. 34.** Verificar-se-á a competência por prevenção desde que, sendo mais de uma capitania competente, houver uma delas em primeiro lugar, tomado conhecimento do acidente ou fato da navegação, iniciando, desde logo, o inquérito.

Parágrafo único. Qualquer dúvida sobre a competência para a instauração de inquérito será dirimida, sumariamente, pelo Tribunal Marítimo.

▪**Art. 35.** São elementos essenciais nos inquéritos sobre acidentes e fatos da navegação:

a) comunicação ou relatório do capitão ou mestre da embarcação, ou parte de qualquer dos interessados, ou determinação *ex officio*;

b) depoimento do capitão ou mestre, do prático e das pessoas da tripulação que tenham conhecimento do acidente ou fato da navegação a ser apurado;

c) depoimento de qualquer testemunha idônea;

d) esclarecimento dos depoentes e acareação de uns com outros, quando necessário;

e) cópias autênticas dos lançamentos diários de navegação e máquina, referentes ao acidente ou fato a ser apurado, e a um período de pelo menos vinte e quatro horas anteriores a tal acidente ou fato, salvo no caso de embarcação dispensada dos lançamentos aludidos quando serão investigados e reconstituídos os pormenores da navegação, rumos, manobras, sinais, etc., mediante depoimentos do capitão ou mestre, e tripulante;

f) exame pericial feito depois do acidente ou fato da navegação, e juntada do respectivo laudo ao inquérito;

g) juntada ao inquérito dos últimos termos de vistoria a que se houver submetido a embarcação, em seco e flutuando, antes do acidente ou fato a ser apurado, bem como cópia do termo de inscrição, caso a embarcação não seja registrada no Tribunal Marítimo;

h) juntado ao inquérito, sempre que possível, do manifesto de carga, com esclarecimentos sobre a forma pela qual se achava tal carga estivada, e, se tiver havido alijamento, juntada ainda ao inquérito de informações concretas sobre a natureza e quantidade da carga alijada e sobre o cumprimento das prescrições legais a esse respeito.

Parágrafo único. A autoridade encarregada do inquérito poderá:

a) ordenar diligências suscetíveis de contribuir para o esclarecimento da matéria investigada;

b) requisitar de outra qualquer autoridade informações e documentos que não possam ser obtidos das autoridades navais.

▪**Art. 36.** Poderá o Tribunal Marítimo baixar provimento em que fixe, para cada acidente ou fato da navegação, a matéria a ser apurada pela capitania de portos que haja de proceder ao inquérito.

▪**Art. 37.** Cabe à autoridade encarregada do inquérito, quando concluídas as diligências, fazer no prazo de dez dias um minucioso relatório do que tiver sido apurado.

▪**Art. 38.** Sempre que o relatório da autoridade encarregada do inquérito apontar possíveis responsáveis pelo acidente ou fato da navegação, terão eles o prazo de dez dias contado daquele em que se der ciência das conclusões do relatório, para a apresentação de defesa prévia.

▪**Art. 39.** O inquérito, encerrado, será enviado com urgência ao Tribunal Marítimo.

▪**Art. 40.** Quando ocorre sinistro com embarcação brasileira em águas estrangeiras, o inquérito será realizado pela autoridade consular da zona, a qual cumprirá também efetuar todas as diligências determinadas pelo Tribunal Marítimo.

Parágrafo único. Cumpre ao cônsul que abrir o inquérito:

I – nomear peritos para os exames técnicos necessários, obedecendo a escolha à seguinte ordem:

a) dois oficiais da armada nacional, caso haja algum navio de guerra no porto ou em águas da sua jurisdição;

b) dois capitães de marinha mercante estrangeira;

II – ordenar, em nome do Tribunal Marítimo, mediante prévia comunicação a este, o desembarque imediato do capitão ou de qualquer membro da tripulação, quando tal providência for essencial aos interesses nacionais e à apuração da responsabilidade do sinistro.

CAPÍTULO II
DO PROCESSO SOBRE ACIDENTE OU FATO DA NAVEGAÇÃO

Seção I
Disposições Gerais

▪**Art. 41.** O processo perante o Tribunal Marítimo se inicia:

Caput com redação dada pela Lei n. 5.056, de 29 de junho de 1966.

I – por iniciativa da Procuradoria;

Inciso acrescentado pela Lei n. 5.056, de 29 de junho de 1966.

II – por iniciativa da parte interessada;

Inciso acrescentado pela Lei n. 5.056, de 29 de junho de 1966.

III – por decisão do próprio Tribunal.

Inciso acrescentado pela Lei n. 5.056, de 29 de junho de 1966.

§ 1º O caso do número II dar-se-á:

Parágrafo acrescentado pela Lei n. 5.056, de 29 de junho de 1966.

a) por meio de representação, devidamente instruída, quando se tratar de acidente ou fato da navegação, no decorrer dos trinta (30) dias subsequentes ao prazo de cento e oitenta (180) dias da sua ocorrência, se até o final deste, não houver entrado no Tribunal o inquérito respectivo;

Alínea acrescentada pela Lei n. 5.056, de 29 de junho de 1966.

b) por meio de representação, nos autos de inquérito, dentro do prazo de dois (2) meses, contado do dia em que os autos voltarem da Procuradoria, quando a promoção for pelo arquivamento, ou ainda no curso do processo dentro do prazo de três (3) meses, contado do dia da abertura da instrução, ou até a data de seu encerramento, se menor for a sua duração.

Alínea acrescentada pela Lei n. 5.056, de 29 de junho de 1966.

§ 2º No caso da alínea *a* do parágrafo anterior, se achar o Tribunal que há elementos suficientes, determinará o prosseguimento e tomará as providências para o recebimento do inquérito, cujos autos serão incorporados aos da representação, procedendo-se, então, na forma do art. 42 e dos ulteriores termos processuais.

Parágrafo acrescentado pela Lei n. 5.056, de 29 de junho de 1966.

§ 3º Em se tratando da hipótese prevista na primeira parte da alínea *b*, do § 1º, os autos permanecerão em Secretaria durante aquele prazo, findo o que serão conclusos ao relator.

Parágrafo acrescentado pela Lei n. 5.056, de 29 de junho de 1966.

§ 4º Em qualquer caso, porém, os prazos fixados no § 1º são peremptórios e só serão contemplados uma vez, não se renovando em outras fases de instrução que porventura venham a ocorrer.

Parágrafo acrescentado pela Lei n. 5.056, de 29 de junho de 1966.

▪**Art. 42.** Feita a distribuição e a autuação, em se tratando de inquérito ou de representação, o relator designado dará vista dos autos à Procuradoria, para que esta, em dez (10) dias, contados daquele em que os tiver recebido, oficie por uma das formas seguintes:

Caput com redação dada pela Lei n. 5.056, de 29 de junho de 1966.

a) oferecendo representação ou pronunciando-se sobre a que tenha sido oferecida pela parte;

Alínea acrescentada pela Lei n. 5.056, de 29 de junho de 1966.

b) pedindo em parecer fundamentado, o arquivamento do inquérito;

Alínea acrescentada pela Lei n. 5.056, de 29 de junho de 1966.

c) opinando pela incompetência do Tribunal e requerendo a remessa dos autos a quem de direito.

Alínea acrescentada pela Lei n. 5.056, de 29 de junho de 1966.

Parágrafo único. *(Parágrafo suprimido pela Lei n. 5.056, de 29 de junho de 1966.)*

▪**Art. 43.** *(Revogado pela Lei n. 5.056, de 29 de junho de 1966.)*

▪**Art. 44.** As representações oriundas do mesmo inquérito constituirão processos conexos, que terão o mesmo relator e serão instruídos e julgados conjuntamente.

▪**Art. 45.** Nos feitos de iniciativas privada, a representação ou contestação só poderá ser oferecido por quem tiver legítimo interesse econômico ou moral no julgamento do acidente ou fato da navegação.

▪**Art. 46.** No curso da ação privada é lícito às partes desistirem, mas o processo prosseguirá, nos termos em que o Tribunal decidir na homologação, como se fosse de iniciativa da Procuradoria.

Artigo com redação dada pela Lei n. 5.056, de 29 de junho de 1966.

▪**Art. 47.** No processo iniciado em virtude de representação do interessado, admitir-se-á o litisconsórcio ativo ou passivo, fundado na comunhão ou identidade de interesse.

§ 1º O direito de promover os atos dos processos, cabe indistintamente a qualquer dos litisconsortes, e quando um deles citar ou intimar a parte contrária, deverá também citar ou intimar os colitigantes.

§ 2º Quando o litígio tiver de ser resolvido de modo uniforme para todos os litisconsortes, serão representados pelos demais os revéis ou foragidos, ou os que houverem perdido algum prazo.

§ 3º Quando a decisão puder influir na relação jurídica entre qualquer das partes e terceiro, será lícito a este intervir em qualquer fase do processo como litisconsorte, aceitando a causa no estado em que ela se encontrar.

▪**Art. 48.** No processo de ação pública, qualquer interessado poderá intervir apenas como assistente da Procuradoria ou do acusado.

§ 1º O assistente será admitido enquanto a decisão não passar em julgado, e receberá a causa no estado em que ela se achar.

§ 2º O correpresentante não poderá, no mesmo processo, intervir como assistente da Procuradoria.

§ 3º Ao assistente será permitido propor meios de prova, requerer perguntas às testemunhas, participar do debate oral, arrazoar os recursos interpostos pelo assistido e recorrer, por sua vez, caso não o tenha feito o assistido.

§ 4º O fato prosseguirá independentemente de nova intimação do assistente, quando este, uma vez intimado, deixar de comparecer a qualquer dos atos processuais, sem motivo de força maior.

▪ **Art. 49.** Recebida pelo Tribunal a representação, o relator do processo o fará prosseguir nos termos desta lei.

▪ **Art. 50.** Quando a Procuradoria requerer o arquivamento do processo, o Tribunal, se julgar improcedentes as razões invocadas para o pedido, ordenará a volta do processo à Procuradoria, a fim de que esta proceda na forma da letra *c* do art. 28.

▪ **Art. 51.** Quando a Procuradoria opinar pela incompetência do Tribunal, o processo será concluso ao relator, que o apresentará ao Tribunal para seu conhecimento e decisão.

Parágrafo único. Se o Tribunal afirma a sua competência na espécie, será o processo enviado à Procuradoria, que deverá proceder na forma das letras *a* ou *b* do art. 28.

▪ **Art. 52.** Nos casos do art. 50 e parágrafo único do art. 56, o procurador terá o prazo de cinco dias para oferecer representação.

Seção II
Da Citação

▪ **Art. 53.** Recebida a representação ou negado o arquivamento do inquérito, determinará o relator a notificação do acusado: por mandado ou com hora certa, se residente no Estado da Guanabara; por delegação de atribuições ao Capitão do Porto em cuja jurisdição residir o representado, se fora daquele Estado; por delegação de atribuições ao agente consular brasileiro em cujo país residir o representado, se fora do Brasil; e por edital, se ignorado, desconhecido ou incerto o local de permanência.

Artigo com redação dada pela Lei n. 5.056, de 29 de junho de 1966.

▪ **Art. 54.** Será necessária a citação, sob pena de nulidade, no início da causa ou da execução, caso em que se fará por guia de sentença.

▪ **Art. 55.** A citação, a notificação e a intimação serão cumpridas com as formalidades estabelecidas no regimento do Tribunal.

Seção III
Da Defesa

▪ **Art. 56.** Dentro em quinze dias da notificação poderá o notificado oferecer defesa escrita, juntando e indicando os meios de prova que entender convenientes.

Parágrafo único. A decisão do Tribunal só poderá versar sobre os fatos constantes da representação ou da defesa.

Seção IV
Da Prova

▪ **Art. 57.** São admissíveis no Tribunal todas as espécies de prova reconhecidas em direito.

▪ **Art. 58.** O fato alegado por uma das partes que a outra não contestar será admitido como verídico, se o contrário não resultar do conjunto das provas. A prova do inquérito será aceita enquanto não destruída por prova contrária.

▪ **Art. 59.** O Juiz ou o Tribunal poderá ouvir terceiro a quem as partes ou testemunhas se hajam referido como sabedor de fatos ou circunstâncias que influam na decisão do feito, ou ordenar que exibam documento que a esta interesse.

▪ **Art. 60.** Independerão de provas os fatos notórios.

▪ **Art. 61.** Aquele que alegar direito estadual, municipal, costumeiro, singular ou estrangeiro, deverá provar-lhe o teor e a vigência salvo se o Tribunal dispensar a prova.

▪ **Art. 62.** No exame das provas de atos e contratos, guardar-se-á o que em geral e especialmente prescrevem as leis que os regulam.

▪ **Art. 63.** A prova que tiver de produzir-se fora da sede do Tribunal será feita mediante delegação de atribuições de instrução ao capitão de portos ou agente consular brasileiro.

▪**Art. 64.** No que concerne às diversas espécies de provas serão obedecidas as regras do processo comum, na forma estabelecida pelo regimento do Tribunal.

CAPÍTULO III DAS RAZÕES FINAIS

▪**Art. 65.** Finda a instrução, será aberta vista dos autos por 10 (dez) dias, sucessivamente, ao autor e ao representando para que aduzam, por escrito, alegações finais, e em seguida serão os autos conclusos ao relator para pedido de julgamento.

▪**Art. 66.** Antes de pedir julgamento, o relator:

a) mandará sanar qualquer omissão legal ou processual;

b) ordenará, de ofício, qualquer diligência ou prova necessária ao esclarecimento da causa.

▪**Art. 67.** O relator terá 10 (dez) dias a fim de estudar os autos que lhe forem conclusos para pedido de julgamento afora o tempo consumido nos atos a que se refere o artigo precedente.

CAPÍTULO IV DO JULGAMENTO

▪**Art. 68.** O julgamento do processo obedecerá às seguintes normas:

a) relatório;

b) sustentação das alegações finais, sucessivamente, pelas partes;

c) conhecimento das preliminares suscitadas e dos agravos;

d) discussão da matéria em julgamento;

e) decisão, iniciando-se a votação pelo relator, e seguido este pelos demais juízes, a partir do mais moderno no cargo.

§ 1º Antes de iniciada a votação, poderá qualquer juiz pedir vista do processo até a sessão imediata e, excepcionalmente, pelo prazo que lhe for concedido pelo Tribunal.

§ 2º Iniciada a votação, nenhum juiz poderá mais se manifestar, salvo para justificar o voto.

▪**Art. 69.** Proferido o julgamento, o presidente anunciará a decisão, designado para redigir o acórdão ao relator ou vencido este, ao juiz cujo voto tiver prevalecido.

▪**Art. 70.** Se houver empate, o presidente desempatará de acordo com a sua convicção.

▪**Art. 71.** O Tribunal só poderá deliberar com a presença de, pelo menos, metade e mais um dos seus membros, sendo as questões decididas por maioria de votos.

Artigo com redação dada pela Lei n. 5.056, de 29 de junho de 1966.

▪**Art. 72.** O julgamento poderá ser convertido em diligência a critério do Tribunal em virtude de proposta de um dos juízes, apresentada antes de iniciar-se a votação.

Parágrafo único. A diligência será promovida pelo relator e, uma vez cumprida, ouvidas as partes, será o processo submetido ao plenário para prosseguimento do julgamento.

▪**Art. 73.** O acórdão será publicado em sessão do Tribunal, nos dez dias seguintes ao julgamento, remetendo-se cópia para a publicação no órgão oficial.

▪**Art. 74.** Em todos os casos de acidente ou fato da navegação, o acórdão conterá:

a) a definição da natureza do acidente ou fato e as circunstâncias em que se verificou;

b) a determinação das causas;

c) a fixação das responsabilidades, a sanção e o fundamento desta;

d) a indicação das medidas preventivas e de segurança da navegaçao, quando for o caso.

TÍTULO III

Revogado pela Lei n. 7.652, de 3 de fevereiro de 1988.

CAPÍTULO I DO REGISTRO DA PROPRIEDADE NAVAL

▪**Arts. 75** a 91. *(Revogados pela Lei n. 7.652, de 3 de fevereiro de 1988.)*

CAPÍTULO II
DO REGISTRO DA HIPOTECA NAVAL E OUTROS ÔNUS

▪**Arts. 92** a 100-V. *(Revogados pela Lei n. 7.652, de 3 de fevereiro de 1988.)*

CAPÍTULO III
DO REGISTRO DOS ARMADORES

▪**Art. 101.** *(Revogado pela Lei n. 5.056, de 29 de junho de 1966.)*

CAPÍTULO IV
DO CANCELAMENTO DO REGISTRO

▪**Arts. 102** a 104. *(Revogados pela Lei n. 7.652, de 3 de fevereiro de 1988.)*

TÍTULO IV

CAPÍTULO I
DOS RECURSOS

▪**Art. 105.** Os recursos admitidos são os seguintes:

a) embargos de nulidade ou infringentes;

b) agravo;

c) embargos de declaração.

CAPÍTULO II
DOS EMBARGOS INFRINGENTES

▪**Art. 106.** É passível de embargos a decisão final sobre o mérito do processo, versando os embargos exclusivamente matéria nova, ou baseando-se em prova posterior ao encerramento da fase probatória, ou ainda, quando não unânime a decisão, e, neste caso, serão os embargos restritos à matéria objeto da divergência.

▪**Art. 107.** Os embargos, que deverão ser opostos nos dez dias seguintes ao da publicação do acórdão no órgão oficial, serão deduzidos por artigos.

▪**Art. 108.** Admitido o recurso e designado novo relator, o embargado terá o prazo de dez dias para oferecer a impugnação.

§ 1º O prazo para o preparo do recurso será de três dias contados da ciência do recebimento, sob pena de deserção.

§ 2º Se a Procuradoria oficiar no processo somente como fiscal da lei, terá, por último, vista dos autos para dizer sobre os embargos.

§ 3º A seguir, os autos serão conclusos ao relator para pedido de julgamento.

▪**Art. 109.** No julgamento dos embargos observar-se-á o estabelecido no art. 68.

▪**Art. 110.** Despresados os embargos, e publicado o acórdão no órgão oficial, a decisão produzirá todos os efeitos.

CAPÍTULO III
DO AGRAVO

▪**Art. 111.** Caberá agravo para o Tribunal por simples petição:

I – Dos despachos e decisões dos juízes:

a) que não admitirem a intervenção de terceiro na causa como litisconsorte ou assistente;

b) que concederem ou denegarem inquirição e outros meios de prova;

c) que concederem grandes ou pequenas dilações para dentro ou fora do país;

d) que deferirem, denegarem, ou renovarem o benefício da gratuidade.

II – dos despachos e decisões do presidente:

a) que admitirem ou não recurso ou apenas o fizerem em parte;

b) que julgarem ou não reformados autos perdidos em que não havia ainda decisão final;

c) sobre erros de contas ou custas;

d) que concederem ou denegarem registro.

▪**Art. 112.** O agravo é restrito ao ponto de que se agravou, ao qual o Tribunal deverá limitar a sua decisão, de que não haverá embargos.

§ 1º O recurso terá efeito suspensivo, tão somente, porém, em relação ao ponto agravado.

§ 2º O prazo para a interposição do agravo, será de cinco (5) dias e o seu processamento na forma do Código de Processo Civil, arts. 844 e 845, incisos e parágrafos.

Parágrafo com redação dada pela Lei n. 5.056, de 29 de junho de 1966.

§ 3º No Tribunal o agravo será distribuído a um juiz desimpedido que pedirá sua inclusão em pauta para julgamento, com preferência nos trabalhos do dia, quando o relatará.

Parágrafo com redação dada pela Lei n. 5.056, de 29 de junho de 1966.

§ 4º Provido ou não o recurso, os autos baixarão ao relator do feito principal, para o seu prosseguimento.

Parágrafo com redação dada pela Lei n. 5.056, de 29 de junho de 1966.

CAPÍTULO IV DOS EMBARGOS DE DECLARAÇÃO

▪**Art. 113.** Às decisões do Tribunal podem ser opostos embargos de declaração no prazo de quarenta e oito horas, contados da publicação no órgão oficial, quando apresentarem ambiguidades, obscuridade, contradição ou omissão.

▪**Art. 114.** Os embargos de declaração serão deduzidos em requerimento de que devem constar os pontos em que a decisão for ambígua, contraditória ou omissa.

§ 1º Se a petição não apontar qualquer dessas condições, será desde logo indeferida.

§ 2º O julgamento de embargos de declaração terá preferência na pauta dos trabalhos do dia.

CAPÍTULO V DA EXECUÇÃO

▪**Art. 115.** Para cumprimento de decisão do Tribunal Marítimo será expedida guia com os seguintes requisitos:

a) o nome da autoridade que a manda cumprir;

b) a indicação da autoridade incumbida do seu cumprimento;

c) o nome e a qualificação do responsável;

d) a transcrição da parte decisória, e a indicação do órgão oficial que publicou na íntegra o acórdão;

e) as assinaturas do presidente e do diretor da Secretaria.

▪**Art. 116.** A guia de sentença será restituída ao Tribunal com declaração escrita do seu cumprimento, feita pela autoridade a quem foi remetida.

Parágrafo único. Se a autoridade incumbida do cumprimento não o puder efetuar restituirá a guia com declaração negativa.

▪**Art. 117.** Quando a pena for a de multa e das custas, devidamente apuradas, a guia será expedida à repartição encarregada da inscrição das dívidas fiscais para a cobrança executiva.

▪**Art. 118.** Quando a pena imposta não for a de multa, e se referir a estrangeiro domiciliado fora do país, além da remessa da guia de sentença à autoridade competente, far-se-á comunicação ao representante consular.

▪**Art. 119.** Serão responsáveis pelo pagamento das multas impostas a estrangeiros domiciliados fora do Brasil, e das custas processuais respectivas, os representantes eventuais da embarcação.

▪**Art. 120.** Nas guias de sentença, serão incluídas, para cobrança, as custas processuais vencidas.

TÍTULO V

CAPÍTULO I DAS PENALIDADES

Denominação dada pela Lei n. 8.969, de 28 de dezembro de 1994.

▪**Art. 121.** A inobservância dos preceitos legais que regulam a navegação será reprimida com as seguintes penas:

Caput com redação dada pela Lei n. 8.969, de 28 de dezembro de 1994.

I – repreensão, medida educativa concernente à segurança da navegação ou ambas;

Inciso com redação dada pela Lei n. 8.969, de 28 de dezembro de 1994.

II – suspensão de pessoal marítimo;

Inciso com redação dada pela Lei n. 8.969, de 28 de dezembro de 1994.

III – interdição para o exercício de determinada função;

Inciso com redação dada pela Lei n. 8.969, de 28 de dezembro de 1994.

IV – cancelamento da matrícula profissional e da carteira de amador;

Inciso com redação dada pela Lei n. 8.969, de 28 de dezembro de 1994.

V – proibição ou suspensão do tráfego da embarcação;

Inciso com redação dada pela Lei n. 8.969, de 28 de dezembro de 1994.

VI – cancelamento do registro de armador;

Inciso com redação dada pela Lei n. 8.969, de 28 de dezembro de 1994.

VII – multa, cumulativamente ou não, com qualquer das penas anteriores.

Inciso com redação dada pela Lei n. 8.969, de 28 de dezembro de 1994.

§ 1º A suspensão de pessoal marítimo será por prazo não superior a doze meses.

Parágrafo com redação dada pela Lei n. 8.969, de 28 de dezembro de 1994.

§ 2º A interdição não excederá a cinco anos.

Parágrafo com redação dada pela Lei n. 8.969, de 28 de dezembro de 1994.

§ 3º A proibição ou suspensão do tráfego da embarcação cessará logo que deixem de existir os motivos que a determinaram, ou, no caso de falta de registro das embarcações obrigadas a tal procedimento, logo que seja iniciado o processo de registro da propriedade.

Parágrafo com redação dada pela Lei n. 8.969, de 28 de dezembro de 1994.

§ 4º Em relação a estrangeiro, a pena de cancelamento da matrícula profissional será convertida em proibição para o exercício de função em águas sob jurisdição nacional.

Parágrafo com redação dada pela Lei n. 8.969, de 28 de dezembro de 1994.

§ 5º A multa será aplicada pelo Tribunal, podendo variar de onze a quinhentas e quarenta e três Unidades Fiscais de Referência (Ufir), ressalvada a elevação do valor máximo nos casos previstos nesta lei.

Parágrafo acrescentado pela Lei n. 8.969, de 1994.

§ 6º As penalidades de multa previstas nesta lei serão convertidas em Unidade Real de Valor – URV, ou no padrão monetário que vier a ser instituído, observados os critérios estabelecidos em lei para a conversão de valores expressos em Ufir.

Parágrafo acrescentado pela Lei n. 8.969, de 28 de dezembro de 1994.

▪**Art. 122.** Por preceitos legais e reguladores da navegação entendem-se todas as disposições de convenções e tratados, leis, regulamentos e portarias, como também os usos e costumes, instruções, exigências e notificações das autoridades, sobre a utilização de embarcações, tripulação, navegação e atividades correlatas.

Artigo com redação dada pela Lei n. 8.969, de 28 de dezembro de 1994.

CAPÍTULO II
DO CANCELAMENTO DA MATRÍCULA

Denominação dada pela Lei n. 8.969, de 28 de dezembro de 1994.

▪**Art. 123.** O Tribunal pode ordenar o cancelamento da matrícula profissional de pessoal da marinha mercante e da carteira de amador ou a interdição para o exercício de determinada função, quando provado:

Caput com redação dada pela Lei n. 8.969, de 28 de dezembro de 1994.

I – que o acidente ou fato da navegação foi causado com dolo;

Inciso com redação dada pela Lei n. 8.969, de 28 de dezembro de 1994.

II – que o acidente ou fato ocorreu achando-se o responsável em estado de embriaguez ou sob efeito de qualquer outra substância entorpecente;

Inciso com redação dada pela Lei n. 8.969, de 28 de dezembro de 1994.

III – que, tratando-se de embarcação brasileira, foi praticado contrabando, em águas estrangeiras, ocasionando o confisco da embarcação ou da sua carga;

Inciso com redação dada pela Lei n. 8.969, de 28 de dezembro de 1994.

IV – que a falta de assistência causou a perda de vida.

Inciso com redação dada pela Lei n. 8.969, de 28 de dezembro de 1994.

CAPÍTULO III DA SUSPENSÃO OU MULTA

Denominação dada pela Lei n. 8.969, de 28 de dezembro de 1994.

▪**Art. 124.** O Tribunal poderá aplicar a pena de suspensão ou multa, ou ambas cumulativamente, às pessoas que lhe estão jurisdicionadas, quando ficar provado que o acidente ou fato da navegação ocorreu por:

Caput com redação dada pela Lei n. 8.969, de 28 de dezembro de 1994.

I – erro da navegação, de manobra ou de ambos;

Inciso com redação dada pela Lei n. 8.969, de 28 de dezembro de 1994.

II – deficiência da tripulação;

Inciso com redação dada pela Lei n. 8.969, de 28 de dezembro de 1994.

III – má estivação da carga;

Inciso com redação dada pela Lei n. 8.969, de 28 de dezembro de 1994.

IV – haver carga no convés, impedindo manobras de emergência, ou prejudicando a estabilidade da embarcação;

Inciso com redação dada pela Lei n. 8.969, de 28 de dezembro de 1994.

V – avarias ou vícios próprios conhecidos e não revelados à autoridade, no casco, máquinas, instrumentos e aparelhos;

Inciso com redação dada pela Lei n. 8.969, de 28 de dezembro de 1994.

VI – recusa de assistência, sem motivo, à embarcação em perigo iminente, do qual tenha resultado sinistro;

Inciso com redação dada pela Lei n. 8.969, de 28 de dezembro de 1994.

VII – inexistência de aparelhagem de socorro, ou de luzes destinadas a prevenir o risco de abalroações;

Inciso com redação dada pela Lei n. 8.969, de 28 de dezembro de 1994.

VIII – ausência de recursos destinados a garantir a vida dos passageiros ou tripulantes;

Inciso com redação dada pela Lei n. 8.969, de 28 de dezembro de 1994.

IX – prática do que, geralmente, se deva omitir ou omissão do que, geralmente, se deva praticar.

Inciso com redação dada pela Lei n. 8.969, de 28 de dezembro de 1994.

§ 1º O Tribunal poderá aplicar, até o décuplo, a pena de multa ao proprietário, armador, operador, locatário, afretador ou carregador, convencido da responsabilidade, direta ou indireta, nos casos a que se referem este artigo e o anterior, bem como na inobservância dos deveres que a sua qualidade lhe impõe em relação à navegação e atividades conexas.

Inciso com redação dada pela Lei n. 8.969, de 28 de dezembro de 1994.

§ 2º Essa responsabilidade não exclui a do pessoal marítimo que transigir com os armadores na prática daquelas infrações.

Inciso com redação dada pela Lei n. 8.969, de 28 de dezembro de 1994.

▪**Art. 125.** Quando provado que a estiva foi feita em desacordo com as instruções do comandante, piloto, mestre, contramestre e qualquer outro preposto do armador, resultando da infração dano à embarcação ou à carga, a empresa estivadora, o estivador, ou ambos, serão punidos com a multa prevista no § 5º do art. 121, isolada ou cumulativamente com a pena de suspensão.

Inciso com redação dada pela Lei n. 8.969, de 28 de dezembro de 1994.

▪**Art. 126.** Quando provado vício da embarcação, decorrente da mão de obra ou do material empregado pelo empreiteiro, estaleiro, carreira, dique ou oficina de construção ou de reparação naval, em desacordo com as exigências legais, o responsável será punido com a multa prevista no § 5º do art. 121.

Inciso com redação dada pela Lei n. 8.969, de 28 de dezembro de 1994.

Parágrafo único. A falta de pagamento da multa importará na suspensão das licenças para construção ou reparação naval.

Parágrafo acrescentado pela Lei n. 8.969, de 28 de dezembro de 1994.

CAPÍTULO IV
DA APLICAÇÃO DA PENA

Denominação dada pela Lei n. 8.969, de 28 de dezembro de 1994.

▪**Art. 127.** Cabe ao Tribunal, atendendo aos antecedentes e à personalidade do responsável, à intensidade do dolo ou ao grau da culpa, às circunstâncias e consequências da infração:

Caput com redação dada pela Lei n. 8.969, de 28 de dezembro de 1994.

I – determinar a pena aplicável dentre as cominadas alternativamente;

Inciso acrescentado pela Lei n. 8.969, de 28 de dezembro de 1994.

II – fixar, dentro dos limites legais, a quantidade da pena aplicável.

Inciso acrescentado pela Lei n. 8.969, de 28 de dezembro de 1994.

§ 1º Na fixação da pena de multa, o Tribunal deverá atender, principalmente, à situação econômica do infrator.

Parágrafo acrescentado pela Lei n. 8.969, de 28 de dezembro de 1994.

§ 2º A multa poderá ser aumentada até o dobro, se o Tribunal julgar que, em virtude da situação econômica do infrator, é ineficaz, embora aplicada no máximo.

Parágrafo acrescentado pela Lei n. 8.969, de 28 de dezembro de 1994.

§ 3º Aos infratores em geral assegurar-se-ão o contraditório e a ampla defesa, com os meios e recursos a ela inerentes.

Parágrafo acrescentado pela Lei n. 8.969, de 28 de dezembro de 1994.

▪**Art. 128.** O Tribunal poderá substituir as penas de multa e suspensão pela de repreensão, toda vez que somente encontrar atenuantes a favor do responsável.

Artigo com redação dada pela Lei n. 8.969, de 28 de dezembro de 1994.

▪**Art. 129.** A pena de suspensão, cancelamento da matrícula e da carteira de habilitação de amador ou de interdição em que incorrer a tripulação de embarcação estrangeira será aplicada somente com relação ao exercício de suas funções em águas sob jurisdição nacional.

Artigo com redação dada pela Lei n. 8.969, de 28 de dezembro de 1994.

▪**Art. 130.** A pena de multa prevista nesta lei será aplicada ainda nos casos de dolo ou fraude nos registros mantidos pelo Tribunal.

Artigo com redação dada pela Lei n. 8.969, de 28 de dezembro de 1994.

Parágrafo único. A competência para aplicar a penalidade, nos casos deste artigo, será do Presidente do Tribunal.

Parágrafo acrescentado pela Lei n. 8.969, de 28 de dezembro de 1994.

▪**Art. 131.** A multa deverá ser paga dentro de dez dias, depois da ciência da guia de sentença, prazo esse que, no entanto, poderá ser excepcionalmente dilatado.

Artigo com redação dada pela Lei n. 8.969, de 28 de dezembro de 1994.

Parágrafo único. Caso a multa seja elevada para as posses do infrator, poderá ser permitido que o pagamento se efetue em quotas mensais, até dentro de um ano, no máximo.

Parágrafo acrescentado pela Lei n. 8.969, de 28 de dezembro de 1994.

▪**Art. 132.** O Tribunal poderá converter a multa em suspensão, quando se apresentarem razões que o justifiquem.

Artigo com redação dada pela Lei n. 8.969, de 28 de dezembro de 1994.

Parágrafo único. Para a conversão, a cada quatro Ufir corresponderá um dia de suspensão, atribuindo-se tantos dias de suspensão quantas daquelas frações estiverem contidas no valor da multa, arredondando-se para um mês, quando o resultado apurado for menor do que trinta dias.

▪**Art. 133.** Não se executará a pena de multa quando ela incidir sobre os recursos indispensáveis à manutenção do infrator e sua família.

Artigo com redação dada pela Lei n. 8.969, de 28 de dezembro de 1994.

Parágrafo único. Se, no entanto, o infrator for reincidente, aplicar-se-á o disposto no artigo anterior.

▪**Art. 134.** Suspender-se-á a execução da pena de multa, se ao infrator sobrevier doença que o incapacite para o trabalho e este não dispuser de outras fontes de recursos.

Artigo com redação dada pela Lei n. 8.969, de 28 de dezembro de 1994.

Parágrafo único. Proceder-se-á à cobrança caso o infrator volte ao exercício de sua atividade.

▪**Art. 135.** Agravarão sempre a pena, quando de *per si* não constituam a própria infração, as seguintes circunstâncias:

Caput com redação dada pela Lei n. 8.969, de 28 de dezembro de 1994.

I – a reincidência;

Inciso acrescentado pela Lei n. 8.969, de 28 de dezembro de 1994.

II – a ação ou omissão da qual tenha resultado perda de vida;

Inciso acrescentado pela Lei n. 8.969, de 28 de dezembro de 1994.

III – a coação ou abuso de autoridade ou poder inerente ao cargo, posto ou função;

Inciso acrescentado pela Lei n. 8.969, de 28 de dezembro de 1994.

IV – o pânico a bordo, quando evitável ou reprimível;

Inciso acrescentado pela Lei n. 8.969, de 28 de dezembro de 1994.

V – a desobediência a ordem legal, emanada de superior hierárquico;

Inciso acrescentado pela Lei n. 8.969, de 28 de dezembro de 1994.

VI – a ausência do posto, quando em serviço;

Inciso acrescentado pela Lei n. 8.969, de 28 de dezembro de 1994.

VII – o concurso em ato que tenha agravado a extensão do dano;

Inciso acrescentado pela Lei n. 8.969, de 28 de dezembro de 1994.

VIII – a instigação a cometer a infração;

Inciso acrescentado pela Lei n. 8.969, de 28 de dezembro de 1994.

IX – a execução da infração mediante paga ou promessa de recompensa;

Inciso acrescentado pela Lei n. 8.969, de 28 de dezembro de 1994.

X – ter praticado a infração para assegurar ou facilitar a execução, a ocultação, a impunidade ou a obtenção de vantagem de outra infração;

Inciso acrescentado pela Lei n. 8.969, de 28 de dezembro de 1994.

XI – a embriaguez e o uso de substância entorpecente, salvo se decorrer de caso fortuito ou de força maior;

Inciso acrescentado pela Lei n. 8.969, de 28 de dezembro de 1994.

XII – ser a infração praticada no exterior;

Inciso acrescentado pela Lei n. 8.969, de 28 de dezembro de 1994.

XIII – resultar da infração poluição ou qualquer outra forma de dano ao meio aquático.

Inciso acrescentado pela Lei n. 8.969, de 28 de dezembro de 1994.

▪**Art. 136.** Verificar-se-á reincidência quando o agente cometer outra infração, depois de definitivamente condenado por infração anterior.

Caput com redação dada pela Lei n. 8.969, de 28 de dezembro de 1994.

§ 1º A reincidência será específica, se as infrações forem da mesma natureza.

Parágrafo acrescentado pela Lei n. 8.969, de 28 de dezembro de 1994.

§ 2º Considerar-se-ão da mesma natureza as infrações estabelecidas em um só dispositivo legal, bem como as que, embora estabelecidas em dispositivos diversos, apresentarem pelos atos que as constituírem, ou pelos seus motivos determinantes, os mesmos caracteres fundamentais.

Parágrafo acrescentado pela Lei n. 8.969, de 28 de dezembro de 1994.

§ 3º O decurso de tempo a ser observado na aplicação do agravamento da pena, por reincidência, é de cinco anos, devendo ser considerado como marco inicial de contagem:

Parágrafo acrescentado pela Lei n. 8.969, de 28 de dezembro de 1994.

I – nas hipóteses de repreensão, medida educativa concernente à segurança da navegação, ou ambas, a data em que transitar em julgado o acórdão do Tribunal;

Inciso acrescentado pela Lei n. 8.969, de 28 de dezembro de 1994.

II – na hipótese de multa, o dia do seu pagamento ou, se tiver sido concedido o parcelamento, o da última parcela paga;

Inciso acrescentado pela Lei n. 8.969, de 28 de dezembro de 1994.

III – nas hipóteses de suspensão e interdição, após o último dia de cumprimento da pena;

Inciso acrescentado pela Lei n. 8.969, de 28 de dezembro de 1994.

IV – em qualquer caso, a data da extinção da pena.

Inciso acrescentado pela Lei n. 8.969, de 28 de dezembro de 1994.

▪**Art. 137.** A reincidência específica importará na aplicação da pena de multa ou de suspensão, acrescida do dobro da fixada para a pena-base, somadas as circunstâncias agravantes, quando for o caso, observados os limites estabelecidos no art. 121 e seus parágrafos.

Artigo com redação dada pela Lei n. 8.969, de 28 de dezembro de 1994.

▪**Art. 138.** A reincidência genérica importará na aplicação da pena de multa ou suspensão, acrescida da metade da fixada para a pena-base, somadas as circunstâncias agravantes, quando for o caso, observados os limites do art. 121 e seus parágrafos.

Artigo com redação dada pela Lei n. 8.969, de 28 de dezembro de 1994.

▪**Art. 139.** Serão sempre circunstâncias atenuantes da pena:

Caput com redação dada pela Lei n. 8.969, de 28 de dezembro de 1994.

I – ser o agente menor de vinte e um anos ou maior de setenta anos;

Inciso com redação dada pela Lei n. 8.969, de 28 de dezembro de 1994.

II – terem sido de somenos importância os efeitos da infração cometida;

Inciso com redação dada pela Lei n. 8.969, de 28 de dezembro de 1994.

III – a ignorância, ou a errada compreensão da lei, quando escusável;

Inciso com redação dada pela Lei n. 8.969, de 28 de dezembro de 1994.

IV – ter o agente:

Inciso com redação dada pela Lei n. 8.969, de 28 de dezembro de 1994.

a) procurado, por sua espontânea vontade e com eficiência, logo após o acidente ou fato da navegação, minorar-lhe as consequências;

Alínea acrescentada pela Lei n. 8.969, de 28 de dezembro de 1994.

b) cometido a infração sob coação a que podia resistir, ou sob violenta emoção por influência externa não provocada;

Alínea acrescentada pela Lei n. 8.969, de 28 de dezembro de 1994.

c) cometido a infração em estado de esgotamento físico, resultante de trabalho extraordinário;

Alínea acrescentada pela Lei n. 8.969, de 28 de dezembro de 1994.

d) confessado, espontaneamente, a autoria do fato.

Alínea acrescentada pela Lei n. 8.969, de 28 de dezembro de 1994.

▪**Art. 140.** Em concurso de agravantes e atenuantes, a pena deverá aproximar-se do limite indicado pelas circunstâncias preponderantes, entendendo-se como tais as que resultarem dos motivos determinantes da infração, da personalidade do agente e da reincidência.

Artigo com redação dada pela Lei n. 8.969, de 28 de dezembro de 1994.

▪**Art. 141.** A pena que tenha de ser aumentada ou diminuída dentro de determinados limites é a que o Tribunal aplicaria se não existisse causa de aumento ou de diminuição.

Caput com redação dada pela Lei n. 8.969, de 28 de dezembro de 1994.

Parágrafo único. Em concurso das causas de aumento ou de diminuição da pena, as mesmas compensar-se-ão.

Parágrafo acrescentado pela Lei n. 8.969, de 28 de dezembro de 1994.

▪**Art. 142.** Quando o agente, mediante mais de uma ação ou omissão, praticar duas ou mais infrações, idênticas ou não, aplicar-se-ão, cumulativamente, as penas em que houver incorrido.

Caput com redação dada pela Lei n. 8.969, de 28 de dezembro de 1994.

Parágrafo único. Quando o agente, mediante mais de uma ação ou omissão, praticar duas ou mais infrações da mesma espécie, e pelas condições de tempo e lugar, maneira de execução e outras semelhantes, deverem as infrações subsequentes ser havidas como continuação da primeira, ser-lhe-á imposta a pena de uma só das infrações, se idênticas, ou a mais grave, se diversas, aumentada, em qualquer caso, de um sexto a dois terços.

Parágrafo acrescentado pela Lei n. 8.969, de 28 de dezembro de 1994.

▪**Art. 143.** A ignorância ou a errada compreensão da lei, quando escusáveis, ou quando as consequências da infração atingirem o próprio agente de forma tão grave que a sanção administrativa se torne desnecessária, poderão, excepcionalmente, resultar na não aplicação de pena.

Artigo com redação dada pela Lei n. 8.969, de 28 de dezembro de 1994.

▪**Art. 144.** Os casos omissos serão resolvidos por Resolução do Tribunal Marítimo.

Artigo com redação dada pela Lei n. 8.969, de 28 de dezembro de 1994.

▪**Art. 145.** Nos casos de ignorância ou de errada compreensão da lei, quando escusáveis, poderá a pena, excepcionalmente, deixar de ser aplicada.

▪**Art. 146.** Nos casos omissos obeservar-se-ão os dispositivos da legislação comum, no que forem aplicáveis.

TÍTULO VI

CAPÍTULO I
DO QUADRO DO TRIBUNAL MARÍTIMO

▪**Art. 147.** O Tribunal Marítimo terá o seu Quadro próprio de Pessoal.

Caput com redação dada pela Lei n. 5.056, de 29 de junho de 1966.

Parágrafo único. Dentro de cento e vinte (120) dias a contar da publicação desta Lei o Poder Executivo submeterá à aprovação do Congresso Nacional o novo Quadro de Pessoal do Tribunal, que lhe será proposto pelo seu Juiz-Presidente, através do Ministro da Marinha.

Parágrafo acrescentado pela Lei n. 5.056, de 29 de junho de 1966.

CAPÍTULO II
DISPOSIÇÕES ESPECIAIS

▪**Art. 148.** Os juízes do Tribunal Marítimo gozarão da inamovibilidade e das deferências devidas ao seu cargo.

Parágrafo único. O tempo de serviço prestado ao Tribunal, na vigência das leis anteriores, será contado para todos os efeitos como de serviço público federal.

▪**Art. 149.** *(Revogado pelo Decreto-lei n. 25, de 1º de novembro de 1966.)*

▪**Art. 150.** *(Revogado pela Lei n. 7.642, de 18 de dezembro de 1987.)*

▪**Art. 151.** Aos demais funcionários do Tribunal e no que concerne ao aproveitamento de cargos, direitos e vantagens, deveres e responsabilidades, aplicam-se as disposições da legislação que estiver para os servidores públicos federais, com as alterações decorrentes da presente lei.

▪**Art. 152.** Fica estabelecido para o Tribunal o regime das férias coletivas.

Parágrafo único. O período de trinta dias, contado a partir do primeiro dia útil do mês de janeiro, será de férias para o Tribunal, que somente se reunirá para assuntos de alta relevância, por convocação extraordinária do Juiz-Presidente.

Parágrafo com redação dada pela Lei n. 9.527, de 10 de dezembro de 1997.

▪**Art. 153.** *(Revogado pela Lei n. 7.642, de 18 de dezembro de 1987.)*

▪**Art. 154.** O retardamento de processo por parte de juiz, procurador, adjunto de procurador ou advogado de ofício, determinará a perda de tantos dias de vencimentos quantos os excedidos dos prazos estabelecidos nesta lei, descontados no mês imediato àquele em que se verificar a falta.

Parágrafo único. O desconto far-se-á pela repartição pagadora, à vista de certidão, que o Secretário do Tribunal lhe remeterá *ex officio*, sob pena de multa de Cr$ 500,00 (quinhentos cruzeiros), imposta por autoridade fiscal, sem prejuízo da de falta de exação no cumprimento do dever.

CAPÍTULO III
DISPOSIÇÕES FINAIS

▪**Art. 155.** Nos casos de matéria processual omissos nesta lei, serão observadas as disposições das leis de processo que estiverem em vigor.

▪**Art. 156.** Nos processos da competência do Tribunal Marítimo haverá custas que serão recolhidas na forma da legislação fazendária em vigor.

Artigo com redação dada pela Lei n. 5.056, de 29 de junho de 1966.

§ 1º O Tribunal organizará o seu Regimento de Custas e o submeterá à aprovação do Presidente da República no prazo de cento e vinte (120) dias, a contar da publicação desta lei.

§ 2º O referido Regimento de Custas deverá ser vinculado ao valor do maior salário mínimo vigente no País e atualizável de acordo com os reajustamentos daquele valor.

▪**Art. 157.** O Tribunal Marítimo deverá, no prazo de noventa (90) dias, contados da publicação desta lei, ter elaborado o seu Regimento Interno para submetê-lo ao Presidente da República.

Caput com redação dada pela Lei n. 5.056, de 29 de junho de 1966.

Parágrafo único. O Regimento Interno entrará em vigor no prazo de noventa (90) dias, para o País, e cento e vinte (120) dias, para o exterior, a contar da data de sua publicação no órgão oficial.

Parágrafo acrescentado pela Lei n. 5.056, de 29 de junho de 1966.

▪**Art. 158.** Revogam-se as disposições em contrário.

Rio de Janeiro, 5 de fevereiro de 1954; 133º da Independência e 66º da República.

GETULIO VARGAS

Renato de Almeida Guillobel

LEI N. 7.642, DE 18 DE DEZEMBRO DE 1987

Dispõe sobre a Procuradoria Especial da Marinha – PEM, e dá outras providências.

O Presidente da República, faço saber que o Congresso Nacional decreta e eu sanciono a seguinte lei:

▪**Art. 1°** A Procuradoria junto ao Tribunal Marítimo, a que se refere o art. 4° da Lei n. 2.180, de 5 de fevereiro de 1954, passa a constituir a Procuradoria Especial da Marinha – PEM, de acordo com as disposições desta lei.

▪**Art. 2°** A Procuradoria Especial da Marinha – PEM, diretamente subordinada ao Ministro da Marinha, é responsável, perante o Tribunal Marítimo, pela fiel observância da Constituição Federal, das leis e dos atos emanados dos poderes públicos, referentes às atividades marítimas, fluviais e lacustres.

▪**Art. 3°** O cargo de Diretor da Procuradoria Especial da Marinha – PEM será exercido por Oficial Superior da Marinha.

Parágrafo único. Quando, por necessidade de serviço, o cargo de Diretor da Procuradoria Especial da Marinha – PEM não puder ser provido por Oficial Superior da Marinha, da ativa, designado pelo Ministro da Marinha, será considerado como cargo de provimento em comissão, pelo critério de confiança.

▪**Art. 4°** A Procuradoria Especial da Marinha – PEM será constituída por Procuradores e Advogados de Ofício, segundo a lotação do Quadro e Tabela Permanentes do Pessoal Civil da Marinha, e por servidores civis e militares do Ministério da Marinha.

§ 1° Haverá um Procurador-Chefe, dentre os Procuradores integrantes do respectivo Quadro de lotação, que assistirá a Direção da Procuradoria.

§ 2° Fica vedado ao Advogado de Ofício exercer, perante o Tribunal Marítimo, advocacia por mandato de parte interessada.

▪**Art. 5°** Compete à Procuradoria Especial da Marinha – PEM:

I – assessorar, juridicamente, o Ministro da Marinha, o Estado-Maior da Armada, a Secretaria-Geral da Marinha e a Diretoria-Geral de Navegação, nas consultas concernentes ao Direito Marítimo Administrativo e ao Direito Marítimo Internacional, bem como naquelas atinentes a acidentes ou fatos da navegação;

II – atuar nos processos da competência do Tribunal Marítimo, em todas as suas fases;

III – oficiar em todas as consultas feitas ao Tribunal Marítimo;

IV – requerer, perante o Tribunal Marítimo, o arquivamento dos inquéritos provenientes de órgão competente;

V – oficiar à autoridade competente, solicitando a instauração de inquérito, sempre que lhe chegar ao conhecimento qualquer acidente ou fato da navegação;

VI – oficiar nos processos promovidos mediante representação de interessados ou por decisão do Tribunal Marítimo, acompanhando-os em todas as fases;

VII – oficiar em todos os processos de registro de propriedade marítima, de armador, de hipoteca e demais ônus reais sobre embarcação;

VIII – promover a assistência judiciária gratuita aos acusados que não disponham de recursos para constituir advogado, aos revéis, ausentes ou foragidos, assim declarados, e aos que o Tribunal Marítimo considere indefesos;

IX – servir de curadoria, nos casos previstos em lei; e

X – promover e manter estágio forense perante o Tribunal Marítimo.

▪**Art. 6°** O Ministro da Marinha baixará os atos complementares que se fizerem necessários à execução desta lei, no prazo de 120 (cento e vinte) dias a contar da data de sua publicação.

▪**Art. 7°** Esta lei entra em vigor na data de sua publicação.

▪**Art. 8°** Revogam-se os arts. 4°, 5°, 6°, 7°, 28, 29, 30, 150 e 153 da Lei n. 2.180, de 5 de fevereiro de 1954; os arts. 4º e 5º da Lei n. 3.543, de 11 de fevereiro de 1959; a Lei n. 3.747, de 10 de abril de 1960; o Decreto-lei n. 383, de 26 de dezembro de 1968, e demais disposições em contrário.

Brasília, 18 de dezembro de 1987; 166º da Independência e 99º da República.

JOSÉ SARNEY
Henrique Saboia

LEI N. 9.537, DE 11 DE DEZEMBRO DE 1997

Dispõe sobre a segurança do tráfego aquaviário em águas sob jurisdição nacional e dá outras providências.

O Presidente da República: Faço saber que o Congresso Nacional decreta e eu sanciono a seguinte Lei:

CAPÍTULO I DISPOSIÇÕES GERAIS

▪**Art. 1°** A segurança da navegação, nas águas sob jurisdição nacional, rege-se por esta Lei.

§ 1° As embarcações brasileiras, exceto as de guerra, os tripulantes, os profissionais não tripulantes e os passageiros nelas embarcados, ainda que fora das águas sob jurisdição nacional, continuam sujeitos ao previsto nesta Lei, respeitada, em águas estrangeiras, a soberania do Estado costeiro.

§ 2° As embarcações estrangeiras e as aeronaves na superfície das águas sob jurisdição nacional estão sujeitas, no que couber, ao previsto nesta Lei.

▪**Art. 2°** Para os efeitos desta Lei, ficam estabelecidos os seguintes conceitos e definições:

I – Amador – todo aquele com habilitação certificada pela autoridade marítima para operar embarcações de esporte e recreio, em caráter não profissional;

II – Aquaviário – todo aquele com habilitação certificada pela autoridade marítima para operar embarcações em caráter profissional;

III – Armador – pessoa física ou jurídica que, em seu nome e sob sua responsabilidade, apresta a embarcação com fins comerciais, pondo-a ou não a navegar por sua conta;

IV – Comandante (também denominado Mestre, Arrais ou Patrão) – tripulante responsável pela operação e manutenção de embarcação, em condições de segurança, extensivas à carga, aos tripulantes e às demais pessoas a bordo;

V – Embarcação – qualquer construção, inclusive as plataformas flutuantes e, quando rebocadas, as fixas, sujeita a inscrição na autoridade marítima e suscetível de se locomover na água, por meios próprios ou não, transportando pessoas ou cargas;

VI – Inscrição da embarcação – cadastramento na autoridade marítima, com atribuição do nome e do número de inscrição e expedição do respectivo documento de inscrição;

VII – Inspeção Naval – atividade de cunho administrativo, que consiste na fiscalização do cumprimento desta Lei, das normas e regulamentos dela decorrentes, e dos atos e resoluções internacionais ratificados pelo Brasil, no que se refere exclusivamente à salvaguarda da vida humana e à segurança da navegação, no mar aberto e em hidrovias interiores, e à prevenção da poluição ambiental por parte de embarcações, plataformas fixas ou suas instalações de apoio;

VIII – Instalação de apoio – instalação ou equipamento, localizado nas águas, de apoio à execução das atividades nas plataformas ou terminais de movimentação de cargas;

IX – Lotação – quantidade máxima de pessoas autorizadas a embarcar;

X – Margens das águas – as bordas dos terrenos onde as águas tocam, em regime de cheia normal sem transbordar ou de preamar de sizígia;

XI – Navegação em mar aberto – a realizada em águas marítimas consideradas desabrigadas;

XII – Navegação Interior – a realizada em hidrovias interiores, assim considerados rios, lagos, canais, lagoas, baías, angras, enseadas e áreas marítimas consideradas abrigadas;

XIII – Passageiro – todo aquele que, não fazendo parte da tripulação nem sendo profissional não tripulante prestando serviço profissional a bordo, é transportado pela embarcação;

XIV – Plataforma – instalação ou estrutura, fixa ou flutuante, destinada às atividades direta ou indiretamente relacionadas com a pesquisa, exploração e explotação dos recursos oriundos do leito das águas interiores e seu subsolo ou do mar, inclusive da plataforma continental e seu subsolo;

XV – Prático – aquaviário não tripulante que presta serviços de praticagem embarcado;

XVI – Profissional não tripulante – todo aquele que, sem exercer atribuições diretamente ligadas à operação da embarcação, presta serviços eventuais a bordo;

XVII – Proprietário – pessoa física ou jurídica, em nome de quem a propriedade da embarcação é inscrita na autoridade marítima e, quando legalmente exigido, no Tribunal Marítimo;

XVIII – Registro de Propriedade da Embarcação – registro no Tribunal Marítimo, com a expedição da Provisão de Registro da Propriedade Marítima;

XIX – Tripulação de Segurança – quantidade mínima de tripulantes necessária a operar, com segurança, a embarcação;

XX – Tripulante – aquaviário ou amador que exerce funções, embarcado, na operação da embarcação;

XXI – Vistoria – ação técnico-administrativa, eventual ou periódica, pela qual é verificado o cumprimento de requisitos estabelecidos em normas nacionais e internacionais, referentes à prevenção da poluição ambiental e às condições de segurança e habitabilidade de embarcações e plataformas.

▪**Art. 3º** Cabe à autoridade marítima promover a implementação e a execução desta Lei, com o propósito de assegurar a salvaguarda da vida humana e a segurança da navegação, no mar aberto e hidrovias interiores, e a prevenção da poluição ambiental por parte de embarcações, plataformas ou suas instalações de apoio.

Parágrafo único. No exterior, a autoridade diplomática representa a autoridade marítima, no que for pertinente a esta Lei.

▪**Art. 4º** São atribuições da autoridade marítima:

I – elaborar normas para:

a) habilitação e cadastro dos aquaviários e amadores;

b) tráfego e permanência das embarcações nas águas sob jurisdição nacional, bem como sua entrada e saída de portos, atracadouros, fundeadouros e marinas;

c) realização de inspeções navais e vistorias;

d) arqueação, determinação da borda livre, lotação, identificação e classificação das embarcações;

e) inscrição das embarcações e fiscalização do Registro de Propriedade;

f) cerimonial e uso dos uniformes a bordo das embarcações nacionais;

g) registro e certificação de helipontos das embarcações e plataformas, com vistas à homologação por parte do órgão competente;

h) execução de obras, dragagens, pesquisa e lavra de minerais sob, sobre e às margens das águas sob jurisdição nacional, no que concerne ao ordenamento do espaço aquaviário e à segurança da navegação, sem prejuízo das obrigações frente aos demais órgãos competentes;

i) cadastramento e funcionamento das marinas, clubes e entidades desportivas náuticas, no que diz respeito à salvaguarda da vida humana e à segurança da navegação no mar aberto e em hidrovias interiores;

j) cadastramento de empresas de navegação, peritos e sociedades classificadoras;

l) estabelecimento e funcionamento de sinais e auxílios à navegação;

m) aplicação de penalidade pelo Comandante;

II – regulamentar o serviço de praticagem, estabelecer as zonas de praticagem em que a utilização do serviço é obrigatória e especificar as embarcações dispensadas do serviço;

III – determinar a tripulação de segurança das embarcações, assegurado às partes interessadas o direito de interpor recurso, quando discordarem da quantidade fixada;

IV – determinar os equipamentos e acessórios que devam ser homologados para uso a bordo de embarcações e plataformas e estabelecer os requisitos para a homologação;

V – estabelecer a dotação mínima de equipamentos e acessórios de segurança para embarcações e plataformas;

VI – estabelecer os limites da navegação interior;

VII – estabelecer os requisitos referentes às condições de segurança e habitabilidade e para a prevenção da poluição por parte de embarcações, plataformas ou suas instalações de apoio;

VIII – definir áreas marítimas e interiores para constituir refúgios provisórios, onde as embarcações possam fundear ou varar, para execução de reparos;

IX – executar a inspeção naval;

X – executar vistorias, diretamente ou por intermédio de delegação a entidades especializadas.

▪**Art. 4º-A.** Sem prejuízo das normas adicionais expedidas pela autoridade marítima, é obrigatório o uso de proteção no motor, eixo e quaisquer outras partes móveis das embarcações que possam promover riscos à integridade física dos passageiros e da tripulação.

Artigo acrescentado pela Lei n. 11.970, de 6 de julho de 2009.

§ 1º O tráfego de embarcação sem o cumprimento do disposto no *caput* deste artigo sujeita o infrator às medidas administrativas previstas nos incisos I e II do *caput* do art. 16, bem como às penalidades previstas no art. 25 desta Lei.

§ 2º Em caso de reincidência, a penalidade de multa será multiplicada por 3 (três), além de ser apreendida a embarcação e cancelado o certificado de habilitação.

§ 3º A aplicação das medidas administrativas e das penalidades previstas neste artigo não exime o infrator da devida responsabilização nas esferas cível e criminal.

▪**Art. 5°** A embarcação estrangeira, submetida à inspeção naval, que apresente irregularidades na documentação ou condições operacionais precárias, representando ameaça de danos ao meio ambiente, à tripulação, a terceiros ou à segurança do tráfego aquaviário, pode ser ordenada a:

I – não entrar no porto;

II – não sair do porto;

III – sair das águas jurisdicionais;

IV – arribar em porto nacional.

▪**Art. 6°** A autoridade marítima poderá delegar aos municípios a fiscalização do tráfego de embarcações que ponham em risco a integridade física de qualquer pessoa nas áreas adjacentes às praias, quer sejam marítimas, fluviais ou lacustres.

CAPÍTULO II
DO PESSOAL

▪**Art. 7°** Os aquaviários devem possuir o nível de habilitação estabelecido pela autoridade marítima para o exercício de cargos e funções a bordo das embarcações.

Parágrafo único. O embarque e desembarque do tripulante submete-se às regras do seu contrato de trabalho.

▪**Art. 8°** Compete ao Comandante:

I – cumprir e fazer cumprir a bordo, a legislação, as normas e os regulamentos, bem como os atos e as resoluções internacionais ratificados pelo Brasil;

II – cumprir e fazer cumprir a bordo, os procedimentos estabelecidos para a salvaguarda da vida humana, para a preservação do meio ambiente e para a segurança da navegação, da própria embarcação e da carga;

III – manter a disciplina a bordo;

IV – proceder:

a) à lavratura, em viagem, de termos de nascimento e óbito ocorridos a bordo, nos termos da legislação específica;

b) ao inventário e à arrecadação dos bens das pessoas que falecerem a bordo, entregando-os à autoridade competente, nos termos da legislação específica;

c) à realização de casamentos e aprovação de testamentos *in extremis*, nos termos da legislação específica;

V – comunicar à autoridade marítima:

a) qualquer alteração dos sinais náuticos de auxílio à navegação e qualquer obstáculo ou estorvo à navegação que encontrar;

b) acidentes e fatos da navegação ocorridos com sua embarcação;

c) infração desta Lei ou das normas e dos regulamentos dela decorrentes, cometida por outra embarcação.

Parágrafo único. O descumprimento das disposições contidas neste artigo sujeita o Comandante, nos termos do art. 22 desta Lei, às penalidades de multa ou suspensão do certificado de habilitação, que podem ser cumulativas.

▪**Art. 9°** Todas as pessoas a bordo estão sujeitas à autoridade do Comandante.

▪**Art. 10.** O Comandante, no exercício de suas funções e para garantia da segurança das pessoas, da embarcação e da carga transportada, pode:

I – impor sanções disciplinares previstas na legislação pertinente;

II – ordenar o desembarque de qualquer pessoa;

III – ordenar a detenção de pessoa em camarote ou alojamento, se necessário com algemas, quando imprescindível para a manutenção da integridade física de terceiros, da embarcação ou da carga;

IV – determinar o alijamento de carga.

▪**Art. 11.** O Comandante, no caso de impedimento, é substituído por outro tripulante, segundo a precedência hierárquica, estabelecida pela autoridade marítima, dos cargos e funções a bordo das embarcações.

CAPÍTULO III
DO SERVIÇO DE PRATICAGEM

▪**Art. 12.** O serviço de praticagem consiste no conjunto de atividades profissionais de assessoria ao Comandante requeridas por força de peculiaridades locais que dificultem a livre e segura movimentação da embarcação.

▪**Art. 13.** O serviço de praticagem será executado por práticos devidamente habilitados, individualmente, organizados em associações ou contratados por empresas.

§ 1° A inscrição de aquaviários como práticos obedecerá aos requisitos estabelecidos pela autoridade marítima, sendo concedida especificamente para cada zona de praticagem, após a aprovação em exame e estágio de qualificação.

§ 2° A manutenção da habilitação do prático depende do cumprimento da frequência mínima de manobras estabelecida pela autoridade marítima.

§ 3° É assegurado a todo prático, na forma prevista no *caput* deste artigo, o livre exercício do serviço de praticagem.

§ 4° A autoridade marítima pode habilitar Comandantes de navios de bandeira brasileira a conduzir a embarcação sob seu comando no interior de zona de praticagem específica ou em parte dela, os quais serão considerados como práticos nesta situação exclusiva.

▪**Art. 14.** O serviço de praticagem, considerado atividade essencial, deve estar permanentemente disponível nas zonas de praticagem estabelecidas.

Parágrafo único. Para assegurar o disposto no *caput* deste artigo, a autoridade marítima poderá:

I – estabelecer o número de práticos necessário para cada zona de praticagem;

II – fixar o preço do serviço em cada zona de praticagem;

III – requisitar o serviço de práticos.

▪**Art. 15.** O prático não pode recusar-se à prestação do serviço de praticagem, sob pena de suspensão do certificado de habilitação ou, em caso de reincidência, cancelamento deste.

CAPÍTULO IV
DAS MEDIDAS ADMINISTRATIVAS

▪**Art. 16.** A autoridade marítima pode adotar as seguintes medidas administrativas:

I – apreensão do certificado de habilitação;

II – apreensão, retirada do tráfego ou impedimento da saída de embarcação;

III – embargo de construção, reparo ou alteração das características de embarcação;

IV – embargo da obra;

V – embargo de atividade de mineração e de benfeitorias realizadas.

§ 1° A imposição das medidas administrativas não elide as penalidades previstas nesta Lei, possuindo caráter complementar a elas.

§ 2° As medidas administrativas serão suspensas tão logo sanados os motivos que ensejaram a sua imposição.

▪**Art. 17.** A embarcação apreendida deve ser recolhida a local determinado pela autoridade marítima.

§ 1° A autoridade marítima designará responsável pela guarda de embarcação apreendida, o qual poderá ser seu proprietário, armador, ou preposto.

§ 2° A irregularidade determinante da apreensão deve ser sanada no prazo de noventa dias, sob pena de a embarcação ser leiloada ou incorporada aos bens da União.

▪**Art. 18.** O proprietário, armador ou preposto responde, nesta ordem, perante à autoridade marítima, pelas despesas relativas ao recolhimento e guarda da embarcação apreendida.

▪**Art. 19.** Os danos causados aos sinais náuticos sujeitam o causador a repará-los ou indenizar as despesas de quem executar o reparo, independentemente da penalidade prevista.

▪**Art. 20.** A autoridade marítima sustará o andamento de qualquer documento ou ato administrativo de interesse de quem estiver em débito decorrente de infração desta Lei, até a sua quitação.

▪**Art. 21.** O procedimento para a aplicação das medidas administrativas obedecerá ao disposto no Capítulo V.

Parágrafo único. Para salvaguarda da vida humana e segurança da navegação, a autoridade marítima poderá aplicar as medidas administrativas liminarmente.

CAPÍTULO V
DAS PENALIDADES

▪**Art. 22.** As penalidades serão aplicadas mediante procedimento administrativo, que se inicia com o auto de infração, assegurados o contraditório e a ampla defesa.

▪**Art. 23.** Constatada infração, será lavrado Auto de Infração pela autoridade competente designada pela autoridade marítima.

§ 1° Cópia do Auto de Infração será entregue ao infrator, que disporá de quinze dias úteis, contados da data de recebimento do Auto, para apresentar sua defesa.

§ 2° Será considerado revel o infrator que não apresentar sua defesa.

▪**Art. 24.** A autoridade a que se refere o artigo anterior disporá de trinta dias para proferir sua decisão, devidamente fundamentada.

§ 1° Da decisão a que se refere o *caput* deste artigo caberá recurso, sem efeito suspensivo, no prazo de cinco dias úteis, contado da data da respectiva notificação, dirigido à autoridade superior designada pela autoridade marítima, que proferirá decisão no prazo e forma previstos no *caput*.

§ 2° Em caso de recurso contra a aplicação da pena de multa, será exigido o depósito prévio do respectivo valor, devendo o infrator juntar, ao recurso, o correspondente comprovante.

▪**Art. 25.** As infrações são passíveis das seguintes penalidades:

I – multa;

II – suspensão do certificado de habilitação;

III – cancelamento do certificado de habilitação;

IV – demolição de obras e benfeitorias.

Parágrafo único. As penalidades previstas nos incisos I e IV poderão ser cumuladas com qualquer das outras.

▪**Art. 26.** O Poder Executivo fixará anualmente o valor das multas, considerando a gravidade da infração.

▪**Art. 27.** A pena de suspensão não poderá ser superior a doze meses.

▪**Art. 28.** Decorridos dois anos de imposição da pena de cancelamento, o infrator poderá requerer a sua reabilitação, submetendo-se a todos os requisitos estabelecidos para a certificação de habilitação.

▪**Art. 29.** A demolição, ordenada pela autoridade marítima, de obra ou benfeitoria será realizada pelo infrator, que arcará também com as despesas referentes à recomposição do local, restaurando as condições anteriormente existentes para a navegação.

Parágrafo único. A autoridade marítima poderá providenciar diretamente a demolição de obra e a recomposição do local, por seus próprios meios ou pela contratação de terceiros, às expensas do infrator.

▪**Art. 30.** São circunstâncias agravantes:

I – reincidência;

II – emprego de embarcação na prática de ato ilícito;

III – embriaguez ou uso de outra substância entorpecente ou tóxica;

IV – grave ameaça à integridade física de pessoas.

▪**Art. 31.** A aplicação das penalidades para as infrações das normas baixadas em decorrência do disposto na alínea *b* do inciso I do art. 4° desta Lei, cometidas nas áreas adjacentes às praias, far-se-á:

I – na hipótese prevista no art. 6° desta Lei, pelos órgãos municipais competentes, no caso da pena de multa, sem prejuízo das penalidades previstas nas leis e posturas municipais;

II – pela autoridade competente designada pela autoridade marítima, nos demais casos.

▪**Art. 32.** Ressalvado o disposto no § 2° do art. 24 desta Lei, o infrator disporá do prazo de quinze dias corridos, a contar da intimação, para pagar a multa.

▪**Art. 33.** Os acidentes e fatos da navegação, definidos em lei específica, aí incluídos os ocorridos nas plataformas, serão apurados por meio de inquérito administrativo instaurado pela autoridade marítima, para posterior julgamento no Tribunal Marítimo.

Parágrafo único. Nos casos de que trata este artigo, é vedada a aplicação das sanções previstas nesta Lei antes da decisão final do Tribunal Marítimo, sempre que uma infração for constatada no curso de inquérito administrativo para apurar fato ou acidente da navegação, com exceção da hipótese de poluição das águas.

▪**Art. 34.** Respondem solidária e isoladamente pelas infrações desta Lei:

I – no caso de embarcação, o proprietário, o armador ou preposto;

II – o proprietário ou construtor da obra;

III – a pessoa física ou jurídica proprietária de jazida ou que realizar pesquisa ou lavra de minerais;

IV – o autor material.

▪**Art. 35.** As multas, exceto as previstas no inciso I do art. 31, serão arrecadadas pela autoridade marítima, sendo o montante auferido empregado nas atividades de fiscalização desta Lei e das normas decorrentes.

CAPÍTULO VI
DISPOSIÇÕES FINAIS E TRANSITÓRIAS

▪**Art. 36.** As normas decorrentes desta Lei obedecerão, no que couber, aos atos e resoluções internacionais ratificados pelo Brasil, especificamente aos relativos à salvaguarda da vida humana nas águas, à segurança da navegação e ao controle da poluição ambiental causada por embarcações.

▪**Art. 37.** A arguição contra normas ou atos baixados em decorrência desta Lei será encaminhada à autoridade que os aprovou e, em grau de recurso, à autoridade à qual esta estiver subordinada.

▪**Art. 38.** As despesas com os serviços a serem prestados pela autoridade marítima, em decorrência da aplicação desta Lei, tais como vistorias, testes e homologação de equipamentos, pareceres, perícias, emissão de certificados e outros, serão indenizadas pelos interessados.

Parágrafo único. Os emolumentos previstos neste artigo terão seus valores estipulados pela autoridade marítima e serão pagos no ato da solicitação do serviço.

▪**Art. 39.** A autoridade marítima é exercida pelo Ministério da Marinha.

▪**Art. 40.** O Poder Executivo regulamentará esta Lei no prazo de cento e oitenta dias, contado a partir da data de sua publicação.

▪**Art. 41.** Esta Lei entra em vigor cento e oitenta dias após a data de sua publicação.

▪**Art. 42.** Revogam-se o Decreto-lei n. 2.161, de 30 de abril de 1940; os §§ 1° e 2° do art. 3°, o art. 5° e os arts. 12 a 23 do Decreto-lei n. 2.538, de 27 de agosto de 1940; o Decreto-lei n. 3.346, de 12 de junho de 1941; o Decreto-lei n. 4.306, de 18 de maio de 1942; o Decreto-lei n. 4.557, de 10 de agosto de 1942; a Lei n. 5.838, de 5 de dezembro de 1972; e demais disposições em contrário.

Brasília, 11 de dezembro de 1997, 176° da Independência e 109° da República.

FERNANDO HENRIQUE CARDOSO

Mauro Cesar Rodrigues Pereira

Eliseu Padilha

Raimundo Brito

DECRETO N. 2.596, DE 18 DE MAIO DE 1998

Regulamenta a Lei n. 9.537, de 11 de dezembro de 1997, que dispõe sobre a segurança do tráfego aquaviário em águas sob jurisdição nacional.

O Presidente do Senado Federal, no exercício do cargo de Presidente da República, no uso da atribuição que lhe confere o art. 84, IV, da Constituição, e tendo em vista o disposto no art. 40 da Lei n. 9.537, de 11 de dezembro de 1997,

Decreta:

▪**Art. 1º** Fica aprovado na forma do Anexo a este Decreto o Regulamento de Segurança do Tráfego Aquaviário em Águas sob Jurisdição Nacional.

▪**Art. 2º** O Regulamento de que trata este Decreto entra em vigor em 9 de junho de 1998.

▪**Art. 3º** Este Decreto entra em vigor na data de sua publicação.

▪**Art. 4º** Ficam revogados a partir de 9 de junho de 1998, os Decretos n. 87.648, de 24 de setembro de 1982, n. 87.891, de 3 de dezembro de 1982, n. 97.026, de 1º de novembro de 1988, n. 511, de 27 de abril de 1992, e n. 2.117, de 9 de janeiro de 1997.

Brasília, 18 de maio de 1998;
177º da Independência e 110º da República.

ANTONIO CARLOS MAGALHÃES
Mauro César Rodrigues Pereira
Eliseu Padilha / Raimundo Brito
Gustavo Krause

REGULAMENTO DE SEGURANÇA DO TRÁFEGO AQUAVIÁRIO EM ÁGUAS SOB JURISDIÇÃO NACIONAL

CAPÍTULO I DO PESSOAL

▪**Art. 1º** Os aquaviários constituem os seguintes grupos:

I – 1º Grupo – Marítimos: tripulantes que operam embarcações classificadas para navegação em mar aberto, apoio portuário e para a navegação interior nos canais, lagoas, baías, angras, enseadas e áreas marítimas consideradas abrigadas;

II – 2º Grupo – Fluviários: tripulantes que operam embarcações classificadas para a navegação interior nos lagos, rios e de apoio fluvial;

III – 3º Grupo – Pescadores: tripulantes que exercem atividades a bordo de embarcação de pesca;

IV – 4º Grupo – Mergulhadores: tripulantes ou profissionais não tripulantes com habilitação certificada pela autoridade marítima para exercer atribuições diretamente ligadas à operação da embarcação e prestar serviços eventuais a bordo às atividades subaquáticas;

V – 5º Grupo – Práticos: aquaviários não tripulantes que prestam serviços de praticagem embarcados;

VI – 6º Grupo – Agentes de Manobra e Docagem: aquaviários não tripulantes que manobram navios nas fainas em diques, estaleiros e carreiras.

Parágrafo único. Os grupos de aquaviários são constituídos pelas categorias constantes do Anexo I a este Regulamento.

▪**Art. 2º** Os Amadores constituem um único grupo com as categorias constantes do item II do Anexo I a este Regulamento.

CAPÍTULO II DA NAVEGAÇÃO E EMBARCAÇÕES

▪**Art. 3º** A navegação, para efeito deste Regulamento, é classificada como:

I – mar aberto: a realizada em águas marítimas consideradas desabrigadas, podendo ser de:

a) longo curso: a realizada entre portos brasileiros e estrangeiros;

b) cabotagem: a realizada entre portos ou pontos do território brasileiro utilizando a cia marítima ou esta e as vias navegáveis interiores;

c) apoio marítimo: a realizada para o apoio logístico a embarcações e instalações em águas territoriais nacionais e na Zona Econômica Exclusiva, que atuem nas atividades de pesquisa e lavra de minerais e hidrocarbonetos;

II – interior: a realizada em hidrovias interiores, assim considerados rios, lagos, canais, lagoas, baias, angras, enseadas e áreas marítimas consideradas.

Parágrafo único. A navegação realizada exclusivamente nos portos e terminais aquaviários para atendimento de embarcações e instalações portuárias é classificada como de apoio portuário.

▪**Art. 4º** Caberá à autoridade marítima estabelecer os requisitos para homologação de Estações de Manutenção de Equipamentos de Salvatagem.

▪**Art. 5º** A autoridade marítima poderá delegar competência para entidades especializadas, públicas ou privadas, para aprovar processos, emitir documentos, realizar vistorias e atuar em nome do Governo brasileiro em assuntos relativos à segurança da navegação, salvaguarda da vida humana e prevenção da poluição ambiental.

CAPÍTULO III
DO SERVIÇO DE PRATICAGEM

▪**Art. 6º** A Aplicação do previsto no inciso II do parágrafo único do art. 14 da Lei n. 9.537, de 11 de dezembro de 1997, observará o seguinte:

I – o serviço de praticagem é constituído de prático, lancha de prático e atalaia;

II – a remuneração do serviço de praticagem abrange o conjunto dos elementos apresentados no inciso I, devendo o preço ser livremente negociado entre as partes interessadas, seja pelo conjunto dos elementos ou para cada elemento serapadamente;

III – nos casos excepcionais em que não haja acordo, a autoridade marítima determinará a fixação do preço, garantida a obrigatoriedade da prestação do serviço.

CAPÍTULO IV
DAS INFRAÇÕES E PENALIDADES

Seção I
Das Disposições Gerais

▪**Art. 7º** Constitui infração às regras do tráfego aquaviário a inobservância de qualquer preceito deste Regulamento, de normas complementares emitidas pela autoridade marítima e de ato ou resolução internacional ratificado pelo Brasil, sendo o infrator sujeito às penalidades indicadas em cada artigo.

§ 1º É da competência do representante da autoridade marítima a prerrogativa de estabelecer o valor da multa e o período de suspensão do Certificado de Habilitação, respeitados os limites estipulados neste Regulamento.

§ 2º As infrações, para efeito de multa, estão classificadas em grupo, sendo seus valores estabelecidos pelo Anexo II a este Regulamento.

§ 3º Para efeito deste Regulamento o autor material da infração poderá ser:

I – o tripulante;

II – o proprietário, armador ou preposto da embarcação;

III – a pessoa física ou jurídica que construir ou alterar as características da embarcação;

IV – o construtor ou proprietário de obra sob, sobre ou às margens das águas;

V – o pesquisador, explorador ou proprietário de jazida mineral sob, sobre ou às margens das águas;

VI – o prático;

VII – o agente de manobra e docagem.

▪**Art. 8º** A penalidade de suspensão do Certificado de habilitação para as infrações previstas neste capítulo, somente poderá ser aplicada ao aquaviário ou amador embarcados e ao prático.

▪**Art. 9º** A infração e seu autor material serão constatados:

I – no momento em que for praticada a infração;

II – mediante apuração;

III – por inquérito administrativo.

▪**Art. 10.** A reincidência, para efeito de gradação das penalidades deste Regulamento, é a repetição da prática da mesma infração em um período igual ou inferior a doze meses.

Parágrafo único. A reincidência implicará, em caso de pena de multa ou suspensão do Certificado de Habilitação, se o próprio artigo que a impuser não estabelecer outro procedimento, na multiplicação da penalidade por dois, três e assim sucessivamente, conforme as repetições na prática da infração.

Seção II
Das Infrações Imputáveis aos Autores Materiais e das Penalidades

▪**Art. 11.** Conduzir embarcação ou contratar tripulantes sem habilitação para operá-la:

Penalidade: multa do Grupo E.

▪**Art. 12.** Infrações relativas à documentação de habilitação ou ao controle de saúde:

I – não possuir a documentação relativa à habilitação ou ao controle de saúde:

Penalidade: multa do grupo D;

II – não portar a documentação relativa à habilitação ou ao controle de saúde:

Penalidade: multa do grupo B ou suspensão do Certificado de Habilitação até sessenta dias;

III – portar a documentação relativa à habilitação ou ao controle de saúde desatualizada:

Penalidade: multa do grupo A, multiplicada pelo número de faltas, ou suspensão do Certificado de habilitação até doze meses.

▪**Art. 13.** Infrações relativas ao Cartão de Tripulação de Segurança:

I – não possuir Cartão de Tripulação de Segurança:

Penalidade: multa do grupo D;

II – não portar Cartão de Tripulação de Segurança:

Penalidade: multa do grupo B ou suspensão do Certificado de Habilitação até cento e vinte dias;

III – não dispor a bordo de todos os tripulantes exigidos conforme o Cartão de Tripulação de Segurança:

Penalidade: multa do grupo A, multiplicada pelo número de faltas, ou suspensão do Certificado de Habilitação até doze meses.

▪**Art. 14.** Infrações relativas ao Rol de Equipagem ou Rol Portuário:

I – não possuir Rol de Equipagem ou rol Portuário:

Penalidade: multa do grupo D;

II – possuir Rol de Equipagem ou Rol Portuário em desacordo com o Cartão de Tripulação de Segurança:

Penalidade: multa do grupo C ou suspensão do Certificado de Habilitação até trinta dias;

III – não portar Rol de Equipagem ou Rol Portuário:

Penalidade: multa do grupo B ou suspensão do Certificado de Habilitação até trinta dias;

▪**Art. 15.** Infrações relativas à dotação de itens e equipagem de bordo:

I – apresentar-se sem a dotação regulamentar:

Penalidade: multa do grupo D ou suspensão do Certificado de habilitação até sessenta dias;

II – apresentar com a dotação incompleta:

Penalidade: multa do grupo C ou suspensão do Certificado de habilitação até trinta dias;

III – apresentar-se com item ou equipamento da dotação inoperante, em mau estado ou com prazo de validade vencido:

Penalidade: multa do grupo C ou suspensão do Certificado de habilitação até trinta dias.

▪**Art. 16.** Infrações relativas ao registro e inscrição das embarcações:

I – deixar de inscrever ou de registrar a embarcação:

Penalidade: multa do grupo D;

II – não portar documento de registro ou de inscrição da embarcação:

Penalidade: multa do grupo C ou suspensão do Certificado de Habilitação até trinta dias.

▪**Art. 17.** Infrações relativas à identificação visual da embarcação e demais marcações no casco:

I – efetuar as marcas de borda livre em desacordo com as especificações do respectivo certificado:

Penalidade: multa do grupo D ou suspensão do Certificado de habilitação até sessenta dias;

II – deixar de marcar no casco as marcas de borda livre:

Penalidade: multa do grupo D ou suspensão do Certificado de Habilitação até trinta dias;

III – deixar de marcar no casco o nome da embarcação e o porto de inscrição:

Penalidade: multa do grupo C ou suspensão do Certificado de Habilitação até trinta dias;

IV – deixar de efetuar outras marcações previstas:

Penalidade: multa do grupo A ou suspensão do Certificado de habilitação até trinta dias.

▪**Art. 18.** Infrações relativas às características das embarcações:

I – efetuar alterações ou modificações nas características da embarcação em desacordo com as normas:

Penalidade: multa do grupo E;

II – operar heliponto em desacordo com as normas:

Penalidade: multa do grupo D ou suspensão do Certificado de habilitação até sessenta dias.

▪**Art. 19.** Infrações relativas aos certificados e documentos equivalentes, pertinentes à embarcação:

I – não possuir qualquer certificado ou documento equivalente exigido:

Penalidade: multa do grupo D ou suspensão do Certificado de habilitação até sessenta dias;

II – não portar os certificados ou documentos equivalente exigido:

Penalidade: multa do grupo C ou suspensão do Certificado de Habilidade até trinta dias;

III – certificados ou documentos equivalentes exigidos com prazo de validade vencido:

Penalidade: multa do grupo C ou suspensão do Certificado de Habilitação até trinta dias.

▪**Art. 20.** Infrações relativas aos equipamentos e luzes de navegação:

I – sem as luzes de navegação:

Penalidade: multa do grupo C;

II – operar luzes de navegação em desacordo com as normas:

Penalidade: multa do grupo B ou suspensão do Certificado de Habilitação até sessenta dias;

III – apresentar-se com falta de equipamento de navegação exigido:

Penalidade: multa do grupo B ou suspensão do Certificado de Habilitação até sessenta dias;

IV – apresentar-se com equipamento de navegação defeituoso ou inoperante:

Penalidade: multa do grupo B ou suspensão do Certificado de habilitação até trinta dias.

▪**Art. 21.** Infrações relativas aos requisitos de funcionamento dos equipamentos:

I – equipamentos de comunicações inoperantes ou funcionamento dos equipamentos:

Penalidade: multa do grupo C ou suspensão do Certificado de habilitação até trinta dias;

II – equipamentos de combate a incêndio e de proteção contra incêndio inoperante ou funcionando precariamente:

Penalidade: multa do Grupo C ou suspensão do Certificado de Habilitação até sessenta dias;

III – dispositivos para embarque de prático inoperante ou funcionando precariamente:

Penalidade: multa do grupo B ou suspensão do Certificado de habilitação até trinta dias.

▪**Art. 22.** Infrações referentes às normas de transporte:

I – transportar excesso de carga ou representar-se com as linhas de carga ou marcas de borda livre submersas:

Penalidade: multa do grupo G ou suspensão do Certificado de habilitação até sessenta dias;

II – transportar excesso de passageiros ou exceder a lotação autorizada:

Penalidade: multa do grupo G ou suspensão do Certificado de habilitação até sessenta dias;

III – transportar carga perigosa com as normas:

Penalidade: multa do grupo F ou suspensão do Certificado de Habilitação até trinta dias;

IV – transportar carga no convés em desacordo com as normas:

Penalidade: multa do grupo F ou suspensão do Certificado de Habilitação até trinta dias;

V – descumprir qualquer outra regra prevista:

Penalidade: multa do grupo E ou suspensão do Certificado de habilitação até trinta dias.

▪**Art. 23.** Infrações às normas de tráfego:

I – conduzir embarcação em estado de embriaguez ou após uso de substância entorpecente ou tóxica, quando não constituir crime previsto em lei:

Penalidade: suspensão do Certificado de Habilitação até cento e vinte dias. A reincidência sujeitará o infrator à pena de cancelamento do Certificado de Habilitação;

II – trafegar em área reservada a banhistas ou exclusiva para determinado tipo de embarcação:

Penalidade: multa do grupo D ou suspensão do Certificado de Habilitação até sessenta dias;

III – deixar de contratar prático quando obrigatório:

Penalidade: multa do grupo D ou suspensão do Certificado de Habilitação até sessenta dias;

IV – descumprir regra do Regulamento Internacional para Evitar Abalroamento no Mar – Ripeam:

Penalidade: multa do grupo D ou suspensão do Certificado de Habilitação até sessenta dias;

V – causar danos a sinais náuticos:

Penalidade: multa do grupo D ou suspensão do Certificado de Habilitação até sessenta dias;

VI – descumprir as regras regionais sobre tráfego, estabelecidas pelo representante local da autoridade marítima:

Penalidade: multa do grupo D ou suspensão do Certificado de Habilitação até sessenta dias;

VII – velocidade superior à permitida:

Penalidade: multa do grupo C ou suspensão do Certificado de Habilitação até trinta dias;

VIII – descumprir qualquer outra regra prevista, não especificada nos incisos anteriores:

Penalidade: multa do grupo C ou suspensão do Certificado de Habilitação até trinta dias.

▪**Art. 24.** São aplicáveis ao Comandante, em caso de descumprimento das competências estabelecidas no art. 8º da Lei n. 9.537, de 1997, a multa do grupo G e suspensão do Certificado de Habilitação até doze meses.

▪**Art. 25.** São infrações imputáveis ao Prático:

I – recusar-se à prestação do serviço de praticagem:

Penalidade: suspensão do Certificado de Habilitação até doze meses ou, em caso de reincidência, o cancelamento;

II – deixar de cumprir as normas da autoridade marítima sobre o Serviço de Praticagem:

Penalidade: suspensão do Certificado de habilitação até cento e vinte dias.

▪**Art. 26.** Infração às normas relativas à execução de obra sob, sobre ou às margens das águas:

Penalidade: multa do grupo E, e demolição da obra, caso esta impeça, venha a impedir ou afete a segurança da navegação no local.

▪**Art. 27.** Infração às normas relativas à execução de pesquisa, dragagem ou lavra de jazida mineral sob, sobre ou às margens das águas:

Penalidade: multa do grupo E, e retirada da embarcação ou demolição da benfeitoria, quando a atividade impedir, vier a impedir ou afetar a segurança da navegação no local.

▪**Art. 28.** Infrações às normas e atos não previstos neste regulamento:

I – sobre tripulantes e tripulação de segurança:

Penalidade: multa do grupo E ou suspensão do Certificado de Habilitação até doze meses;

II – sobre casco, instalações, equipamentos, pintura e conservação da embarcação. Inclusive sobre funcionamento e requisitos operacionais dos dispositivos, equipamentos e máquinas de bordo:

Penalidade: multa do grupo E ou suspensão do Certificado de Habilitação até sessenta dias.

CAPÍTULO V
DAS MEDIDAS ADMINISTRATIVAS

▪**Art. 29.** As medidas administrativas serão aplicadas pelo representante da autoridade marítima, por meio de comunicação formal, ao autor material.

Parágrafo único. Em situação de emergência e para preservar a salvaguarda da vida humana ou a segurança da navegação, a medida será aplicada liminarmente, devendo a comunicação formal ser encaminhada posteriormente.

CAPÍTULO VI
DAS DISPOSIÇÕES FINAIS

▪**Art. 30.** A autoridade marítima ouvirá o ministério dos Transportes quando do estabelecimento de normas e procedimento de segurança que possam ter repercussão nos aspectos econômicos e operacionais do transporte marítimo.

▪**Art. 31.** Os casos omissos ou não previstos neste Regulamento serão resolvidos pela autoridade marítima.

CAPÍTULO VII
DAS DISPOSIÇÕES TRANSITÓRIAS

▪**Art. 32.** O Grupo de Regionais passa a fazer parte do Grupo de Marítimos com a seguinte equivalência de categorias:

a) Arrais (ARR)	Marinheiro de Convés (MNC) – nível 4
b) Mestre Regional (MTR)	Moço de Convés (MOC) – nível 3
c) Marinheiro Regional de Convés (MRC)	Marinheiro Auxiliar de Convés (MAC) – nível 2
d) Marinheiro Regional de Máquinas (MRM)	Marinheiro Auxiliar de Máquinas (MAM) – nível 2

▪**Art. 33.** As categorias dos marítimos, fluviários e pescadores ora existentes serão transpostas para as constantes do Anexo I a este Decreto por ato específico da autoridade marítima.

[...]

ANEXO II
VALORES DE MULTA POR GRUPOS

GRUPOS	MULTA
A	de R$ 40,00 a R$ 200,00
B	de R$ 40,00 a R$ 400,00
C	de R$ 40,00 a R$ 800,00
D	de R$ 40,00 a R$ 1.600,00
E	de R$ 40,00 a R$ 2.200,00
F	de R$ 80,00 a R$ 2.800,00
G	de R$ 80,00 a R$ 3.200,00

LEI N. 9.605, DE 12 DE FEVEREIRO DE 1998

Dispõe sobre as sanções penais e administrativas derivadas de condutas e atividades lesivas ao meio ambiente, e dá outras providências.

O PRESIDENTE DA REPÚBLICA:

Faço saber que o CONGRESSO NACIONAL decreta e eu sanciono a seguinte Lei:

CAPÍTULO I DISPOSIÇÕES GERAIS

▪**Art. 1º** *(Vetado.)*

▪**Art. 2º** Quem, de qualquer forma, concorre para a prática dos crimes previstos nesta Lei, incide nas penas a estes cominadas, na medida da sua culpabilidade, bem como o diretor, o administrador, o membro de conselho e de órgão técnico, o auditor, o gerente, o preposto ou mandatário de pessoa jurídica, que, sabendo da conduta criminosa de outrem, deixar de impedir a sua prática, quando podia agir para evitá-la.

▪**Art. 3º** As pessoas jurídicas serão responsabilizadas administrativa, civil e penalmente conforme o disposto nesta Lei, nos casos em que a infração seja cometida por decisão de seu representante legal ou contratual, ou de seu órgão colegiado, no interesse ou benefício da sua entidade.

Parágrafo único. A responsabilidade das pessoas jurídicas não exclui a das pessoas físicas, autoras, coautoras ou partícipes do mesmo fato.

▪**Art. 4º** Poderá ser desconsiderada a pessoa jurídica sempre que sua personalidade for obstáculo ao ressarcimento de prejuízos causados à qualidade do meio ambiente.

▪**Art. 5º** *(Vetado.)*

CAPÍTULO II DA APLICAÇÃO DA PENA

▪**Art. 6º** Para imposição e gradação da penalidade, a autoridade competente observará:

I – a gravidade do fato, tendo em vista os motivos da infração e suas consequências para a saúde pública e para o meio ambiente;

II – os antecedentes do infrator quanto ao cumprimento da legislação de interesse ambiental;

III – a situação econômica do infrator, no caso de multa.

▪**Art. 7º** As penas restritivas de direitos são autônomas e substituem as privativas de liberdade quando:

I – tratar-se de crime culposo ou for aplicada a pena privativa de liberdade inferior a 4 (quatro) anos;

II – a culpabilidade, os antecedentes, a conduta social e a personalidade do condenado, bem como os motivos e as circunstâncias do crime indicarem que a substituição seja suficiente para efeitos de reprovação e prevenção do crime.

Parágrafo único. As penas restritivas de direitos a que se refere este artigo terão a mesma duração da pena privativa de liberdade substituída.

▪**Art. 8º** As penas restritivas de direito são:

I – prestação de serviços à comunidade;

II – interdição temporária de direitos;

III – suspensão parcial ou total de atividades;

IV – prestação pecuniária;

V – recolhimento domiciliar.

▪**Art. 9º** A prestação de serviços à comunidade consiste na atribuição ao condenado de tarefas gratuitas junto a parques e jardins públicos e unidades de conservação, e, no caso de dano da coisa particular, pública ou tombada, na restauração desta, se possível.

▪**Art. 10.** As penas de interdição temporária de direito são a proibição de o condenado contratar com o Poder Público, de receber incentivos fiscais ou quaisquer outros benefícios, bem como de participar de licitações, pelo prazo de 5 (cinco) anos, no caso de crimes dolosos, e de 3 (três) anos, no de crimes culposos.

▪**Art. 11.** A suspensão de atividades será aplicada quando estas não estiverem obedecendo às prescrições legais.

▪**Art. 12.** A prestação pecuniária consiste no pagamento em dinheiro à vítima ou à entidade pública ou privada com fim social, de importância, fixada pelo juiz, não inferior a 1 (um) salário mínimo nem superior a 360 (trezentos e sessenta) salários mínimos. O valor pago será deduzido do montante de eventual reparação civil a que for condenado o infrator.

▪**Art. 13.** O recolhimento domiciliar baseia-se na autodisciplina e senso de responsabilidade do condenado, que deverá, sem vigilância, trabalhar, frequentar curso ou exercer atividade autorizada, permanecendo recolhido nos dias e horários de folga em residência ou em qualquer local destinado a sua moradia habitual, conforme estabelecido na sentença condenatória.

▪**Art. 14.** São circunstâncias que atenuam a pena:

I – baixo grau de instrução ou escolaridade do agente;

II – arrependimento do infrator, manifestado pela espontânea reparação do dano, ou limitação significativa da degradação ambiental causada;

III – comunicação prévia pelo agente do perigo iminente de degradação ambiental;

IV – colaboração com os agentes encarregados da vigilância e do controle ambiental.

▪**Art. 15.** São circunstâncias que agravam a pena, quando não constituem ou qualificam o crime:

I – reincidência nos crimes de natureza ambiental;

II – ter o agente cometido a infração:

a) para obter vantagem pecuniária;

b) coagindo outrem para a execução material da infração;

c) afetando ou expondo a perigo, de maneira grave, a saúde pública ou o meio ambiente;

d) concorrendo para danos à propriedade alheia;

e) atingindo áreas de unidades de conservação ou áreas sujeitas, por ato do Poder Público, a regime especial de uso;

f) atingindo áreas urbanas ou quaisquer assentamentos humanos;

g) em período de defeso à fauna;

h) em domingos ou feriados;

i) à noite;

j) em épocas de seca ou inundações;

l) no interior do espaço territorial especialmente protegido;

m) com o emprego de métodos cruéis para abate ou captura de animais;

n) mediante fraude ou abuso de confiança;

o) mediante abuso do direito de licença, permissão ou autorização ambiental;

p) no interesse de pessoa jurídica mantida, total ou parcialmente, por verbas públicas ou beneficiada por incentivos fiscais;

q) atingindo espécies ameaçadas, listadas em relatórios oficiais das autoridades competentes;

r) facilitada por funcionário público no exercício de suas funções.

▪**Art. 16.** Nos crimes previstos nesta Lei, a suspensão condicional da pena pode ser aplicada nos casos de condenação a pena privativa de liberdade não superior a 3 (três) anos.

▪**Art. 17.** A verificação da reparação a que se refere o § 2º do art. 78 do Código Penal será feita mediante laudo de reparação do dano ambiental, e as condições a serem impostas pelo juiz deverão relacionar-se com a proteção ao meio ambiente.

▪**Art. 18.** A multa será calculada segundo os critérios do Código Penal; se revelar-se ineficaz, ainda que aplicada no valor máximo, poderá ser aumentada até 3 (três) vezes, tendo em vista o valor da vantagem econômica auferida.

▪**Art. 19.** A perícia de constatação do dano ambiental, sempre que possível, fixará o montante do prejuízo causado para efeitos de prestação de fiança e cálculo de multa.

Parágrafo único. A perícia produzida no inquérito civil ou no juízo cível poderá ser aproveitada no processo penal, instaurando-se o contraditório.

▪**Art. 20.** A sentença penal condenatória, sempre que possível, fixará o valor mínimo para reparação dos danos causados pela infração, considerando os prejuízos sofridos pelo ofendido ou pelo meio ambiente.

Parágrafo único. Transitada em julgado a sentença condenatória, a execução poderá efetuar-se pelo valor fixado nos termos do *caput*, sem prejuízo da liquidação para apuração do dano efetivamente sofrido.

▪**Art. 21.** As penas aplicáveis isolada, cumulativa ou alternativamente às pessoas jurídicas, de acordo com o disposto no art. 3º, são:

I – multa;

II – restritivas de direitos;

III – prestação de serviços à comunidade.

▪**Art. 22.** As penas restritivas de direitos da pessoa jurídica são:

I – suspensão parcial ou total de atividades;

II – interdição temporária de estabelecimento, obra ou atividade;

III – proibição de contratar com o Poder Público, bem como dele obter subsídios, subvenções ou doações.

§ 1º A suspensão de atividades será aplicada quando estas não estiverem obedecendo às disposições legais ou regulamentares, relativas à proteção do meio ambiente.

§ 2º A interdição será aplicada quando o estabelecimento, obra ou atividade estiver funcionando sem a devida autorização, ou em desacordo com a concedida, ou com violação de disposição legal ou regulamentar.

§ 3º A proibição de contratar com o Poder Público e dele obter subsídios, subvenções ou doações não poderá exceder o prazo de 10 (dez) anos.

▪**Art. 23.** A prestação de serviços à comunidade pela pessoa jurídica consistirá em:

I – custeio de programas e de projetos ambientais;

II – execução de obras de recuperação de áreas degradadas;

III – manutenção de espaços públicos;

IV – contribuições a entidades ambientais ou culturais públicas.

▪**Art. 24.** A pessoa jurídica constituída ou utilizada, preponderantemente, com o fim de permitir, facilitar ou ocultar a prática de crime definido nesta Lei terá decretada sua liquidação forçada, seu patrimônio será considerado instrumento do crime e como tal perdido em favor do Fundo Penitenciário Nacional.

CAPÍTULO III
DA APREENSÃO DO PRODUTO E DO INSTRUMENTO DE INFRAÇÃO ADMINISTRATIVA OU DE CRIME

▪**Art. 25.** Verificada a infração, serão apreendidos seus produtos e instrumentos, lavrando-se os respectivos autos.

§ 1º Os animais serão libertados em seu *habitat* ou entregues a jardins zoológicos, fundações ou entidades assemelhadas, desde que fiquem sob a responsabilidade de técnicos habilitados.

§ 2º Tratando-se de produtos perecíveis ou madeiras, serão estes avaliados e doados a instituições científicas, hospitalares, penais e outras com fins beneficentes.

§ 3º Os produtos e subprodutos da fauna não perecíveis serão destruídos ou doados a instituições científicas, culturais ou educacionais.

§ 4º Os instrumentos utilizados na prática da infração serão vendidos, garantida a sua descaracterização por meio da reciclagem.

CAPÍTULO IV
DA AÇÃO E DO PROCESSO PENAL

▪**Art. 26.** Nas infrações penais previstas nesta Lei, a ação penal é pública incondicionada.

Parágrafo único. *(Vetado.)*

▪**Art. 27.** Nos crimes ambientais de menor potencial ofensivo, a proposta de aplicação imediata de pena restritiva de direitos ou multa, prevista no art. 76 da Lei n. 9.099, de 26 de setembro de 1995, somente poderá ser formulada desde que tenha havido a prévia composição do dano ambiental, de que trata o art. 74 da mesma lei, salvo em caso de comprovada impossibilidade.

▪**Art. 28.** As disposições do art. 89 da Lei n. 9.099, de 26 de setembro de 1995, aplicam-se aos crimes de menor potencial ofensivo definidos nesta Lei, com as seguintes modificações:

I – a declaração de extinção de punibilidade, de que trata o § 5º do artigo referido no *caput*, dependerá de laudo de constatação de reparação do dano ambiental, ressalvada a impossibilidade prevista no inciso I do § 1º do mesmo artigo;

II – na hipótese de o laudo de constatação comprovar não ter sido completa a reparação, o prazo de suspensão do processo será prorrogado, até o período máximo previsto no artigo referido no *caput*, acrescido de mais 1 (um) ano, com suspensão do prazo da prescrição;

III – no período de prorrogação, não se aplicarão as condições dos incisos II, III e IV do § 1º do artigo mencionado no *caput*;

IV – findo o prazo de prorrogação, proceder-se-á à lavratura de novo laudo de constatação de reparação do dano ambiental, podendo, conforme seu resultado, ser novamente prorrogado o período de suspensão, até o máximo previsto no inciso II deste artigo, observado o disposto no inciso III;

V – esgotado o prazo máximo de prorrogação, a declaração de extinção de punibilidade dependerá de laudo de constatação que comprove ter o acusado tomado as providências necessárias à reparação integral do dano.

CAPÍTULO V
DOS CRIMES CONTRA O MEIO AMBIENTE

Seção I
Dos Crimes contra a Fauna

▪**Art. 29.** Matar, perseguir, caçar, apanhar, utilizar espécimes da fauna silvestre, nativos ou em rota migratória, sem a devida permissão, licença ou autorização da autoridade competente, ou em desacordo com a obtida:

Pena – detenção, de 6 (seis) meses a 1 (um) ano, e multa.

§ 1º Incorre nas mesmas penas:

I – quem impede a procriação da fauna, sem licença, autorização ou em desacordo com a obtida;

II – quem modifica, danifica ou destrói ninho, abrigo ou criadouro natural;

III – quem vende, expõe à venda, exporta ou adquire, guarda, tem em cativeiro ou depósito, utiliza ou transporta ovos, larvas ou espécimes da fauna silvestre, nativa ou em rota migratória, bem como produtos e objetos dela oriundos, provenientes de criadouros não autorizados ou sem a devida permissão, licença ou autorização da autoridade competente.

§ 2º No caso de guarda doméstica de espécie silvestre não considerada ameaçada de extinção, pode o juiz, considerando as circunstâncias, deixar de aplicar a pena.

§ 3º São espécimes da fauna silvestre todos aqueles pertencentes às espécies nativas, migratórias e quaisquer outras, aquáticas ou terrestres, que tenham todo ou parte de seu ciclo de vida ocorrendo dentro dos limites do território brasileiro, ou águas jurisdicionais brasileiras.

§ 4º A pena é aumentada de metade, se o crime é praticado:

I – contra espécie rara ou considerada ameaçada de extinção, ainda que somente no local da infração;

II – em período proibido à caça;

III – durante a noite;

IV – com abuso de licença;

V – em unidade de conservação;

VI – com emprego de métodos ou instrumentos capazes de provocar destruição em massa.

§ 5º A pena é aumentada até o triplo, se o crime decorre do exercício de caça profissional.

§ 6º As disposições deste artigo não se aplicam aos atos de pesca.

▪**Art. 30.** Exportar para o exterior peles e couros de anfíbios e répteis em bruto, sem a autorização da autoridade ambiental competente:

Pena – reclusão, de 1 (um) a 3 (três) anos, e multa.

▪**Art. 31.** Introduzir espécime animal no País, sem parecer técnico oficial favorável e licença expedida por autoridade competente:

Pena – detenção, de 3 (três) meses a 1 (um) ano, e multa.

▪**Art. 32.** Praticar ato de abuso, maus-tratos, ferir ou mutilar animais silvestres, domésticos ou domesticados, nativos ou exóticos:

Pena – detenção, de 3 (três) meses a 1 (um) ano, e multa.

§ 1º Incorre nas mesmas penas quem realiza experiência dolorosa ou cruel em animal vivo, ainda que para fins didáticos ou científicos, quando existirem recursos alternativos.

§ 2º A pena é aumentada de 1/6 (um sexto) a 1/3 (um terço), se ocorre morte do animal.

▪**Art. 33.** Provocar, pela emissão de efluentes ou carreamento de materiais, o perecimento de espécimes da fauna aquática existentes em rios, lagos, açudes, lagoas, baías ou águas jurisdicionais brasileiras:

Pena – detenção, de 1 (um) a 3 (três) anos, ou multa, ou ambas cumulativamente.

Parágrafo único. Incorre nas mesmas penas:

I – quem causa degradação em viveiros, açudes ou estações de aquicultura de domínio público;

II – quem explora campos naturais de invertebrados aquáticos e algas, sem licença, permissão ou autorização da autoridade competente;

III – quem fundeia embarcações ou lança detritos de qualquer natureza sobre bancos de moluscos ou corais, devidamente demarcados em carta náutica.

▪**Art. 34.** Pescar em período no qual a pesca seja proibida ou em lugares interditados por órgão competente:

Pena – detenção, de 1 (um) ano a 3 (três) anos, ou multa, ou ambas as penas cumulativamente.

Parágrafo único. Incorre nas mesmas penas quem:

I – pesca espécies que devam ser preservadas ou espécimes com tamanhos inferiores aos permitidos;

II – pesca quantidades superiores às permitidas, ou mediante a utilização de aparelhos, petrechos, técnicas e métodos não permitidos;

III – transporta, comercializa, beneficia ou industrializa espécimes provenientes da coleta, apanha e pesca proibidas.

▪**Art. 35.** Pescar mediante a utilização de:

I – explosivos ou substâncias que, em contato com a água, produzam efeito semelhante;

II – substâncias tóxicas, ou outro meio proibido pela autoridade competente:

Pena – reclusão, de 1 (um) ano a 5 (cinco) anos.

▪**Art. 36.** Para os efeitos desta Lei, considera-se pesca todo ato tendente a retirar, extrair, coletar, apanhar, apreender ou capturar espécimes dos grupos dos peixes, crustáceos, moluscos e vegetais hidróbios, suscetíveis ou não de aproveitamento econômico, ressalvadas as espécies ameaçadas de extinção, constantes nas listas oficiais da fauna e da flora.

▪**Art. 37.** Não é crime o abate de animal, quando realizado:

I – em estado de necessidade, para saciar a fome do agente ou de sua família;

II – para proteger lavouras, pomares e rebanhos da ação predatória ou destruidora de animais, desde que legal e expressamente autorizado pela autoridade competente;

III – *(vetado)*

IV – por ser nocivo o animal, desde que assim caracterizado pelo órgão competente.

Seção II
Dos Crimes contra a Flora

▪**Art. 38.** Destruir ou danificar floresta considerada de preservação permanente, mesmo que em formação, ou utilizá-la com infringência das normas de proteção:

Pena – detenção, de 1 (um) a 3 (três) anos, ou multa, ou ambas as penas cumulativamente.

Parágrafo único. Se o crime for culposo, a pena será reduzida à metade.

▪**Art. 38-A.** Destruir ou danificar vegetação primária ou secundária, em estágio avançado ou médio de regeneração, do Bioma Mata Atlântica, ou utilizá-la com infringência das normas de proteção:

Pena – detenção, de 1 (um) a 3 (três) anos, ou multa, ou ambas as penas cumulativamente.

Artigo acrescentado pela Lei n. 11.428, de 22 de dezembro 2006.

Parágrafo único. Se o crime for culposo, a pena será reduzida à metade.

▪**Art. 39.** Cortar árvores em floresta considerada de preservação permanente, sem permissão da autoridade competente:

Pena – detenção, de 1 (um) a 3 (três) anos, ou multa, ou ambas as penas cumulativamente.

▪**Art. 40.** Causar dano direto ou indireto às Unidades de Conservação e às áreas de que trata o art. 27 do Decreto n. 99.274, de 6 de junho de 1990, independentemente de sua localização.

Pena – reclusão, de 1 (um) a 5 (cinco) anos.

§ 1º Entende-se por Unidades de Conservação de Proteção Integral as Estações Ecológicas, as Reservas Biológicas, os Parques Nacionais, os Monumentos Naturais e os Refúgios de Vida Silvestre.

Parágrafo com redação dada pela Lei n. 9.985, de 18 de julho de 2000.

§ 2º A ocorrência de dano afetando espécies ameaçadas de extinção no interior das Unidades de Conservação de Proteção Integral será considerada circunstância agravante para a fixação da pena.

Parágrafo com redação dada pela Lei n. 9.985, de 18 de julho de 2000.

§ 3º Se o crime for culposo, a pena será reduzida à metade.

▪**Art. 40-A.** *(Vetado.)*

Caput acrescentado pela Lei n. 9.985, de 18 de julho de 2000.

§ 1º Entende-se por Unidades de Conservação de Uso Sustentável as Áreas de Proteção Ambiental, as Áreas de Relevante Interesse Ecológico, as Florestas Nacionais, as Reservas Extrativistas, as Reservas de Fauna, as Reservas de Desenvolvimento Sustentável e as Reservas Particulares do Patrimônio Natural.

Parágrafo acrescentado pela Lei n. 9.985, de 18 de julho de 2000.

§ 2º A ocorrência de dano afetando espécies ameaçadas de extinção no interior das Unidades de Conservação de Uso Sustentável será considerada circunstância agravante para a fixação da pena.

Parágrafo acrescentado pela Lei n. 9.985, de 18 de julho de 2000.

§ 3º Se o crime for culposo, a pena será reduzida à metade.

Parágrafo acrescentado pela Lei n. 9.985, de 18 de julho de 2000.

▪**Art. 41.** Provocar incêndio em mata ou floresta:

Pena – reclusão, de 2 (dois) a 4 (quatro) anos, e multa.

Parágrafo único. Se o crime é culposo, a pena é de detenção de 6 (seis) meses a 1 (um) ano, e multa.

▪**Art. 42.** Fabricar, vender, transportar ou soltar balões que possam provocar incêndios nas florestas e demais formas de vegetação, em áreas urbanas ou qualquer tipo de assentamento humano:

Pena – detenção, de 1 (um) a 3 (três) anos, ou multa, ou ambas as penas cumulativamente.

▪**Art. 43.** *(Vetado.)*

▪**Art. 44.** Extrair de florestas de domínio público ou consideradas de preservação permanente, sem prévia autorização, pedra, areia, cal ou qualquer espécie de minerais:

Pena – detenção, de 6 (seis) meses a 1 (um) ano, e multa.

▪**Art. 45.** Cortar ou transformar em carvão madeira de lei, assim classificada por ato do Poder Público, para fins industriais, energéticos ou para qualquer outra exploração, econômica ou não, em desacordo com as determinações legais:

Pena – reclusão, de 1 (um) a 2 (dois) anos, e multa.

▪**Art. 46.** Receber ou adquirir, para fins comerciais ou industriais, madeira, lenha, carvão e outros produtos de origem vegetal, sem exigir a exibição de licença do vendedor, outorgada pela autoridade competente, e sem munir-se da via que deverá acompanhar o produto até final beneficiamento:

Pena – detenção, de 6 (seis) meses a 1 (um) ano, e multa.

Parágrafo único. Incorre nas mesmas penas quem vende, expõe à venda, tem em depósito, transporta ou guarda madeira, lenha, carvão e outros produtos de origem vegetal, sem licença válida para todo o tempo da viagem ou do armazenamento, outorgada pela autoridade competente.

▪**Art. 47.** *(Vetado.)*

▪**Art. 48.** Impedir ou dificultar a regeneração natural de florestas e demais formas de vegetação:

Pena – detenção, de 6 (seis) meses a 1 (um) ano, e multa.

▪**Art. 49.** Destruir, danificar, lesar ou maltratar, por qualquer modo ou meio, plantas de ornamentação de logradouros públicos ou em propriedade privada alheia:

Pena – detenção, de 3 (três) meses a 1 (um) ano, ou multa, ou ambas as penas cumulativamente.

Parágrafo único. No crime culposo, a pena é de 1 (um) a 6 (seis) meses, ou multa.

▪**Art. 50.** Destruir ou danificar florestas nativas ou plantadas ou vegetação fixadora de dunas, protetora de mangues, objeto de especial preservação:

Pena – detenção, de 3 (três) meses a 1 (um) ano, e multa.

▪**Art. 50-A.** Desmatar, explorar economicamente ou degradar floresta, plantada ou nativa, em terras de domínio público ou devolutas, sem autorização do órgão competente:

Pena – reclusão de 2 (dois) a 4 (quatro) anos e multa.

Artigo acrescentado pela Lei n. 11.284, de 2 de março de 2006.

§ 1º Não é crime a conduta praticada quando necessária à subsistência imediata pessoal do agente ou de sua família.

§ 2º Se a área explorada for superior a 1.000 ha (mil hectares), a pena será aumentada de 1 (um) ano por milhar de hectare.

▪**Art. 51.** Comercializar motosserra ou utilizá-la em florestas e nas demais formas de vegetação, sem licença ou registro da autoridade competente:

Pena – detenção, de 3 (três) meses a 1 (um) ano, e multa.

▪**Art. 52.** Penetrar em Unidades de Conservação conduzindo substâncias ou instrumentos próprios para caça ou para exploração de produtos ou subprodutos florestais, sem licença da autoridade competente:

Pena – detenção, de 6 (seis) meses a 1 (um) ano, e multa.

▪**Art. 53.** Nos crimes previstos nesta Seção, a pena é aumentada de 1/6 (um sexto) a 1/3 (um terço) se:

I – do fato resulta a diminuição de águas naturais, a erosão do solo ou a modificação do regime climático;

II – o crime é cometido:

a) no período de queda das sementes;

b) no período de formação de vegetações;

c) contra espécies raras ou ameaçadas de extinção, ainda que a ameaça ocorra somente no local da infração;

d) em época de seca ou inundação;

e) durante a noite, em domingo ou feriado.

Seção III
Da Poluição e outros Crimes Ambientais

▪**Art. 54.** Causar poluição de qualquer natureza em níveis tais que resultem ou possam resultar em danos à saúde humana, ou que provoquem a mortandade de animais ou a destruição significativa da flora:

Pena – reclusão, de 1 (um) a 4 (quatro) anos, e multa.

§ 1º Se o crime é culposo:

Pena – detenção, de 6 (seis) meses a 1 (um) ano, e multa.

§ 2º Se o crime:

I – tornar uma área, urbana ou rural, imprópria para a ocupação humana;

II – causar poluição atmosférica que provoque a retirada, ainda que momentânea, dos habitantes das áreas afetadas, ou que cause danos diretos à saúde da população;

III – causar poluição hídrica que torne necessária a interrupção do abastecimento público de água de uma comunidade;

IV – dificultar ou impedir o uso público das praias;

V – ocorrer por lançamento de resíduos sólidos, líquidos ou gasosos, ou detritos, óleos ou substâncias oleosas, em desacordo com as exigências estabelecidas em leis ou regulamentos:

Pena – reclusão, de 1 (um) a 5 (cinco) anos.

§ 3º Incorre nas mesmas penas previstas no parágrafo anterior quem deixar de adotar, quando assim o exigir a autoridade competente, medidas de precaução em caso de risco de dano ambiental grave ou irreversível.

▪**Art. 55.** Executar pesquisa, lavra ou extração de recursos minerais sem a competente autorização, permissão, concessão ou licença, ou em desacordo com a obtida:

Pena – detenção, de 6 (seis) meses a 1 (um) ano, e multa.

Parágrafo único. Nas mesmas penas incorre quem deixa de recuperar a área pesquisada ou explorada, nos termos da autorização, permissão, licença, concessão ou determinação do órgão competente.

▪**Art. 56.** Produzir, processar, embalar, importar, exportar, comercializar, fornecer, transportar, armazenar, guardar, ter em depósito ou usar produto ou substância tóxica, perigosa ou nociva à saúde humana ou ao meio ambiente, em desacordo com as exigências estabelecidas em leis ou nos seus regulamentos:

Pena – reclusão, de 1 (um) a 4 (quatro) anos, e multa.

§ 1º Nas mesmas penas incorre quem:

Parágrafo com redação dada pela Lei n. 12.305, de 2 de agosto de 2010.

I – abandona os produtos ou substâncias referidos no *caput* ou os utiliza em desacordo com as normas ambientais ou de segurança;

Inciso acrescentado pela Lei n. 12.305, de 02.08.2010.

II – manipula, acondiciona, armazena, coleta, transporta, reutiliza, recicla ou dá destinação final a resíduos perigosos de forma diversa da estabelecida em lei ou regulamento.

Inciso acrescentado pela Lei n. 12.305, de 2 de agosto de 2010.

§ 2º Se o produto ou a substância for nuclear ou radioativa, a pena é aumentada de 1/6 (um sexto) a 1/3 (um terço).

§ 3º Se o crime é culposo:

Pena – detenção, de 6 (seis) meses a 1 (um) ano, e multa.

▪**Art. 57.** *(Vetado.)*

▪**Art. 58.** Nos crimes dolosos previstos nesta Seção, as penas serão aumentadas:

I – de 1/6 (um sexto) a 1/3 (um terço), se resulta dano irreversível à flora ou ao meio ambiente em geral;

II – de 1/3 (um terço) até a metade, se resulta lesão corporal de natureza grave em outrem;

III – até o dobro, se resultar a morte de outrem.

Parágrafo único. As penalidades previstas neste artigo somente serão aplicadas se do fato não resultar crime mais grave.

▪**Art. 59.** (*Vetado.*)

▪**Art. 60.** Construir, reformar, ampliar, instalar ou fazer funcionar, em qualquer parte do território nacional, estabelecimentos, obras ou serviços potencialmente poluidores, sem licença ou autorização dos órgãos ambientais competentes, ou contrariando as normas legais e regulamentares pertinentes:

Pena – detenção, de 1 (um) a 6 (seis) meses, ou multa, ou ambas as penas cumulativamente.

▪**Art. 61.** Disseminar doença ou praga ou espécies que possam causar dano à agricultura, à pecuária, à fauna, à flora ou aos ecossistemas:

Pena – reclusão, de 1 (um) a 4 (quatro) anos, e multa.

Seção IV
Dos Crimes contra o Ordenamento Urbano e o Patrimônio Cultural

▪**Art. 62.** Destruir, inutilizar ou deteriorar:

I – bem especialmente protegido por lei, ato administrativo ou decisão judicial;

II – arquivo, registro, museu, biblioteca, pinacoteca, instalação científica ou similar protegido por lei, ato administrativo ou decisão judicial:

Pena – reclusão, de 1 (um) a 3 (três) anos, e multa.

Parágrafo único. Se o crime for culposo, a pena é de 6 (seis) meses a 1 (um) ano de detenção, sem prejuízo da multa.

▪**Art. 63.** Alterar o aspecto ou estrutura de edificação ou local especialmente protegido por lei, ato administrativo ou decisão judicial, em razão de seu valor paisagístico, ecológico, turístico, artístico, histórico, cultural, religioso, arqueológico, etnográfico ou monumental, sem autorização da autoridade competente ou em desacordo com a concedida:

Pena – reclusão, de 1 (um) a 3 (três) anos, e multa.

▪**Art. 64.** Promover construção em solo não edificável, ou no seu entorno, assim considerado em razão de seu valor paisagístico, ecológico, artístico, turístico, histórico, cultural, religioso, arqueológico, etnográfico ou monumental, sem autorização da autoridade competente ou em desacordo com a concedida:

Pena – detenção, de 6 (seis) meses a 1 (um) ano, e multa.

▪**Art. 65.** Pichar ou por outro meio conspurcar edificação ou monumento urbano:

Pena – detenção, de 3 (três) meses a 1 (um) ano, e multa.

Caput com redação dada pela Lei n. 12.408, de 25 de maio de 2011.

§ 1º Se o ato for realizado em monumento ou coisa tombada em virtude do seu valor artístico, arqueológico ou histórico, a pena é de 6 (seis) meses a 1 (um) ano de detenção e multa.

Parágrafo renumerado pela Lei n. 12.408, de 25 de maio de 2011.

§ 2º Não constitui crime a prática de grafite realizada com o objetivo de valorizar o patrimônio público ou privado mediante manifestação artística, desde que consentida pelo proprietário e, quando couber, pelo locatário ou arrendatário do bem privado e, no caso de bem público, com a autorização do órgão competente e a observância das posturas municipais e das normas editadas pelos órgãos governamentais responsáveis pela preservação e conservação do patrimônio histórico e artístico nacional.

Parágrafo acrescentado pela Lei n. 12.408, de 25 de maio de 2011.

Seção V
Dos Crimes contra a Administração Ambiental

▪**Art. 66.** Fazer o funcionário público afirmação falsa ou enganosa, omitir a verdade, sonegar informações ou dados técnico-científicos em procedimentos de autorização ou de licenciamento ambiental:

Pena – reclusão, de 1 (um) a 3 (três) anos, e multa.

▪**Art. 67.** Conceder o funcionário público licença, autorização ou permissão em desacordo com as normas ambientais, para as atividades, obras ou serviços cuja realização depende de ato autorizativo do Poder Público:

Pena – detenção, de 1 (um) a 3 (três) anos, e multa.

Parágrafo único. Se o crime é culposo, a pena é de 3 (três) meses a 1 (um) ano de detenção, sem prejuízo da multa.

▪**Art. 68.** Deixar, aquele que tiver o dever legal ou contratual de fazê-lo, de cumprir obrigação de relevante interesse ambiental:

Pena – detenção, de 1 (um) a 3 (três) anos, e multa.

Parágrafo único. Se o crime é culposo, a pena é de 3 (três) meses a 1 (um) ano, sem prejuízo da multa.

▪**Art. 69.** Obstar ou dificultar a ação fiscalizadora do Poder Público no trato de questões ambientais:

Pena – detenção, de 1 (um) a 3 (três) anos, e multa.

▪**Art. 69-A.** Elaborar ou apresentar, no licenciamento, concessão florestal ou qualquer outro procedimento administrativo, estudo, laudo ou relatório ambiental total ou parcialmente falso ou enganoso, inclusive por omissão:

Pena – reclusão, de 3 (três) a 6 (seis) anos, e multa.

Artigo acrescentado pela Lei n. 11.284, de 02 de março de 2006.

§ 1º Se o crime é culposo:

Pena – detenção, de 1 (um) a 3 (três) anos.

§ 2º A pena é aumentada de 1/3 (um terço) a 2/3 (dois terços), se há dano significativo ao meio ambiente, em decorrência do uso da informação falsa, incompleta ou enganosa.

CAPÍTULO VI
DA INFRAÇÃO ADMINISTRATIVA

▪**Art. 70.** Considera-se infração administrativa ambiental toda ação ou omissão que viole as regras jurídicas de uso, gozo, promoção, proteção e recuperação do meio ambiente.

§ 1º São autoridades competentes para lavrar auto de infração ambiental e instaurar processo administrativo os funcionários de órgãos ambientais integrantes do Sistema Nacional de Meio Ambiente – Sisnama, designados para as atividades de fiscalização, bem como os agentes das Capitanias dos Portos, do Ministério da Marinha.

§ 2º Qualquer pessoa, constatando infração ambiental, poderá dirigir representação às autoridades relacionadas no parágrafo anterior, para efeito do exercício do seu poder de polícia.

§ 3º A autoridade ambiental que tiver conhecimento de infração ambiental é obrigada a promover a sua apuração imediata, mediante processo administrativo próprio, sob pena de corresponsabilidade.

§ 4º As infrações ambientais são apuradas em processo administrativo próprio, assegurado o direito de ampla defesa e o contraditório, observadas as disposições desta Lei.

▪**Art. 71.** O processo administrativo para apuração de infração ambiental deve observar os seguintes prazos máximos:

I – 20 (vinte) dias para o infrator oferecer defesa ou impugnação contra o auto de infração, contados da data da ciência da autuação;

II – 30 (trinta) dias para a autoridade competente julgar o auto de infração, contados da data da sua lavratura, apresentada ou não a defesa ou impugnação;

III – 20 (vinte) dias para o infrator recorrer da decisão condenatória à instância superior do Sistema Nacional do Meio Ambiente – Sisnama, ou à Diretoria de Portos e Costas, do Ministério da Marinha, de acordo com o tipo de autuação;

IV – 5 (cinco) dias para o pagamento de multa, contados da data do recebimento da notificação.

▪**Art. 72.** As infrações administrativas são punidas com as seguintes sanções, observado o disposto no art. 6º:

I – advertência;

II – multa simples;

III – multa diária;

IV – apreensão dos animais, produtos e subprodutos da fauna e flora, instrumentos, petrechos, equipamentos ou veículos de qualquer natureza utilizados na infração;

V – destruição ou inutilização do produto;

VI – suspensão de venda e fabricação do produto;

VII – embargo de obra ou atividade;

VIII – demolição de obra;

IX – suspensão parcial ou total de atividades;

X – *(vetado)*

XI – restritiva de direitos.

§ 1º Se o infrator cometer, simultaneamente, duas ou mais infrações, ser-lhe-ão aplicadas, cumulativamente, as sanções a elas cominadas.

§ 2º A advertência será aplicada pela inobservância das disposições desta Lei e da legislação em vigor, ou de preceitos regulamentares, sem prejuízo das demais sanções previstas neste artigo.

§ 3º A multa simples será aplicada sempre que o agente, por negligência ou dolo:

I – advertido por irregularidades que tenham sido praticadas, deixar de saná-las, no prazo assinalado por órgão competente do Sisnama ou pela Capitania dos Portos, do Ministério da Marinha;

II – opuser embaraço à fiscalização dos órgãos do Sisnama ou da Capitania dos Portos, do Ministério da Marinha.

§ 4º A multa simples pode ser convertida em serviços de preservação, melhoria e recuperação da qualidade do meio ambiente.

§ 5º A multa diária será aplicada sempre que o cometimento da infração se prolongar no tempo.

§ 6º A apreensão e destruição referidas nos incisos IV e V do *caput* obedecerão ao disposto no art. 25 desta Lei.

§ 7º As sanções indicadas nos incisos VI a IX do *caput* serão aplicadas quando o produto, a obra, a atividade ou o estabelecimento não estiverem obedecendo às prescrições legais ou regulamentares.

§ 8º As sanções restritivas de direito são:

I – suspensão de registro, licença ou autorização;

II – cancelamento de registro, licença ou autorização;

III – perda ou restrição de incentivos e benefícios fiscais;

IV – perda ou suspensão da participação em linhas de financiamento em estabelecimentos oficiais de crédito;

V – proibição de contratar com a Administração Pública, pelo período de até 3 (três) anos.

▪**Art. 73.** Os valores arrecadados em pagamento de multas por infração ambiental serão revertidos ao Fundo Nacional do Meio Ambiente, criado pela Lei n. 7.797, de 10 de julho de 1989, Fundo Naval, criado pelo Decreto n. 20.923, de 08 de janeiro de 1932, fundos estaduais ou municipais de meio ambiente, ou correlatos, conforme dispuser o órgão arrecadador.

▪**Art. 74.** A multa terá por base a unidade, hectare, metro cúbico, quilograma ou outra medida pertinente, de acordo com o objeto jurídico lesado.

▪**Art. 75.** O valor da multa de que trata este Capítulo será fixado no regulamento desta Lei e corrigido periodicamente, com base nos índices estabelecidos na legislação pertinente, sendo o mínimo de R$ 50,00 (cinquenta reais) e o máximo de R$ 50.000.000,00 (cinquenta milhões de reais).

▪**Art. 76.** O pagamento de multa imposta pelos Estados, Municípios, Distrito Federal ou Territórios substitui a multa federal na mesma hipótese de incidência.

CAPÍTULO VII
DA COOPERAÇÃO INTERNACIONAL PARA A PRESERVAÇÃO DO MEIO AMBIENTE

▪**Art. 77.** Resguardados a soberania nacional, a ordem pública e os bons costumes, o Governo brasileiro prestará, no que concerne ao meio ambiente, a necessária cooperação a outro país, sem qualquer ônus, quando solicitado para:

I – produção de prova;

II – exame de objetos e lugares;

III – informações sobre pessoas e coisas;

IV – presença temporária da pessoa presa, cujas declarações tenham relevância para a decisão de uma causa;

V – outras formas de assistência permitidas pela legislação em vigor ou pelos tratados de que o Brasil seja parte.

§ 1º A solicitação de que trata este artigo será dirigida ao Ministério da Justiça, que a remeterá, quando necessário, ao órgão judiciário competente para decidir a seu respeito, ou a encaminhará à autoridade capaz de atendê-la.

§ 2º A solicitação deverá conter:

I – o nome e a qualificação da autoridade solicitante;

II – o objeto e o motivo de sua formulação;

III – a descrição sumária do procedimento em curso no país solicitante;

IV – a especificação da assistência solicitada;

V – a documentação indispensável ao seu esclarecimento, quando for o caso.

▪**Art. 78.** Para a consecução dos fins visados nesta Lei e especialmente para a reciprocidade da cooperação internacional, deve ser mantido sistema de comunicações apto a facilitar o intercâmbio rápido e seguro de informações com órgãos de outros países.

CAPÍTULO VIII
DISPOSIÇÕES FINAIS

▪**Art. 79.** Aplicam-se subsidiariamente a esta Lei as disposições do Código Penal e do Código de Processo Penal.

▪**Art. 79-A.** Para o cumprimento do disposto nesta Lei, os órgãos ambientais integrantes do Sisnama, responsáveis pela execução de programas e projetos e pelo controle e fiscalização dos estabelecimentos e das atividades suscetíveis de degradarem a qualidade ambiental, ficam autorizados a celebrar, com força de título executivo extrajudicial, termo de compromisso com pessoas físicas ou jurídicas responsáveis pela construção, instalação, ampliação e funcionamento de estabelecimentos e atividades utilizadores de recursos ambientais, considerados efetiva ou potencialmente poluidores.

Artigo acrescentado pela Medida Provisória n. 2.163-41, de 23 de agosto de 2001.

§ 1º O termo de compromisso a que se refere este artigo destinar-se-á, exclusivamente, a permitir que as pessoas físicas e jurídicas mencionadas no *caput* possam promover as necessárias correções de suas atividades, para o atendimento das exigências impostas pelas autoridades ambientais competentes, sendo obrigatório que o respectivo instrumento disponha sobre:

I – o nome, a qualificação e o endereço das partes compromissadas e dos respectivos representantes legais;

II – o prazo de vigência do compromisso, que, em função da complexidade das obrigações nele fixadas, poderá variar entre o mínimo de noventa dias e o máximo de três anos, com possibilidade de prorrogação por igual período;

III – a descrição detalhada de seu objeto, o valor do investimento previsto e o cronograma físico de execução e de implantação das obras e serviços exigidos, com metas trimestrais a serem atingidas;

IV – as multas que podem ser aplicadas à pessoa física ou jurídica compromissada e os casos de rescisão, em decorrência do não cumprimento das obrigações nele pactuadas;

V – o valor da multa de que trata o inciso IV não poderá ser superior ao valor do investimento previsto;

VI – o foro competente para dirimir litígios entre as partes.

§ 2º No tocante aos empreendimentos em curso até o dia 30 de março de 1998, envolvendo construção, instalação, ampliação e funcionamento de estabelecimentos e atividades utilizadores de recursos ambientais, considerados efetiva ou potencialmente poluidores, a assinatura do termo de compromisso deverá ser requerida pelas pessoas físicas e jurídicas interessadas, até o dia 31 de dezembro de 1998, mediante requerimento escrito protocolizado junto aos órgãos competentes do Sisnama, devendo ser firmado pelo dirigente máximo do estabelecimento.

§ 3º Da data da protocolização do requerimento previsto no § 2º e enquanto perdurar a vigência do correspondente termo de compromisso, ficarão suspensas, em relação aos fatos que deram causa à celebração do instrumento, a aplicação de sanções administrativas contra a pessoa física ou jurídica que o houver firmado.

§ 4º A celebração do termo de compromisso de que trata este artigo não impede a execução de eventuais multas aplicadas antes da protocolização do requerimento.

§ 5º Considera-se rescindido de pleno direito o termo de compromisso, quando descumprida qualquer de suas cláusulas, ressalvado o caso fortuito ou de força maior.

§ 6º O termo de compromisso deverá ser firmado em até 90 (noventa) dias, contados da protocolização do requerimento.

§ 7º O requerimento de celebração do termo de compromisso deverá conter as informações necessárias à verificação da sua viabilidade técnica e jurídica, sob pena de indeferimento do plano.

§ 8º Sob pena de ineficácia, os termos de compromisso deverão ser publicados no órgão oficial competente, mediante extrato.

▪**Art. 80.** O Poder Executivo regulamentará esta Lei no prazo de 90 (noventa) dias a contar de sua publicação.

▪**Art. 81.** *(Vetado.)*

▪**Art. 82.** Revogam-se as disposições em contrário.

Brasília, 12 de fevereiro de 1998; 177º da Independência e 110º da República.

FERNANDO HENRIQUE CARDOSO

Gustavo Krause

Índice Alfabético-Remissivo